JN099140

国際取引法講義

International Business Law

第3版

久保田 隆［著］

中央経済社

はじめに

国際取引法とは，国際商取引に関する法規制を全体として扱う法律科目である。国際取引に関する法規制は実に広範で，①各国の私法（民商法など），公法（外為法，独禁法など），国際私法，手続法などの各国法や，②二国間・多数国間条約等の国際法といった国家が制定した法律に加えて，③民間団体が策定した国際的な統一規則（インコタームズ，信用状統一規則など）や標準契約約款（英国GAFTA標準契約書式など）や，④様々な商慣習や契約原則（ユニドロワ国際商事契約原則など）が含まれる。したがって，講義の中ですべてを詳細に網羅することは現実的ではなく，世界的にみても，国際取引に関する売買・運送・支払に関する自国法を中心に，必要な知識を教授するのが一般的である。

この結果，国際取引法は学生・若手社会人を国際ビジネス・エキスパートへと誘う入門科目として機能してきた。日本でも毎年学部・大学院学生が数多く受講し，就職や進学・留学，キャリアアップ等の課題達成に役立てている。一方，入門とはいえこの科目が扱う問題は複雑で広範囲に及び，ある程度法的素養がないと理解しにくいため，法科大学院では上級生が学ぶ先端科目に位置付けられている。また，日本の民商法は得意であっても国際取引法の基礎知識がないために外国絡みの事件処理ができない企業法務担当者は数多く，彼等にとっては，この知識を深めることで法務エキスパートとしての専門性強化に大いに寄与しよう。

しかし，実務や法律の知識が乏しい学生や若手社会人を対象に，実務への橋渡しを行うと同時に必要十分な法律知識を伝授し，平易かつ簡明で興味の持てる授業を展開することは実はそれほど容易ではなく，筆者も20年以上この課題に取り組んできた。国際取引法は法典ごとの体系性を重視する民法や刑法，国際私法等とは異なり，国際取引という対象に関係する様々な角度からの総合分析であるため，他科目と同じ水準で個別分野の詳細な研究に踏み込んで講義すれば，膨大な内容の詰め込み教育となって全体像を見失い，大量の落第生を生み出してしまう。むしろ学生のニーズを的確に捉えて，**いかに程良いバランス**

を維持して全体像を分かりやすく教えるかが課題となる。

このため，教育上は様々なアプローチが試みられてきた。すなわち，①国際私法の枠組みを中心に解説したり，②英文契約書の書き方を中心に解説したり，③実務と法務を対比して解説したり，④学生の早分かりを重視して図解中心に解説したり，⑤商事法やウィーン売買条約の枠組みを中心に解説したり，⑥交渉学や国際経済法等の周辺領域を幅広く取り込んで網羅性を重視したり，と様々なアプローチから優れた教科書が多数世に出されてきた。筆者は20年間，上記①～⑥の数種類の教科書を元に講義し，欧米の講義も実際に聴講してみた。その結果，日本の学生のニーズは，これら数種類の教科書の内容を程良く組み合わせた上で，学生自身が将来をイメージする材料を提供し，国際ビジネスで活躍するための基礎的ノウハウを伝授することにあるように思われる。そこで，本書では学生にとって役立つ情報をコラムとして随所に掲載した。

また，様々な学生を教えた経験から，学生には比較的理解しやすい分野（例：契約法や書式の闘い）と理解しにくい分野（例：国際私法・国際民事訴訟法）が明確に存在し，学生のニーズに応じて教え方を変える必要がある点を痛感している。たとえば，国際私法・国際民事訴訟法は，司法試験で国際関係法（私法系）を選択する学生は詳細を理解する必要があるが，それ以外の大多数の学生には詳細な学説の比較がかえって基本の理解を妨げる傾向にある。実際，欧米のロースクールでは，国際取引法の講義全15コマのうち国際私法・国際民事訴訟法は１コマで基本事項しか扱わず，あとは専門講義に任せるのが普通である。そこで本書でも，国際私法・国際民事訴訟法の詳細は専門講義に任せ，基本事項に絞って平易に解説する。ただし，司法試験で国際関係法（私法系）を選択する受験生にとっては，売買（ウィーン売買条約等），運送，支払も出題範囲であり，これが解けるレベルの売買法・支払法・運送法の内容には本書も当然触れており，基本編としてまとめた。とくに，欧米のロースクールで全15回のうち３回程度は必ず講義しているウィーン売買条約については，従来の教科書では必ずしも十分な解説がなかったが，本書では必要十分な範囲で扱っている。さらに，初学者の理解を助けるため取引の図解を多用し，実務上知っておく必要のある基礎知識は幅広く網羅した。また，重要概念等については敢えて重複する解説を度々行っている。一方，学部生や法科大学院生の多くは，実務で活躍するための知識に強い興味を抱いているため，応用編では国際取引の大半の実務家にとって必須の知識である国際ローン契約やシンジケート・ローン，デリバティブ，証券化等に詳細な解説を施した。他方，M&Aや国際課税などは会社法や租税法など別に関連講義があることが多いため，それらに譲ることとした。

このように，本書はプロ向けの体系書・研究書・実務書ではなく，①学生にとって分かりやすく興味を持って学んでもらうこと，②学習目的別に各々必要十分な内容を提供することを目的とし，最重要事項に絞って平易な解説を行い，①国際取引の仕組みの図解・解説を手厚くし，②必要な範囲で新司法試験過去問題や定期試験などに効果的な問題演習を充実させ，③英米法や各国事情，情報の調べ方等を解説し，④国際取引法の隣接分野についてもガイダンスする点を特徴としている。したがって，参考文献等の紹介は極力抑える一方，重要条文はきちんと読んで頂くように本文中に配置した。

本書の作成に当たっては，中央経済社の露本敦編集長に厚く御礼申し上げたい。本書の大半は出版前にはすでに書き上げていたが，なかなか完成に至らず，大変ご迷惑をおかけしたが，辛抱強く励ましていただいた。本書のタイムリーな改訂にも大変ご尽力いただいた。また，私の早稲田大学における講義を受講された数多くの学生諸君には講義における率直な感想をお寄せ頂き，私にとっても改善のための良き道標となった。感謝申し上げる。

なお，前版出版後，インコタームズ2020の発効や資金決済法改正・LIBOR消失・Brexit・RCEPを巡る動き，統計や参考文献の更新等を受けて第３版出版の運びとなった。併せてデジタル通貨等で記述を補足した。また，2020年末現在で必要最低限のアップデートを施した。

2021年２月

久保田　隆

目　次

Column

国際取引法の目的別学習法

何事も目的意識が明確で，達成すべき課題を具体的にイメージできればできるほど目標達成がより確実となる。そこで，本書の冒頭に国際取引法の目的別学習法を示すと共に，国際取引法の興味を持続し最大限楽しむための効果的なヒントを提供したい。

(1) 筆記試験のための対策

司法試験でこの科目を選択する場合はもちろん，法学部や法科大学院で単位を取得する場合も通常は筆記試験の受験を免れない。近時の筆記試験は事例問題が多いため，法律学習以前に国際取引の仕組みを理解することが重要である。仕組みを把握せずに法解釈だけ学んでも学習の効果も楽しさも半減する。とくに初学者は国際私法や国際民事訴訟法の考え方に慣れるまでに時間がかかるので，まずは取引の仕組みをきちんと理解して欲しい。つぎに関連する法律知識を学ぶ必要がある。

▽国際取引法の理解に必要な取引と法的処理の仕組み

1．取引の仕組み ☞ 基本的な売買・運送・支払の仕組みを把握。
2．法的処理の仕組み ☞ 国際私法・国際民事訴訟法・国際取引法の相互の関係性を把握。

一方，いかなる学問も奥深く，講義を担当される先生が強調される重要点を外して独りよがりで学習しても試験対策の効果は上がらない。したがって，授業で先生の話をきちんと聴くと共に，仮に過去問が入手できるならば早い段階で目を通し，何を学ぶかをイメージ固めする必要がある。

(2) 国際取引法を今後の仕事に役立てるための対策

国際取引法を学ぶ学生の大半は実務に出られる方々であろう。企業や官庁における国際取引の実務では，日々の仕事を通じて，国際取引の仕組みや関連する知識（法律，慣習，政治経済等）を必要な範囲で身に付ける必要が出てくる。

しかし，国際取引に関連する知識は実に膨大で，法律だけをみても日本法，英米法，条約…と関連する科目ごとに基礎概念を積み上げて問題解決に当たる学習法（「演繹的学習法」と呼ぼう）では到底間に合わない。やはり「国際取引法」という科目で，具体的な取引から関連する法律問題を概括的に学ぶ学習法（「帰納的学習法」と呼ぼう）の方が効率的である。学生であるうちに国際取引法の基本内容を理解し，そのアプローチを身に付けた上で，卒業後の職業生活を通じ，継続的に学びを深めていくことが有用である。

▽学習法の２つのイメージ

1. 「演繹的学習法」 基礎から積み上げ，今ある問題に対処する。これまでの学習法。
2. 「帰納的学習法」 求める結果から逆算して必要なものを学習。実務で多用される。

では，何を心掛けて継続学習すると良いだろうか。

第一に，国際取引を狭い法律関係だけで考えず，国際政治・経済・経営・歴史等の側面から立体的に考えることが有用である。日本の法学部では制定法の解釈論が盛んだが海外では必ずしもそうではなく，法知識のみに拘ることは視野狭窄の弊害を招きやすい。国際政治・経済の動きに応じて法制度は大きく変わる。したがって，自分なりの世界観を持ってビジネス戦略を立てる必要がある。たとえば，従来は必要悪として許された外国公務員への贈賄行為は今日厳しい取締りを受けており，世界の潮流を読み違えれば経営を揺るがすほどの課徴金を外国当局から課されるリスクがある。また，現実社会の紛争解決の大半は訴訟や仲裁ではなく交渉によって行われる。従来，交渉スキルは実務の中で自然に体得されるものと考えられてきたが，交渉を科学的に捉えて教育する試み（ハーバード流交渉学など）も発達しており，こうした成果も貪欲に取り入れて幅広く学ぶことが将来の実務に活きるであろう。さらに，歴史を学ぶことにも意義がある。たとえば，中世の地中海世界で商慣習法（lex mercatoria）が機能したと一般に言われるが，国家による法形成が未発達な中世の地中海貿易ではいかなる規律が機能したかを知ることは，今後，法が機能しない途上国の相手と取引する際には参考になるかもしれない。

Column　日本の法律家の課題（経済知識，多様性）

実務や学者時代を通じて欧米の超一流の法律家（弁護士，裁判官，学者，行政官等）と数多く接してきたが，欧米と比較して日本の法律家がやや遅れている点は，①経済学や会計学等の基礎的理解の不足と，②政策形成における多様な意見集約の欠如である。まず，経済学等の基礎的理解については，欧米の一流の法律家は常識的に備えている（たとえば，ハーバード大学ロースクールでは税法や会計学を必修とし，経済学科目も開講）が，日本の法律家には経済学等を一切学ばずに経済事象を法的弁論だけで捉えようとする傾向が一部に存在する。しかし，仮想の前提を置いて議論する経済学的な分析は，前提事実を厳密に捉える法的弁論だけでは噛み合わないため，経済学をまったく知らないようでは「経済的センスのない無能な法律家」との烙印を押されかねない。国際取引を専門とする法律家であれば経済学は必ず学んでおくべきである。

つぎに，官庁の政策決定において，とくに英米では様々な分野の専門家の多種多様な意見を集約して厚みのある政策を打ち出してきた（たとえば，イングランド銀行は国内だけでなく海外の専門家の意見も幅広く聴取して政策決定に活かしており，私も議論に招いていただいたことがある）が，日本の一部の官庁は少数のお抱え専門家に当該官庁の意向を汲ませ，欧米を横睨みした後追い的な政策をまとめる傾向がある。しかし，日本の国力が相対的に低下する中，競争力を高める有効な政策を作らなければ日本の未来は暗い。日本の官庁も英米に倣ってより多様な専門家の意見集約に努め，国の競争力を高める努力をすべきである。

Column　中世ヨーロッパの商慣習法

1．中世だけでなく現代においても商慣習法（lex mercatoria）が成立しているものと考え，国家法（たとえば，各国の国際私法や民商法）を介さずに，国際取引上の商慣習（論者によって範囲が異なるが，たとえば賛否は分かれるがインコタームズなど）を国際取引にそのまま適用（直接適用）する考え方がある。しかし，それに対する反対論も根強く，現時点では，国家法である法廷地の国際私法（たとえば，日本の法適用通則法）で国家法の中から準拠法を定め（たとえば，日本法），それを国際取引に適用（間接適用）するのが実務上の扱いである。将来，いかなる状況下であれば，商慣習法の直接適用による法秩序が機能し得るだろうか？

【賛成の論拠】 ①商慣習に法としての地位を与えるべき，②国際取引を規律するには国際取引の特質に配慮した商慣習の方が国内取引を主な念頭に置く国家法よりも優れている，③国家を相手とする取引の場合，国家法以外の単一のルールで規律する方が望ましい，等。

【反対の論拠】 ①国際法や国家法と同じ資格での真の法秩序を商慣習では構成し得ない，②商慣習法の範囲は不明確（商慣習にも大小様々ある上，改訂直後のインコタームズ等の統一規則は実務の積み重ねがなくても商慣習法になり得るのか等で議論の余地あり）なので，取引当事者にとっては予測可能性が少なく，③法執行機関が存在しないなど法的拘束力に欠ける（ただし，後述参照），等。

【最近の動き】 ①市場原理が働く国際金融分野では，条約や国家法のような法的拘束力の強い法（ハードロー）に対してソフトローと呼ばれる法的拘束力のない合意や行動規範が多用されつつあり，事実上強い拘束力を発揮する事例（例：バーゼルⅠ合意）が存在し，②技術革新が相次ぐ電子商取引分野でも，国家の介入なしに国際的な紛争処理や法執行が可能な分野（例：ドメインネーム紛争処理）があり，今後も経済環境の変化に応じて様々な状況が想定し得る。

2．中世のように，法律が機能しない世の中で規律を守らせるには，いかなる戦略が可能か？　交通・通信手段が未発達な中世では，海外との効率的な交易のために在外代理人を置いて，ある程度の資金を委託する必要があった。しかし，在外代理人は不正を働いて委託金を詐取する可能性がある。仮に詐取された場合，近代社会のように国家の裁判所に訴えて契約の履行を強制することはできない。そこで，11世紀に地中海世界で活躍したマグリビと呼ばれるユダヤ人商人集団は，在外代理人を雇用する際，自分やその仲間の商人に対して一度も不正を働いたことのない在外代理人のみを雇用し，仮に不正を働けば解雇すると共にマグリビ全体にその情報を周知した。この結果，在外代理人にとっては，委託金を詐取して不正に儲けた１回限りの利得よりも，マグリビに属する商人すべてとの間で将来にわたって報酬を得る機会を失う損失の方が多大なため，法律が機能しなくても契約を守らせることができたと解されており，経済学（歴史制度分析）で研究が進んでいる。

【参考文献】岡崎哲二『江戸の市場経済―歴史制度分析からみた株仲間』講談社選書（1999年）132頁以下。

第二に，実地見聞が重要である。海外を実際に見ないと得られない知識も多い。とりわけ，主要国の法制度を横並びで比較し日本法の課題を議論する場合，制度の運用実態を併せて理解しないと正確な議論はできない。たとえば，英米の消費者保護は制度上日本よりも進んでいるが，現実には対応窓口が日本ほどきちんとしていないことが多く，文字通りには機能していない。これは実際に英米に行けばよく理解できるが，本ばかり読んでいても分からない。

第三に，法律を含めた情報のアンテナを大きく広げることである。国際化・IT化が加速し激動の時代を迎えた今日，国内だけに目を向けていても発展は望めず，変動する国際情勢を的確に捉えてビジネスに活かす能力が求められている。しかし，国際情勢を的確に捉える上で「日本経済新聞」などの国内メディアだけでは，掲載内容・分析の質共に不十分である。たとえば，日本を除く世界中のメディアが実況中継した東日本大震災後に伴う福島第一原子力発電所事故を国内メディアは当初報じなかった。そこで，インターネットやスマートフォンで海外（とくに英米）メディアに親しむことをお奨めしたい。新聞ならばWall Street Journal（http://jp.wsj.com/で日本語版も読める）やFinancial Times，雑誌ならばThe Economist，TVならばCNNやBBC等の見出しだけでも目を通す習慣をつければ，英語だけでなくビジネス上も大変役立つ。また，新聞を読む際，①ニュースの乏しい日の朝刊第一面には，官庁や大手企業が意図的に情報をリークして世論の反応を見たり自社製品をアピールする「観測記事」が掲載されやすく，第一面だから重要な記事とは必ずしも言えないこと，②記者の誤解等により誤った内容やミスリーディングな内容が記事に書かれる場合もあることを十分頭に入れ，新聞記事の内容を盲信しないことが大切である。なお，海外情報に接する際に英語に苦手感を持つ人も多いであろう。日本の英語教育には確かに様々な課題があるが，ビジネスに必要な英語能力は限られている。したがって自助努力で十分挽回可能である。たとえば，NHKの語学講座（NHKゴガク）はスマートフォンで無料視聴でき，自分のレベルに応じて毎日15分程度受講するだけでかなり英語が上達する。何度も留学経験のある筆者でも毎回学びがある素晴らしい語学授業である。

第四に，法律に関していえば，日々の実務を通じて理解を深めると共に，関連書籍や実務雑誌（国際商事法務など）を読んだり，国際商取引学会などの学会や研究会に参加することで継続的なエキスパティーズの向上を図ることができよう。また，国際取引法学会では，社会人・院生向けと学生向けに各々懸賞付きエッセイ・コンテストを実施している（詳細は学会HP参照）。一方，字数要件を3,000～6,000字と短く設定し，参加しやすい国際取引法コラム・コンテスト（審査委員長・久保田隆早大教授）も2018年から始まった。応募者は毎年７月下旬（７月20日から31日）の期間内に，columnwelcome@yahoo.co.jp宛てに作品をご送付いただきたい。厳正な審査の上，最優秀賞，優秀賞，激励賞の作品を表彰およびアドバイスし，最優秀賞の作品には必要な指導を加えて「国際商事法務」誌上に掲載する（2020年度は応募521作品中22作品を表彰し，うち最優秀賞は１名）。なお，各国の法律や判例は日々変わっていくので，図書館でLEXIS/NEXISやwestlawなどのデータベースを使いこなせるスキルを身につけておくとよい。また，ウィーン売買条約については図書館に行かなくてもインターネットで裁判例等の必要情報はかなり入手できる（第３章のColumn「ウィーン売買条約の裁判例等の調べ方」（99頁）参照）。

⑶　将来の海外留学や海外法曹資格取得に役立てるための対策

国際取引に必要な外国法（とくに英米法）や各国事情を深く学ぶには留学も有益である。その際，「国際取引法」で学ぶ基礎知識は世界共通であり（相違はその国の国内法をどの程度扱うかの大小に過ぎない），入門知識として有用である。実際，官庁や企業によっては海外留学制度で社員を留学させて海外法曹資格を取らせているし，交換留学制度を持つ日本のロースクール（早稲田大学など）もある。また，奨学金や自費で留学する方もおり，卒業に通常２年かかるMBAコースに比べて通常９カ月で卒業できるLL.M.コースは手軽で，かつ各国の一流大学が多彩なプログラムを用意して幅広いニーズに対応しているほか，海外の法曹資格取得も視野に入れることができる。

LL.M.とは法学修士のラテン語表記で，LL.M.コースとは海外の大学院の法学修士課程を指す。ハーバード大学など海外の一流大学が外国からの留学生を毎年多数受け入れており，MBA（経営学修士）留学と並んでビジネス上のキャリアアップに有効である。さらに，MBAよりもコスト・パフォーマンスに優れている。たとえばアメリカの場合，①受験に際してMBAがTOEFLとGMATの受験を課すのに対し，LL.M.はTOEFLのみで良く，②修業年限が短いのでMBAの学費・生活費（1,000万円程度）の半額程度で済むほか，③外国資格受験との関係で，MBAはアメリカ公認会計士試験の受験資格とは直接関係しない（必要な会計学の単位数を日本で得れば誰でも受験可能）が，LL.M.はアメリカ司法試験（ニューヨーク州など）の受験資格に直結する。また，内容面でも日本の法学部・ロースクール以上に豊富な授業科目の中から自分のニーズに合致した科目を受講できるほか，租税法（例：ニューヨーク大学）や銀行法（例：ボストン大学），国際商事仲裁（例：ロンドン大学）など特定分野に特化したコースもある。英米以外にも英語で講義がなされる定評あるLL.M.コースは数多く（例：ベルギーのリューベン・カトリック大学），まさに第一線の専門能力を国際語である英語で鍛えることができる。このため，官庁・企業・弁護士事務所からの派遣留学も毎年数多いが，日本のロースクールでも交換留学の形でペンシルバニア大学などのLL.M.を安価で取得できる道を開いている（例：早稲田大学）。さらに，1年間アメリカにいなくても半年間日本で学び，残りをアメリカで学べばLL.M.を習得できる大学もある（例：テンプル大学）。留学（海外駐在中の夜学通学を含む）により英米の法曹資格を取得する機会も開けてくる（次のColumn参照）。

Column　海外の弁護士資格

1　ニューヨーク州弁護士資格

日本の司法試験の合格率は以前に比べれば高まったが，それでも7割以上（ただし，外国人受験者に限れば45%程度）ある米国よりは難しい。このため，外国人にも広く門戸を開いているニューヨーク州やカリフォルニア州の司法試験を受験し，弁護士資格を取得する日本人もかなり増えている。ニューヨーク州の場合，アメリカ弁護士協会（ABA）が認定したロースクールで24単位取得すれば外国人でも受験資格が得られ（ハーバード大学のように取得単位の上限が18単位の場合でも申請すれば受験可能），年に２回（７月と２月）試験が行われる。したがって，LL.M.を６月に卒業して予備校で受験勉強を開始し，７月の試験に合格すれば翌年にはもうニューヨーク州弁護士を名乗ることができる。試験の内容は択一問題と若干の記述問題なので，LL.M.の学習内容とは程遠い暗記中心学習であるが，万が一落ちても年に２回ずつチャンスがあるので，日本とは異なり，諦めない限りいつかは合格する可能性が高い。また，カリフォルニア州の司法試験は科目数が減るものの記述部分がニューヨーク州よりも多い。欧米人に比べて英語力の劣る日本人の場合，ニューヨーク州弁護士の資格だけでは心許ないと言う向きもあるし，日本の弁護士資格もそれなりに魅力的（ただし，仮に両方の資格を有していても，慣例上片方の資格でしか営業できない）だが，実際には相当数の日本人がこの資格だけで国際ビジネスの第一線で活躍している。また，日本の大手法律事務所は東南アジアに多く進出しているが，ここで求められるスキルは日本法ではなく英米法が中心であるなど，弁護士の中でも一定の需要がある。私の経済学部卒の知人は帰国子女ではないが，役所勤務を経てLL.M.を修了後，数回の受験でニューヨーク州弁護士資格を取得し，現在はNY州で弁護士事務所に弁護士として勤務しており，日本の弁護士資格は持っていない。全米各州の弁護士試験の概要については，National Conference of Bar Examiners and American Bar Association Section of Legal Education and Admissions to the Bar,“Comprehensive Guide to Bar Admission Requirements”（http://www.ncbex.org/publications/より入手可能）を参照されたい。2018年時点でみると，日本人が米国LL.M.を取得すれば以下の弁護士試験を受験可能（いずれも受験回数無制限）。カリフォルニア州（英語論述力の高い人に有利とされる），ニューヨーク州（暗記力が問われるとされる）のほか，ワシントン州，ウィスコンシン州，ジョージア州，パラオなど。

２　英国弁護士資格

一発試験の傾向が強い米国の司法試験に比べて，英国の弁護士資格取得は大学院のコースを優秀な成績で卒業することが要件となる。ソリシター（solicitor：事務弁護士）の場合，①法律専攻の人が７科目upper ２以上の成績でLaw Degreeを取得するか，②法律以外の専攻の人がGraduate Diploma Course（１年制）に通い，その修了試験Common Professional Exam.に合格し，その後，日本の司法研修所に相当する１年間のLegal Practice Courseに通い，２年間Law Firmで実習を積めば資格を取得できる。バリスター（barrister：法廷弁護士）の場合は，①法律専攻であれば上記７科目に訴訟法を加えた８科目で成績要件を満たすか，②法律以外の専攻であればGraduate Diploma Course を経てCommon Professional Exam.に合格し，その後，日本の司法研修所に相当する１年間のBar Vocational Courseに通い，１年間実習を積んで Inns of Courtで４回晩餐会に参加すれば資格を取得できる。実際，筆者がロンドンの法律事務所で会った20代の日本人は，帰国子女ではないが，大学卒業後，ロンドン大学で国際関係論の修士を取得し，Graduate Diploma Course を経てバリスターの資格を得，現在はシティの大手法律事務所で法廷弁護士として勤務されている。

⑷　法律エッセイの書き方

国際取引法，とりわけ国際金融法（規制法，取引法）は法律エッセイのネタの宝庫であり，各種大学院やエッセイ・コンテストはもとより，諸君が実務に就かれてからも「金融法務事情」や「International Financial Law Review（IFLR）」等に寄稿する機会は多いであろう。筆者は若手・院生指導や論文査読等に約30年従事してきた。そこで，法律エッセイの書き方一般についてまとめておこう。

まず，一般に論文は，当該分野の基礎的認識に立脚した上で，①明確な問題設定，②先行研究の分析と自分の研究の位置づけ，③自分の緻密な分析（外国制度との比較など）と結論，の３要素を不可欠な要件としている。このうち見落としがちなのは，②の先行研究の分析（網羅的である必要）と，③の外国制度（孫引きは原則禁止）で，修士論文では②が中心，博士論文では③が中心（解決策を提案する論文が多い）となる。脚注の付け方や参考論文の引用方法には一応の決まりがある（米国であればThe Blue Bookが参考となる）ので，それに従う必要がある。実務から大学教員への転身を考える方は，論文５本（できれば著書１冊）を公刊することがスタートラインとなる。また，筆者は若手発掘の目的で「国際商事法務」に連載を持っている（「国際取引法研究の最前線」，「国際コンプライアンスの研究」）ので，金融に限らず国際取引法に興味のある方は筆者にご一報されたい。前掲の国際取引法コラム・コンテストに応募するのも有益であろう。

つぎに，法律雑誌や国際取引法学会のエッセイ・コンテストにあるエッセイについて説明しよう。国際取引法で大切なのは，法分野の枠にとらわれず現代という時代を鋭く切り取る時代性である。修士・博士論文要件を過度に意識すれば最先端の分析は鈍るし，短い字数に収まり切らない。ではどうすべきか。簡便法を二つ提案したい。第一は，先行研究にかぶせる方法である。その道の専門家が書いた論稿を読み込み，そこで総括的には触れているが詳細な論点や実務・事例分析，外国との比較等に踏み込んでいない部分や将来的課題と位置付けている部分を選び，それを更に書き込む方法である。すでに問題設定や先行研究は元の論文が果たしているので，自分がそこにかぶせた部分がそのまま貢献になる。とくに，その論文の発刊後に生じた法令・判例，外国の制度変更等に着目して意義付けを考えるスタイルならば書き易いであろう。第二に，英語論文の紹介である。残念ながら日本よりも英米で研究が進んでいる分野は数多い。そこで，英語雑誌やウェブ等から興味深い論文を選んで読み込んで紹介した上,「日本に適用したらどうなるか」を検討して書き込む。日本に先行研究はないので，その論文の問題設定や先行研究に載ったまま，日本への示唆という世界初の明確な貢献を果たしたエッセイがここに誕生する。もちろん，簡便法はあくまで簡便法なので，高い評価を得る論文を書くにはまだまだ上がある。しかし，きちんと書けば学界の求める水準はクリアできる。

⑸　余談ながら…国際取引法を教えながら考えたこと

①　**就職活動の視点**　　国際取引法は実務に近いため，学生諸君から就職活動について頻繁に質問を受ける。筆者は実務家時代に採用人事を担当したほか，毎年ゼミ生の就職活動を横目で見ている。そこで，学生諸君が気づきにくい就職活動のポイントをお知らせしよう。

まず，企業選びであるが，就職活動は客観的条件（仕事内容，給料等）もさることながら「自分に合うか」を第一に決めると良い。長い会社生活なので楽しくないともたない。何社も会社訪問すれば，インターンやOB・OG訪問での印象，面接官との相性，会社の雰囲気（たとえば，エレベーターホールやトイレが爽やかか重苦しいか）等で自分に合うか否かがよくわかるようになる。また，就職活動は「お見合い」に近く，双方の相性が合わないと内定に至らない。したがって，実力があっても落ちることは頻繁に起こる。その場合は「縁なし」と割り切って次の会社に進もう。なお，公務員試験との併願については，負担過多を恐れて避ける向きもあるが，筆者は，試験対策で時事問題にも強くなる結果，就職活動にも有利と考える。

つぎに，企業の採用担当者は，その会社が求める人材要件を満たしているか（時には圧迫面接も行い，胆力や論理力，志望強度を確認）を短期間で判断し，多数の志望者から少数の内定者を絞り込んで上司に説明する必要がある。したがって，就職活動中にお礼・あいさつなど社会人の基本に問題がある（例：あいさつしない，言葉遣いが無礼）と厳しい評価を受けやすく，「貴社が第一希望」と言わない学生に対する内定授与は後回しになりやすい（筆者は学生時代に正直に話して幸い第二希望の会社にも内定を得たが，志望順位は就職活動中に変化し得るのだから，相手の熱意に応える礼儀としても「第一希望で検討中」くらいは言っても許容範囲だろう）。なお，圧迫面接が苦手な人は多いが，当落線上の志望者に課される場合が多く，これをクリアすれば内定に近づくので，むしろチャンスと思って取り組んで欲しい。

最後に，①OB・OG訪問は毎回その目的を明確化すること（質の良い質問をあらかじめ用意），②SPIやWebテスト等の対策，自己分析は早めに取り組むこと（案外時間がかかる），③ESは嘘は書かず（事実であれば肯定的な評価材料として書くべき），先輩等に見てもらって完成度を高めること，④面接は場数を踏んで慣れること，⑤情報収集を怠らない一方で，他人と比べず自信を持ち続けること，等がポイントとなる。

② **内定後と転職対策**　実務に近い国際取引法では講義の際に学生から就職内定後や就職後の転職相談を受けることも多い。筆者も若い時は大いに悩んだ。そこで，いくつかアドバイスしたい。

まず，内定を得た諸君，おめでとう。そこで卒業までの半年間，何をすべきか。最後の自由時間なので長期の海外旅行など好きなことでも，資格や英語・会計の勉強など社会に出てからの準備でも良いが，筆者のお勧めは，①内定を得た会社や業界の最先端の法的課題を研究して，国際取引法コラム・

コンテスト等に応募し（研究リサーチの過程で会社の先輩にヒアリングすれば自己アピールにもなる），②その会社や業界の歴史や先人の伝記を貪欲に学び，今後の会社人生のマインドセットを確立することである。一方，「就職ブルー」に陥る人もいよう。視界360度，何にでもなれた可能性のある自分が，内定を得て視界10度以内の世界に絞られるのだから当然である。入社してもすぐ辞めるかもしれない。ならば，いったん入社はするけれど，今のうちに辞めた場合に行ける転職先を考え，用意しよう（たとえば，教職資格取得。採用可能年齢が高く，海外日本人学校でも教授可能）。不安を打ち消す精神安定剤になる。

つぎに，若手社員諸君，仕事には楽しい時も苦しい時もあるが，志を高く保つことが必要である。筆者が昔上司から言われた言葉だが，「平社員でも常に社長の視点で考えよ」。今は新聞切り抜きや契約書チェック等の単純作業で意欲が湧かないかもしれないが，会社で読む新聞記事や内部調査メモにすべて目を通し続け，あらゆる契約の諸事項に通じたら社内一の専門家になれるし，将来社長になった時に会社・業界全体を見る目も養われる。一方，必要であれば転職も考えて良い。俗に会社を辞めたくなる節目とされる「３日・３カ月・３年」の各々で，自分の成長可能性や転職選択肢を考えてみよう。30歳前後になれば，会社での自分の将来や具体的な転職選択肢も明確に見えてくるだろう。

③ **司法試験受験生と危機管理**　司法試験の合格率は昔よりは高まったが，依然として簡単な試験とは言えない（平成30年度で全体が３割程度（上位10校でも３～６割程度，予備試験経由でも８割弱）にとどまる（最終合格者/出願者））。したがって，優秀な人でも試験に万が一落ちる可能性を踏まえた一種の危機管理（滑り止め確保等）が重要である。あまり考えずに司法試験だけを受け続け，年齢面で就職が困難になる人も多い。法律家はいわば危機管理業でもある。そこで，危機管理の観点からいくつかアドバイスしたい。

まず，ロースクールで現在の成績が平均以下の学生諸君には就職の検討をお奨めする。在学中の成績と合格率には一定の相関関係がある一方，経済学や国際関係の大学院生とロースクール生とでは就職の有利不利は変わらない（むしろ有利。無理解な企業もあるが，それなら行く価値はない）。筆者の元教え子で，受験を諦めて一流企業に就職し，現在も最前線で活躍中の者がいるが，根性で受験継続を奨める彼のご両親を説得して正解であった。就職に際して成績は決め手ではない。現在の司法試験が優秀な法律家の適切な尺度とは思わないが，この試験には確実に向き不向きがあり，残念ながら根性だけでは如何ともしがたい。

つぎに，司法試験受験に負担のかからない範囲で，同様の科目で受験可能な資格試験や公務員試験を併願したり，一流企業に就職活動することである。実際，筆者の周囲でも優秀なのに法曹ではなく，国家公務員総合職や一流企業総合職としての道を選んだ者も多い。一方，司法試験直後に行きたい企業を積極的に訪問することも可能である。ロースクール卒業生を積極的に採用する企業はいくつかあり（例：三井物産など），就職サイトも充実しつつあるので，暇なときに調べておくと良いだろう。

最後に，司法試験受験に何度も失敗し，通常の就職が難しい年齢になった場合であるが，まだ様々な方法がある。たとえば，学校事務や教職は40歳程度まで募集しているし，何歳になっても自営業（投資家など）はできるし，医学部・獣医学部等に入って医者・獣医等になる手もある。若い頃から先を見通して選択肢を多数考えておけば，受験勉強における精神安定剤にもなろう。

Column　企業法務やパラリーガルの国際化

法律に関して専門性を持つ職業は，必ずしも資格を持つものに限られない。企業法務やパラリーガル（法律事務所の法律専門スタッフ）などがそれである。学生諸君からは国際的な仕事に従事したいという就職相談をよく受けるが，国際化の進展に伴い，彼らが弁護士以上に国際化して活躍している点はあまり知られていない。筆者がロンドンの大手法律事務所を訪問した際，そこでパラリーガルに従事する日本人数名と面談したが，彼らは元々，東京の事務所に就職した普通の大卒であり，職歴や経験が採用の決め手となるそうである。また，彼らによれば，ロンドンの保険会社のグローバル・コンプライアンス部門では，企業法務スタッフやパラリーガル等の法律専門家を常時採用しており，国際法務に関する職歴次第でロンドンに限らず世界中で活躍する機会は開けるとのことであった。

Column 楽しみながら学ぶM&A

会社法の領域なので本書の対象外としたが，最近盛んに行われるようになったM&A（merger & acquisition：企業の合併・買収）について映画で簡単に説明しよう。今回取り上げるのは1991年公開の米国コメディ映画『アザー・ピープルズ・マネー（Other People's Money)』である。投資家のラリー・ガーフィールドは，創業80年以上のケーブル製造会社New England Wire & Cable（NEWC）が収益力低下の中で優良資産に恵まれていることに目を付け，買収して清算や転売して儲けることを目論む。M&Aでは最初にデューディリジェンス（due diligence：法務・財務・環境等，様々な面からの対象企業の資産の調査）を行うが，本映画でも冒頭に「対象企業が訴訟に巻き込まれていないか」等の法務チェックを行うシーンが出てくる。一方，NEWCの経営者ジョーギーは労働者の生活等を考えて首を縦に振らない。対象企業の取締役会で合意を得ていない買収を敵対的買収というが，ラリーは敵対的買収の意思を固め，NEWCの株買占めを図り，経営の主導権を握ろうとした。一方，ジョーギーはやり手女性弁護士で娘のケイトを雇い，様々な買収防衛策（会社の設立準拠法を買収防止法制の整ったデラウェア州法に変える，ラリーの当局への登録義務違反を問う等）を試みる。最終的には，株主総会で多数決により勝敗を決める委任状合戦（proxy fight）に至るが，ラリーの演説は株主＝投資家としての立場を，ジョーギーの演説は経営者＝従業員代表としての立場を各々明確に示しており，理解し易い。ハートフル・コメディなので楽しく愉快に学べ，最後にはアッと驚くどんでん返しも待っている。古い映画なので，現在では法規制で禁じられている取引があったり，お下劣なシーンも出てくるのはご容赦頂こう。

〔参考文献案内〕

国際取引法に関する文献は実に多岐・大量に存在するため，学習者の便宜を考えて日本語で容易に入手でき，初学者の理解に適した十数冊の書物に大幅に絞って紹介する。英語文献や物品売買以外の国際取引に関するものは省き，また，類似の書物がある場合も省略したため，全文献を網羅するものではなく，他にも優れた文献が多数あることに注意されたい。

①佐野寛『国際取引法〔第４版〕』有斐閣（2014年）

②松岡博編『国際関係私法入門〔第４版〕』有斐閣（2019年）

第一に，本書以外の国際取引法の教科書としては①をお薦めする。初学者の理解に適した図解が随所にあり，参照条文も巻末に添付され，記述が簡易でバランスが取れている。また，司法試験の国際関係法（私法系）を念頭に置いた自習書としては②が事例や図解を多用しており分かりやすい。

③高桑昭『新版 国際商取引法』東信堂（2019年）

④江頭憲治郎『商取引法〔第８版〕』弘文堂（2018年）

第二に，学説対立や詳細な分析に至る発展学習には，国際私法・国際民事訴訟法分野に関して③が，商取引法分野に関して④が相応しい。

⑤野村美明・高杉直・久保田隆編著『ケーススタディー国際関係私法』有斐閣（2015年）

⑥国際商取引学会編『国際ビジネス用語事典』中央経済社（2021年）

第三に，ゼミや各種試験対策で用いる演習書については，図解とポイントを明示した上で判例や創作事例，その他国際取引法への興味をそそる様々なコラムを多数含む⑤がお薦めできる。また，用語事典として⑥は必携である。

⑦杉浦保友・久保田隆編著『ウィーン売買条約の実務解説〔第２版〕』中央経済社（2011年）

第四に，従来の教科書ではあまり十分な記述がなかったウィーン売買条約（CISG）については，条文ごとの解説に加えて裁判例や実務上のポイント，さらにはリーガルリサーチの方法等について幅広く分かりやすくまとめた⑦が使いやすい。

⑧日本貿易振興機構『ジェトロ貿易ハンドブック』ジェトロ（毎年発行）

⑨浅田福一『国際取引契約の理論と実際〔改訂版〕』同文舘（1999年）

第五に，法理以上に重要な国際取引法の実務を理解するため，国際取引の学習においては毎年アップデートされる⑧を手元に置くことが望ましい。また，英文契約書の書き方に関する古典的概説書である⑨はすでに絶版とされている可能性があるが，図書館等で是非目を通して頂きたい。

⑩柏木昇・久保田隆訳，ラルフ・H・フォルソン他著『アメリカ国際商取引法〔第６版〕』木鐸社（2003年）

⑪久保田隆・田澤元章監訳，ジェロルド・A・フリードランド著『アメリカ国際商

取引法・金融取引法』レクシスネクシス・ジャパン（2007年）

第六に，国際取引法の事実上の国際基準は日本法でもCISGでもなく，英米法とりわけ世界一の経済大国であるアメリカの取引法（とくに米国統一商法典〈UCC〉）である点に鑑み，アメリカ国際取引法の概説書の訳本をご紹介する。国際取引について，⑩は私法的側面（UCC，交渉学，技術移転等）を中心に，⑪は公法的側面（IMF，WTO，通商法，独占禁止法，国際課税等）を中心にまとめており，併せ読むことで深い理解が可能になろう。

⑫河村寛治・阿部博友著『ビジネス法体系　国際ビジネス法』第一法規（2018年）

⑬松岡博編『レクチャー国際取引法〔第２版〕』法律文化社（2018年）

⑭大塚章男『事例で解く国際取引訴訟〔第２版〕』日本評論社（2018年）

⑮大貫雅晴『国際商取引紛争解決の法と実務』同文舘出版（2018年）

⑯浜辺陽一郎『現代国際ビジネス法』日本加除出版（2018年）

⑰富澤敏勝・伏見和史・高田寛『「国際取引のリスク管理」ハンドブック〔改訂版〕』セルバ出版（2014年）

⑱柳赫秀編『講義国際経済法』東信堂（2018年）

⑲吉村祥子編『国連の金融制裁　法と実務』東信堂（2018年）

第七に，最近の教科書から数冊ご紹介する。⑫は本書が扱っていないM&Aや国際課税などについて解説しており，⑬は本書が扱っていない国際知的財産や競争法などをカバーしており，⑭は豊富な事例と解説が深い理解に役立つ。⑮は仲裁法の，⑯は法的リスクマネジメントの，⑰は実務・学問双方に通じた専門家による平易な解説書である。⑱と⑲は本書で深入りしなかった公法部分を詳述している。

序章　体系へのアプローチ：貿易の仕組みと法律の構造

国際取引法に体系はあるか。刑法を典型例として，法律科目には科目名と同じ法典が存在し，学説による体系的整理がなされていることが多い。だが，残念ながら国際取引法の場合は科目名と同じ法典が存在せず，国内外の無数の法律の集合体を指すので一般に体系は存在しない。

しかし，初学者が国際取引法を理解するには，全体構造を俯瞰したある種の体系理解が必要であろう。そうでないと，国際取引法は必要とされる知識が多岐にわたるため，部分に捉われて全体を理解しない「木を見て森を見ず」の状況に陥りやすい。このため，本書では具体的な解説に入る前に，国際取引法の全体構造を理解することに努めたい。

具体的には，①国際取引における取引の仕組みを理解し，②国際私法・国際民事訴訟法・国際取引法の三者によって完結する国際関係法（私法系）の法的仕組みを理解することが必要である。

1　取引の段階的理解

国際取引法においては，法律の理解もさることながら，取引の仕組みを理解しておくことが重要である。そこで，いくつか段階を設定して順を追って解説しよう。

(1)　第一段階

まず，輸出入の基本的なプロセスを説明しよう。最初に市場調査で海外の法制度等を把握し，取引先候補を絞り込む。次に候補先企業の信用調査を行い，問題がなければ価格・決済方法・船積期限などの契約条件を交渉する。交渉が成立したら，契約を締結し，輸送手配や保険付保，代金決済等を行う。その後，問題が発生すると法的にいかに紛争解決するかが問題となるが，契約成立から紛争解決までの法的処理がこの科目の主たる関心事項となる。

【図１】国内売買と国際売買の相違

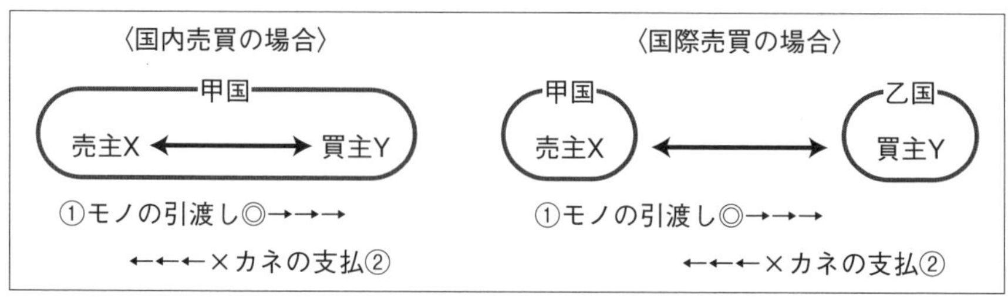

では，単純な売買取引を念頭に，国内取引と国際取引の基本的な法律上の相違を確認しよう（**図１**参照）。売主Xが買主Yとの間で物品売買契約を結び，その結果，Xは商品（モノ）の引渡し債務を負い，Yは代金（カネ）の支払債務を負うものとする。国内売買の場合，XもYもどちらも甲国に営業所を持つため，甲国法だけが適用されて取引が完結する。しかし，国際売買の場合，Xは甲国に営業所を持つが，Yは乙国に営業所を持つため，取引に甲国法か乙国法のどちらが適用されるかを決めなければならない。このため，これから述べるように，国際私法が絡む複雑な法的処理が行われることになる。

適用される法（**準拠法**という）を定める各国の国内法（抵触法）を**国際私法**という。これは国際公法のような国際条約ではなく各国の国内法であって，甲国にも乙国にも各々異なる国際私法がある。甲国裁判所に訴えて受理された場合には甲国国際私法が，乙国裁判所に訴えて受理された場合には乙国国際私法が適用される。なお，国内法には**実質法**（具体的な権利義務や手続を定めた法）と**抵触法**（何法が適用されるかだけを定めた法）があり，国際私法は後者である。また，権利義務の具体的内容を定めた法を**実体法**といい，その権利義務を実現するための手続を定めた法を**手続法**という。国際私法は実体法に何法が適用されるかを規定しており，手続法については不文の原則である「手続は法廷地法による」によって裁判手続が受理された地の法（法廷地法）が適用される。

▽**ポイント**

国際取引に関する法務の流れ
　交渉⇒契約締結⇒問題発生⇒紛争解決
法の適用関係

{抵触法（各国の国際私法）
{実質法（各国の民商法など。手続法も含む概念）
{実体法（各国の民商法など）：法廷地の国際私法が準拠法を定める。
{手続法（各国の民事訴訟法など）：法廷地法が適用される。

さて，売主Xがモノを引き渡したにもかかわらず（①），買主Yがカネを支払わなかった（②）としよう。話を簡単にするため，甲国や乙国の公法（たとえば外為法）上の規制については関係ないものとする。国内売買で甲国が日本だとすれば，これは通常の民法の問題であり，新たに学ぶことはない。一方，国際売買ならば，問題は一挙に複雑化する。

まず，売主Xは救済を求めて甲国裁判所に提訴したとする。甲国の裁判所は，甲国国内法（日本であれば「民事訴訟法」）に基づき，本件について甲国裁判所が**裁判管轄権**を有するか否かを判断し，有するとされた場合には甲国の国際私法（日本であれば「法の適用に関する通則法」）に基づき，本件売買取引の準拠法が決定され，その準拠法によって判決が下される。そこでYは，Xに代金および支払遅延に伴う損害を賠償すべきとの給付判決を得たとしよう。仮にYの資産は乙国のみに存在するならば，Xは甲国裁判所の判決を乙国裁判所に**承認・執行**してもらうため，乙国裁判所に訴える必要が出てくる。乙国裁判所は，乙国国内法（日本であれば民事訴訟法）に基づき，甲国の給付判決を承認・執行するか否かを決め，仮に承認・執行が認められれば，晴れてXは給付を得られるという仕組みである。

一方，XまたはYは当初から乙国裁判所に提訴することもでき，その場合は乙国裁判所が乙国国内法に基づいて裁判管轄権の有無を判断し，有するとされた場合には乙国の国際私法に基づいて本件売買取引の準拠法を決め，その準拠法によって判決が下される。このため，各当事者は自分に有利な法廷地を選んで訴訟を提起する「**法廷地漁り**」(forum shopping) に走りやすく，甲国と乙国で共に裁判手続が開始され，相矛盾する判決を下す可能性もある。このように異なる国で訴訟が並立することを**並行訴訟**といい，一方がある国で訴訟提起したのに対抗して自国等で訴訟提起することを**対抗訴訟**という。並行訴訟と対抗訴訟を併せて**国際的訴訟競合**というが，共に主権国家の裁判所の下す判断であるため，相矛盾する判決が確定すると，その解決は困難である。

＊　国際的訴訟競合への対応策として，英米豪など英米法系の国々には，当該裁判所に管轄があっても，利便性・公平性等に鑑みて他国の裁判所が審理する方が適切な場合に訴えを却下することができるフォーラム・ノン・コンビニエンス（Forum Non Convenience：不便宜起訴地）の法理が存在する。また，日本でも，民事訴訟法３条の９（特別の事情による訴えの却下）で考慮し得る（他の学説もある）。しかし，いずれも裁判所の裁量に任されており，確実な対応策とは言い難い。

このため，学生諸君は関連する国の国際私法，国際民事訴訟法，国際売買で準拠法とされる可能性の高い法について勉強する必要があり，一般に日本の国際取引法では，法適用通則法，民事訴訟法，ウィーン売買条約が第一に学ぶ必要のある法律となっている。なお，紛争を解決する仕組みは裁判だけには限られない。仲裁や調停など裁判外紛争処理という仕組みも存在する。したがって，仲裁法やニューヨーク条約についても一応理解しておく必要がある。

Column　日本の国際取引法は日本法を中心に教えるべきか否か

国際取引法という名で各国の大学で教える内容は，一部の条約・国際規則を除けばその国の国内法（国際私法，手続法，私法，公法）が中心であり，日本も然りである。しかし，全世界的に見れば，国際契約の準拠法として当事者が指定する法律の大半はイングランド法や米国ニューヨーク州法であり，合意裁判管轄地や合意仲裁地も英米が多い。すると，日本法を中心に教えるよりも英米法を中心に教えるべきという考え方も成り立つが，いかがであろうか？

私は，英米法中心の教育も一理あると思うが，今の日本法教育も活かし方次第と考える。まず，学生が就職する機会の多い日本企業の場合，海外子会社との取引が圧倒的に多く，日本法が準拠法となるケースが多いので日本法の知識は依然重要であり，この点では意義がある。また，英米法も日本法も基本的なメカニズムは各国共通なので，日本人の初学者であれば，身近な日本法を出発点として学んだ後，英米法を追加的に学べば効率的に習得できる。なお，貿易の盛んな国であればその国の法律からみた国際取引法が大抵研究されているので，必要に応じてそれらを参照されるとよい。たとえば，アメリカの国際取引法教科書の日本語訳として，ラルフ・フォルソン他『アメリカ国際商取引法』（柏木昇・久保田隆訳）木鐸社（2003年），ジェロルド・A・フリードランド『アメリカ国際商取引法・金融取引法』（久保田隆・田澤元章監訳）レクシスネクシス（2007年）がある。

---

(2)　第二段階

つぎに，甲国と乙国とは海を隔てていて，売主がモノを引き渡す際に，海上運送を用いるケースについて考察を進めよう（**図２**参照）。簡単化のため運送人は一人だとすると，XとYの二当事者から運送人を交えた三当事者に事案が複雑化する。Xがモノを運送人に引渡し（①），運送人がモノを運送し（②），買主がモノを検査・受領する（③）段階で，各々の当事者に関する権利・義務は，国際売買で準拠法とされる法に従って規律される。一般に日本の国際取引法では，国際物品売買契約に関する国際連合条約（United Nations Convention on Contracts for the International Sale of Goods）略して**ウィーン売買条約**（CISGとも略し，シスグまたはシー・アイ・エス・ジーと呼ぶ（売主・買主の権利義務を規定））や**国際海上物品運送法**（運送人の責任範囲を規定）の関連条文を学習する。たとえば，売主の引渡し義務はCISG31条，運送人の注意義務や免責は国際海上物品運送法３条・４条・５条，買主の検査義務はCISG38条・39条が関係する。しかし，この分野は法律にとどまらず国際的な統一規則も発達しており，売主・買主間の危険移転や費用移転の詳細をFOB，CIFというように記号化・統一化した**インコタームズ**（Incoterms）を契約に援用して用いることが多く（インコタームズには複数の版があり，最新版はインコタームズ2020），こちらも併せ

【図２】国際売買における海上運送

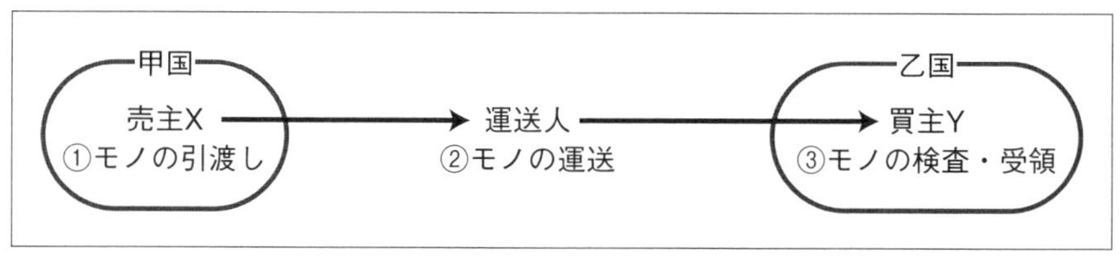

【表１】もっとも基本的なインコタームズ：FOBとCIF（インコタームズ2020の場合）

	FOB（Free on Boardの略）	CIF（Cost, Insurance, Freightの略）
危険移転	海上運送において，輸送船に商品を積んだ段階（船上に商品を置いた時点）で輸出者（売主）から輸入者（買主）に危険が移転。例：商品を船に積載した後に戦争で破損した場合，他に特約がなければ損失は買主が負担する。	
費用負担	商品を船上に積むまでは輸出者が，積んだ後は輸入者（買主）が運賃と保険料を負担。	商品を船上に積むまでは輸出者が，積んだ後も輸出者（売主）が運賃と保険料を負担。

＊なお，CFR（Cost and Freightの略，以前はC&Fと書いた）は輸出者（売主）が商品を船上に積んだ後も運賃を支払う点はCIFと同じだが，保険料（Insurance）は輸入者（買主）が支払う点でCIFとは異なる。また，FOBであっても特約で輸出者（売主）が輸入者（買主）の代わりに運賃と保険料を負担するケースもある。

て学ぶ必要がある（**表１**参照）。たとえば，CISGを準拠法とする契約がFOB（インコタームズ2020）を援用している場合，CISGは任意規定（６条）なのでFOBに従って，引渡し時点は「最初の運送人に交付した時点（31条(a)）」ではなく，「商品を船上に置いた時点（FOB）」となる。

(3)　第三段階

もう一度，**図１**の設例に戻り，モノを引き渡したのにカネが支払われないという問題の根源を考えてみよう。隔地者間なのでモノとカネの輸送タイミングがずれるため，先履行を受けた当事者が自己の履行をせずに逃げる危険性が高まってしまうことがトラブルの源である。そこで，国際取引を安定的に行うには，モノの引渡しとカネの支払が同時に履行される仕組みを考える必要がある。この結果，銀行が間に入り，実際の商品や現金を手形という物権的効力を持たせた紙（有価証券）に置き換えて転々流通できるようにすることで，安全かつ効率的に交換する**荷為替手形**の仕組みが考案された（**図３**参照）。

すなわち，Xは，運送人にモノを引き渡すのと引換えに**船荷証券**（B/L）という有価証券を発行してもらう。B/Lはモノと同じ法的効力を持つ（以下，「モノ」と記述）。つぎに，Yを支払人とする為替手形を発行し，船荷証券を含む**船積書類**を為替手形に添付した**荷為替手形**を銀行AB経由で買主Yに呈示し（①

【図３】荷為替手形による同時履行の確保

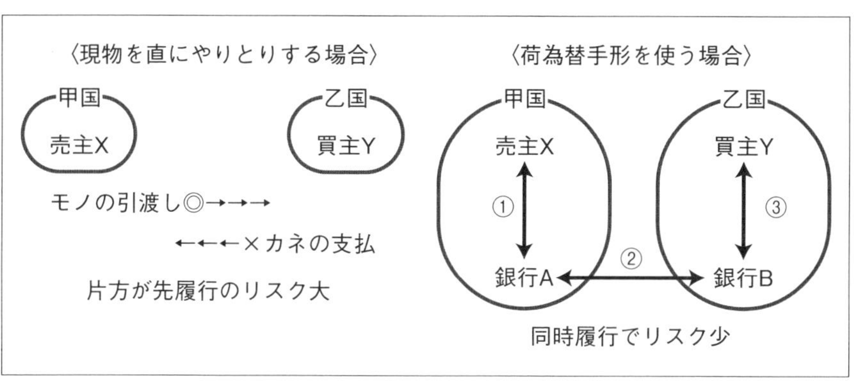

→②→③)，決済を求める。船積書類（「モノ」を含む）はカネ，すなわち，Yによる為替手形の支払（**D/P条件**）または引受（**D/A条件**）を条件に引き渡される。モノを運送人が乙国の港の倉庫まで輸送したとすれば，Yは引渡しを受けた船積書類に含まれる船荷証券（「モノ」）を港で呈示することにより，初めて実物のモノを受け取ることができる。したがって，この仕組みであれば，買主Yが引き受けた為替手形が後に支払不能に陥る事態に至らない限りは，同時履行が確保される。なお，①では買取り（Xは銀行Aから借り入れた債務者の扱いで，Yが不渡になればXは銀行Aに債務を返済）と取立（Xは銀行Aに船積書類の送付を依頼した委任者の扱い）の２種類がある。

⑷　第四段階

さて，荷為替手形の売買では買主Yの支払不能リスクが依然として残存するため，銀行側がなかなか引き受けてくれない。このため，買主Yは取引のある銀行Bに自己の支払債務を保証する信用状を発行してもらうのが普通である。これを**荷為替信用状**という。海上運送で運送会社Pが登場し，かつ運送にXが保険会社Qの保険をかけた場合（たとえばCIF売買）を想定して，すべてを一つにまとめて図示すると以下のようになる（**図４**参照）。

まず，甲国の売主Xと乙国の買主Yとの間で，荷為替信用状（L/C）による決済とCIF売買を条件に売買契約が成立する（①）としよう。買主Yは契約に

【図４】 荷為替信用状

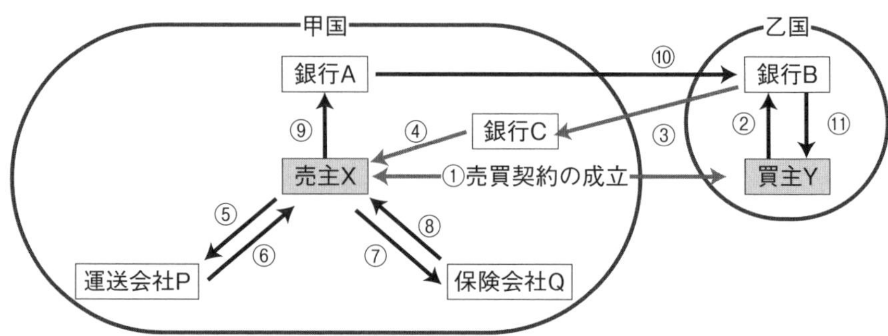

従って取引銀行Bに売主Xを**受益者**とする信用状の開設依頼を行う（②）。信用状を開設した銀行Bを**発行銀行**（取立銀行）という。すると，発行銀行Bは銀行Cに依頼して信用状開設通知を売主Xに行ってもらう（③④）。通知を行った銀行Cを**通知銀行**と呼ぶ（後述する買取銀行が兼ねる場合も多い）。仮に発行銀行Bの信用度が低かったり，乙国の外貨送金に不安が残る場合には，発行銀行とは別に信用度の高い銀行に信用補完してもらい，確認信用状を発行する。これを行う銀行は**確認銀行**と呼ばれる。

さて，信用状が開設されたので安心して支払を受けられることが分かった売主Xは，CIF条件に基づいて，運送会社との間で運送契約を結び，商品の引渡し（⑤）と引換えに船荷証券等を受領し（⑥），保険会社との間で保険契約を結び，保険金の支払（⑦）と引換えに保険証券を受領する（⑧）。その後，売主Xは，信用状と信用状の条件に合致する**船積書類**（商業送り状，船荷証券，保険証券，検査証明書，原産地証明書，税関送り状など）を添付した為替手形（**荷為替手形**）を振り出し，A銀行に呈示して手形の買取りを求め，売買代金を回収する（⑨）。買取りを行った銀行Aを**買取銀行**という。買取銀行Aと通知銀行Cは同一銀行であることも多い。銀行Aは買い取った荷為替手形を銀行Bに送付して支払を受け（⑩），銀行Bから買主Yへ手形金の償還請求をする（⑪）と，買主Yは売買代金を銀行Bに支払う（輸入者の償還義務という）のと引換えに船積書類の引渡しを受ける。その後，買主Yは陸揚港に赴いて運送人に船積書類を提供して，商品を受け取るわけである。

さて，このように複雑な取引になると一遍では頭に入らない。そこで，初学者には，荷為替信用状に関する取引を理解するために，何度かまずは四角を四つ，**図５**のように長方形状に書いてみることをお奨めする（買取銀行と通知銀行が同一の場合を想定。筆者の講義経験からすると，早い人で３回，遅い人で６回やれば自然に身体で覚えることができる）。左下が売主，右下に買主と入れたら，左上，右上に各々銀行A，B……と書き込むのである。これに運送会社や保険会社が加われば，左下の四角につなげて書く。あとは事実関係を適宜矢印等で書き入れていくのである。

【図５】信用状のコツ

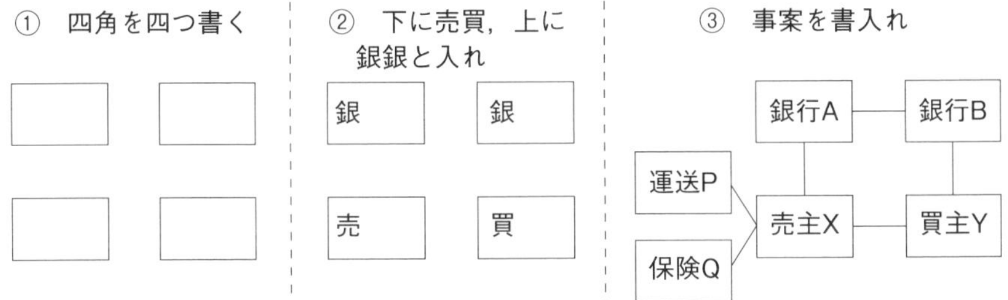

Column　荷為替取引を巡る教科書と実務の乖離について

国際取引法の教科書と貿易実務との間には，実は明確な乖離がある。これが気になって先に進めない初学者がいる可能性があるので，ここで説明しておきたい。

まず，支払についてである。荷為替信用状（L/C：Letter of Credit）の解説は，世界の多くの国々で国際取引法の教科書のかなりの部分を占めている。信用状は，売主の引渡しと買主の支払が実質的に同時履行されることで取りはぐれを防ぐ優れた仕組みであるが，最近はあまり使われていない。L/Cの利用は全世界で約２割（日本で約３割）に止まり，電信送金（T/T Remittance：Telegraphic Transfer Remittance）による代金決済が主流である。電信送金では同時履行は果たせないが，L/Cよりも安価・迅速に処理できるので，信頼できる売主が相手であれば有用な仕組みである。一方，信用状は銀行間で銀行員が人的にチェックしているが，SWIFTが提供するTSU-BPOでは，TSUシステムを使って電子的にチェックし，商品の発注と出荷の双方のデータの整合性が確認でき次第，自動的に資金決済が行われ，その支払に銀行保証（BPO）が付与される仕組みであったがあまり普及せず，他方，2020年からは，ブロックチェーンを用いた電子決済が始まった。

一方，運送においても，有価証券である船荷証券（B/L：Bill of Lading）に代わり，有価証券ではない海上運送状（SWB：Sea Waybill）の利用が主流となってきており，さらにはサレンダードB/L（Surrendered B/L）も使われている。荷為替取引の仕組みは貨物が仕向港に到着する前に船積書類が買主の手元に到着することを前提としていたが，近年，コンテナ船の登場による船舶輸送の高速化等に伴い，貨物が荷揚港に到着する方が，銀行の審査を経由する船積書類の到着よりも早くなった。この結果，買主が迅速に貨物を引き取れない不都合が常態化している。もう少し具体的に説明しよう。

⑴　支払における最近の変化

売主からみると，信用状は，買主の支払に銀行保証が得られ，荷為替手形の割引で船積み後速やかに代金回収できる点で利点があった。しかし，船積書類と信用状条件に少しでも不一致（ディスクレ）があると滞る仕組みは売主の負担になる。一方，買主にとっても，商品の迅速な受取りが困難な点に加え，電信送金よりもかなり高い手数料がかかる。さらに，インターネットの発達により，売主は買主の信用情報を容易に得られ，信用判定が不要なグループ企業間取引も増加した結果，国際取引でも国内取引と同様の送金方式が主流になった。ただし，信用状取引が依然主流な地域（中国，中東など）の企業や新規取引先を相手とする場合は利用が続いている。なお，送金方式では買主の支払に銀行保証が得られないが，保証を供与しつつ信用状よりは手数料の安い電子システムTSU-BPOをSWIFT（スウィフト：日本を含む200カ国以上8,000以上の金融機関が参加する国際金融情報通信インフラの提供組織）が開発したほか，民間銀行等によるブロックチェーンを用いた電子決済も試行されている。

⑵　運送における最近の変化

コンテナ船舶輸送の高速化に伴い，貨物の荷揚げ港到着に船荷証券（B/L）の到着が間に合わず，荷物を受け取れない事態（船荷証券の危機）が頻発している。これに対応し，B/Lに代えて海上運送状（SWB）やサレンダードB/Lを用いるケースが国際的に急増した（他に，保証状（L/G）による貨物の引渡しや，輸出手形保険を付保して銀行に買取りを依頼する方法がある。なお，B/L原本は通常は３通あるが，その1通を売主が買主に直送すると，B/Lはいずれか1通使用されると残りは無効となるため，銀行が買取りを拒否するリスク等があり，危険である)。

まずSWBは，貨物受領書と運送引受条件記載書を兼ね，表面の記載事項もB/Lと同じだが，B/Lとは異なり有価証券でないので裏書譲渡は不可能である。しかし，貨物引取り時の呈示が不要で，海上運送状に記載された荷受人であると確認できれば，荷受人は到着後すぐ貨物を引き取れるほか，「海上運送状に関するCMI規則」や「信用状統一規則（2007年改訂のUCP600の21条参照)」に規定があり，荷為替信用状取引に用いることが可能である。欧州等ではSWBが一般的に用いられている。

一方，サレンダードB/Lも，本船の輸入港への到着が早かったり，輸出者がB/Lを送付し忘れていた場合など，貨物の引取りにB/Lの到着が間にあわない時に利用される。具体的には，B/L発行後，荷送人の依頼で船積地の船会社が荷送人の白地裏書きのある元のB/Lすべてを回収し，回収したB/Lにその旨を表す“SURRENDERED”の記載をして輸入地の支店に連絡し，荷送人はB/Lのコピーを荷受人にFAXし，荷受人もB/L原本なしで輸入貨物の引取りが可能になる仕組みを指す。したがって，もはやB/Lが持っていた有価証券としての機能はなく，B/Lの一種でもない。また，UCP600に規定がなく，B/Lが持つ荷為替手形の担保としての機能がないため，荷為替手形や信用状の取引では原則として使用できない。日本とアジア地域との間の短距離航路で使われている。なお，船荷証券の電子化について，欧州でBolero，日本でTEDIというシステムが構築された（Boleroは現在も一部で利用)。

---

(5)　第五段階

これまでは私法関係のみを念頭においてきたが，国際取引においては公法も介入してくる。すなわち**図6**で，甲国政府と乙国政府（G）は各々モノの輸出入やカネの受払いを管理するために様々な規制を課している（日本であれば，関税法，外為法など)。したがって，これらの規制をクリアしなければ，私法上の取引を円滑に完了することはできない。公法上の規制に反する取引の私法上の効力については，日本では有効と解されている（最判昭和50年7月15日民集29巻6号1029頁）が，諸外国では無効とする場合もある。

【図６】国際取引における公法の介入

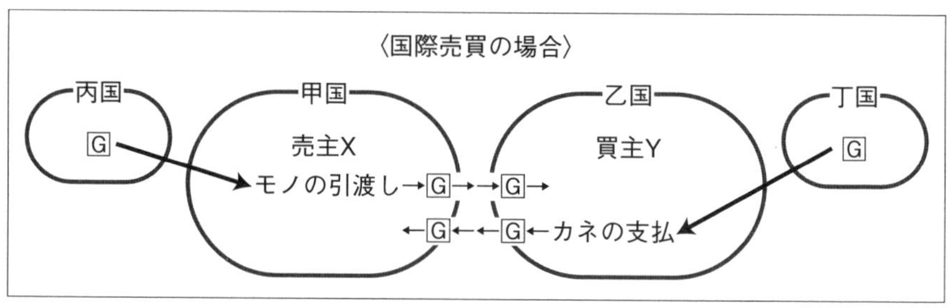

さて，各国の規制は，規制国各々の領域内で規制を課すのが原則である（**属地主義**）が，他国の規制の影響が自国にも及ぶ場合，自国の領域外にも規制を及ぼすことがあり，**域外適用**と呼ばれている。独占禁止法や外国公務員贈賄防止規制法，租税法，経済制裁関連法，資金洗浄対策法，個人情報保護法などで多く見られる。なお，国際条約等によって共通の規制が課される場合もあるが，それでも国によって解釈・運用が分かれることもある。

＊　個人データの越境移転に対する規制が近年，欧州とアジアを中心に強化されている。たとえば，欧州の一般データ保護規則（GDPR）は2018年５月から施行され，EU市民にサービス提供する外国企業も対象とし，違反者には巨額の制裁金（全世界のグループ売上高の４％か2,000万ユーロのいずれか高い方が上限となる）を課す。中国のインターネット安全法（サイバーセキュリティ法）は2017年６月から施行され，中国で集めたデータの中国での保存を義務付け，データの海外持出しに当局の審査を要求する。いずれも外国企業はコスト増加を懸念しつつ，対策を進めている。

Column　米国FCPAの域外適用の事例

ナイジェリア（X国）のボニー島（Y島）における60億米ドル以上のLNG（天然ガス）プラント建設をX国甲社（X国政府の所有割合が49%で残りは民間出資）から請け負うため，日本企業A社（日揮）と米国企業B社ら外国企業４社はジョイントベンチャー乙社を設立した。その際，契約受注を確保するため，乙社は，①日本の商社C社（丸紅）等に委託し，X国の商慣習に倣って，公務員や甲社職員に賄賂を支払うと共に，②X国政府高官にも米国の銀行経由で賄賂を支払った。乙社は，結果的に60億米ドル以上の契約を受注した。しかし，本件に目を光らせた米国政府が，米国企業B社との共謀や幇助に当たるとして，日本企業であるA社やC社を含む関係当事者を米国法（FCPA：Foreign Corrupt Practices Act）違反で起訴し，多額の罰金を求めた。最終的に関連当事者は，贈賄総額約２億ドルを遥かに上回る総額17億米ドルの多額の和解金（うちA社は２億1,880万ドル，C社は5,460万ドル）を支払って米国当局と和解（起訴猶予合意）した。

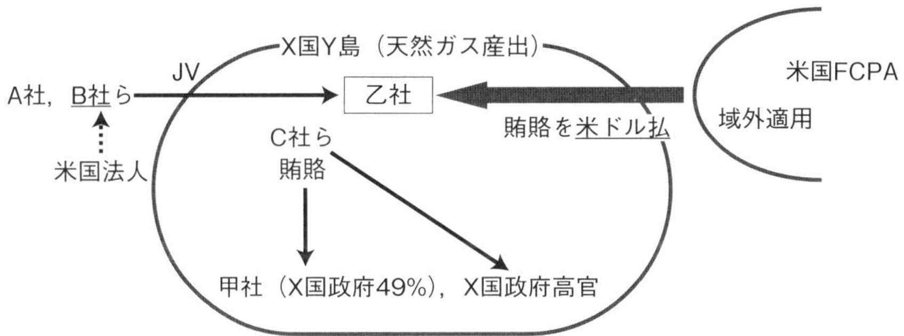

本事件では，日本企業であるA社とC社は米国領域内では贈賄行為に関与していない。国家管轄権の及ぶ範囲を原則として自国領域内とし（属地主義），域外適用を原則に対する例外とする国際法の一般認識に従えば，米国に管轄権を認めるべきか否かを巡って議論が分かれよう。米国司法省は，①日本企業A社等は米国企業B社が米国内で遂行した国際贈賄スキームに参加しており，②米国内コルレス銀行口座を経由して米ドルで決済した賄賂支払に関与したとし，米国内の違反行為を共謀，幇助，教唆したと解釈した。①で幇助の範囲が広範すぎるとの批判もあり得るし，②は米国領域内を一瞬でも通過した点を考えれば，属地主義原則の範囲内ではあるものの，外貨決済であれば当該通貨所属国の銀行にあるコルレス口座を経由するのは通常のことなので，その域外的影響は多大であり，「コルレス口座管轄」を安易に認めることは国家管轄権の適正配分に反するとの疑問もあり得る。その他，X国政府の出資が過半数を下回る甲社職員を米国FCPA上の外国公務員とみなす点にも異論が出されている。

しかし，米国当局は今後の取締りもかなり強気であり，イギリス・中国・ブラジル等も同種の規制の域外適用を強化しており，この問題はそう簡単に解決しないであろう。したがって，国際取引を行う日本企業は日本法だけでなく関連する外国法のコンプライアンスについても意識を高める必要性がある。

---

(6) 第六段階

これまでは，売主Xが買主Yに直接モノを販売するケースを考えてきたが，その間に代理店や販売店と呼ばれる第三者が介在するケースもある。**図7**はそれを示している。甲国にいる売主Xが丙国にいる買主Yにモノを販売する場合，代理店契約と販売店契約の２種類が存在する。**代理店契約**は，売買契約の当事者は①のように売主Xと買主Yであり，代理店Pはあくまで売主Xの代理でしかない。これに対し，**販売店契約**では，②のように，売主Xはいったん販売店Qとの間で売買し，買主Yとの間では③のように販売店Qが売主，Yが買主となる。代理店と販売店の概念上の差は，①代理店が，売主の代理人として専ら売主と顧客の間の取引を仲介または媒介し，自らは契約当事者とはならないのに対し，②販売店は，自己の計算とリスクで売主から商品を買い取って顧客や第三者に転売し，自ら契約当事者になる点にある。しかし，実際には代理店という名称であっても販売店契約をし，販売店という名称であっても代理店契約をする場合もある。

国際代理店契約では，代理店の営業地域を限定したり，売主以外の競合商品の取扱いを禁止する条項が規定されることが多く，独占禁止法に抵触する場合がある。また，代理店が売主よりも経済的・法的に劣位に立つことから代理店保護法を持つ国も多い（独・仏・中東・中南米等。日本にはない）。

【図７】代理店と販売店

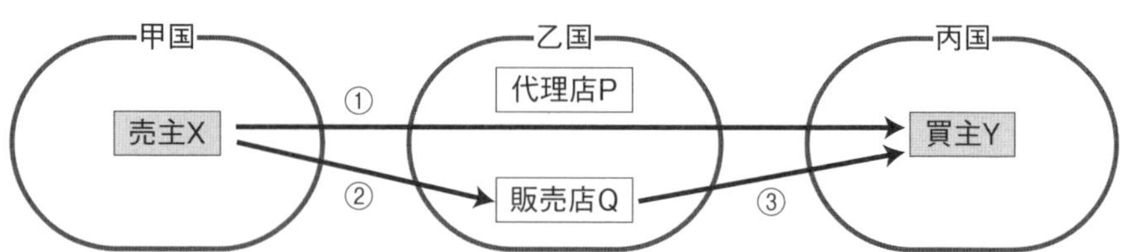

問題：日本に主たる営業所を有する日本法人Xと甲国に主たる営業所を有する甲国法人Yは，各々の国で化粧品を製造・販売している。日本市場への進出に際し，YはXが日本における代理人として適切と考え，Xとの間で「Xは日本における顧客との間でYの名前と計算により売買契約を締結する」，「Yはその商品を顧客に直接送付し，その代金のうちから手数料をXに支払う」とする条項を含む委任契約を締結し，委任契約の準拠法に甲国法を選択した。Xと日本の小売業者Tの売買契約の効力がYに及ぶか否かに関して，日本法が介在する余地はあるか（設問①：国際私法固有の問題なので深入りする必要はないが，通則法4条2項や代理準拠法に関する学説が関わる）。

その後，Yは自社製品を日本で大量に販売すべくXとの間で以下の基本契約を締結した。すなわち，「YはXに対して，Xの名前と計算によりYの製品を日本において販売する権利を許諾する」，「Yは10年間，日本においてはXのみを販売店とし，X以外の者を販売店とはしない」，「Xはこの契約に基づいて締結する個別の売買契約に従ってYから商品を購入する」とした。しかし，数年後にXの販売実績に不満を持ったYは日本に主たる営業所を有する日本法人Wを日本の販売店に加えた。これに対しXは，Wを販売店に加えることはXに日本における独占的販売権を認めた基本契約上の債務の不履行に該当するとしてYに損害賠償を求め，日本の裁判所に訴えを提起した。XとYとの間に「本契約から発生する全ての紛争は甲国裁判所が国際裁判管轄権を有する」との書面合意があった場合，日本の裁判所は国際裁判管轄権を持ち得るか（設問②：国際民事訴訟法固有の問題なので深入りは不要だが，後述する**第６章❷**⑴⑩合意管轄で改めて考えてみると良い）。

〔2015年司法試験を簡略化・一部改変〕

一方，並行輸入と呼ばれる取引もある。**並行輸入**とは，外国商品について国内で総代理店制がとられている場合に第三者がそのルート以外から商品を輸入することを指す。たとえば，イタリア（甲国）のX社がイタリアとマレーシア（丙国）と日本（乙国）で商標権を持つ商品Hを販売し，日本のQ社とは総代理店契約を締結し，商標の専用使用権を設定している場合を考えよう。このとき，法的には日本のY社（Y１，Y２）が物価の安いマレーシアで正規に流通する商品Hを購入し，日本で販売する行為はX社の商標権やQ社の専用使用権を侵害するか否か，が問題になる。詳細は知的財産法に譲るが，日本法の下では，商標権者から使用許諾を得ずに真正商品を並行輸入した者に対し，商標権者も商標権の使用許諾を得た者も，商標権によって真正な商品の並行輸入の差止めを求めることはできない（フレッドペリー事件〈最判平成15年２月27日民集57巻２号125頁〉など）。ただし，丙国で廉価販売されたHが乙国で販売されるHよりも品質が劣る場合には，商標権の侵害に当たる。なお，特許権についても権利者による並行輸入の差止め請求が可能かという議論があるが，BBS事件判決（最判平成９年７月１日民集51巻６号2299頁）では，当該製品の販売先や使用地域から日本を除外することで特許権者が製品の譲受人と合意した場合を除き，譲受人や以後の転得者に特許権は及ばないとして並行輸入を肯定した（なお，キヤノンインクタンク判決〈最判平成19年11月８日〉も存在するが詳細は知財法に譲る）。

【図８】並行輸入の例

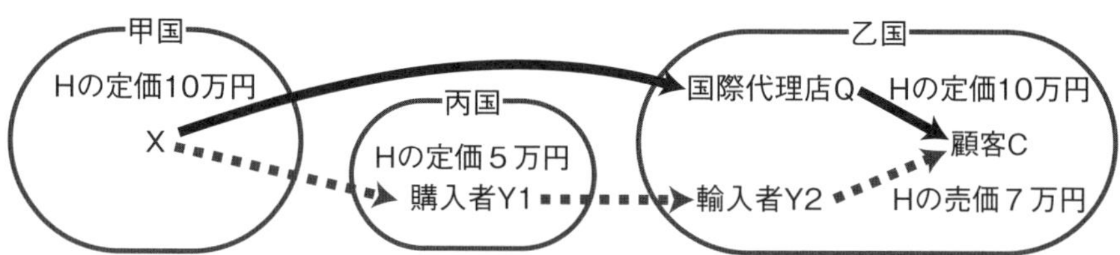

2　法的処理の概要

(1)　統一私法の試み

国際取引の複雑さは各国の私法が相互に異なるために生じる。このため，各国の私法が統一されれば法の抵触がなくなり，国際私法による処理も不要になる。現在，私法の統一は一部しか進んでいないため，国際私法は依然として必要になっている。では，多数の国家が協力して各国の私法を統一した条約（**統一私法条約**）にはどのようなものがあるのだろうか？　大きく二つに分かれている。

第一は，国内取引・国際取引に関係なく法の内容を統一する「**世界法型統一私法**」（世界統一私法とも呼ばれる）で，具体例としては，「為替手形及び約束手形に関し統一法を制定する条約」（1930年）や「小切手に関し統一法を制定する条約」（1931年）があり，これらが国内法化されたものが日本の手形法，小切手法である。この世界法型統一私法は私法の統一範囲が広い点でメリットがあるが，各国国内の事情の相違から法統一の実現には困難が伴い，容易に成立しにくい点がデメリットである。

第二は，国際取引に限って法の内容を統一する「**万民法型統一私法**」（万民法とは古代ローマ時代のローマと属州間の取引を規律していた法律を指す）で，国内取引は各国の国内法に任せる。具体例としては，「船荷証券に関するある規則の統一のための国際条約」（1924年）があり，日本の国際海上物品運送法は，この条約とその後の改定議定書を国内法化したものである。そのほか，モントリオール条約やウィーン売買条約（CISG）も万民法型であるが，これらは国内法化の措置がとられていない。この万民法型統一私法は，世界法型よりも法統一の実現が容易になる点でメリットがあるが，私法の統一範囲が制限される点でデメリットが残る。また，現実には万民法型であっても実現は困難である。

このため，近年では「**モデル法**」と呼ばれるアプローチも採用されている。これは，国連国際商取引法委員会（UNCITRAL）等の国際機関があるべき統一私法のモデルを提示し，これをモデルに各国が国内法を整備するものである。日本法に導入された例として「UNCITRAL国際商事仲裁モデル法」（1985年），「UNCITRAL国際倒産モデル法」（1997年）がある。各国国内の事情に配慮してモデルを変形できるので法統一の実現がさらに容易になる点でメリットがあるが，私法の統一範囲に限界がある点がデメリットである。

現状では，統一私法条約の存在する分野は限られており，そうした分野にあっても世界ですべての国が条約に加盟しているわけでもなく，さらに条約の解釈が国によって違う場合もある。このため，依然として国際私法による規律が必要となる。そこでつぎに，この国際私法による基本的な規律について，具体例に即してみてみよう。

＊　国際私法は統一私法が存在する場合にも関係し得る。すなわち，日本が加盟している統一私法条約が関係する事件の解決に当たって，日本の裁判所は，①国際私法によって指定された国が日本か条約加盟国である場合に，準拠法として条約を適用（間接適用）するのか，②日本が加盟する条約の適用範囲に入るならば，法廷地である日本は，国際私法を介せずに条約を直接に適用（直接適用）するのか，という問題である。この点，モントリオール条約に関

しては，条約26条，49条等から，国際私法を排除して直接適用されるものと一般的に解されている。また，ウィーン売買条約も直接適用とするのが世界の通説であるが，1条(1)(b)の場合は間接適用と解する日本の有力説も存在する。国際海上物品運送法やその元となった船荷証券統一条約（なお，日本の国際海上物品運送法1条は，条約の適用範囲外である船荷証券が発行されない運送契約も適用範囲に含めている）については，国際私法を介して日本法が準拠法とされた場合に国際海上物品運送法が適用される（間接適用）とする見解が通説である。ただし，直接適用を主張する有力説もある。

(2) 国際私法による規律の具体例

たとえば，日本の買主がお金を支払ったのにアメリカの売主から商品が届かない場合はどうなるか。売主が日本にいれば，すでに学んだ国内取引になって民法の問題として解決を図ることになる。しかし，売主が外国であるために日本だけでは完結せず，①どの国の裁判所が扱うか，②どの国の法が適用されるか，③その法によればいかなる帰結になるか，という三つの問題が新たに生じてしまう。もちろん，事案が複雑化すれば，それだけ新たな問題が生じてくるのだが，典型的には，ある国際売買契約の事案について，①裁判所の裁判管轄権（どの裁判所が裁判する権利を持つか）や外国判決の承認・執行（外国の確定判決を日本で承認執行し得るか）に関する分析（国際民事訴訟法），②契約準拠法（当該契約に適用される法）の決定に関する分析（**国際私法**），③法を適用して得られる具体的な帰結の分析（狭義の国際取引法）の三つの観点から分析を加えるのが広義の国際取引法である。その際，最低限理解すべき事項は，①貿易取引の仕組みの理解と，②関連する日本法（法適用通則法，民法・商法・民事訴訟法の関連部分，CISG，国際海上物品運送法）および国際規則であるインコタームズ，信用状統一規則の条文理解である。なお，司法試験の範囲ではないが，実務上は国際取引において多用されるイギリス法とアメリカ法，およびUNIDROIT国際商事契約原則についても概要程度は理解する必要がある。

具体的なイメージをつかんで頂くために，簡単な事例を取り上げてみてみよう。

事例

日本の灘にある酒造会社Xは，米国カリフォルニア州サンフランシスコの百貨店Yから注文を受けて，Xブランドの高級酒１万本（1,000万円相当）を納入した。代金は日本のZ銀行神戸支店のXの口座に振り込まれることになっていた。しかし，Yは代金支払期日になっても支払ってくれない。そこでXは支払いを求めて日本の裁判所にYを提訴した。なお，X・Y間では紛争が生じた場合にどの裁判所に提訴すべきかに関する合意（裁判管轄合意）はない。また，契約準拠法に関しては「CISGは不適用」とする合意があるだけで，具体的に何法を契約準拠法とするかに関する合意はない。

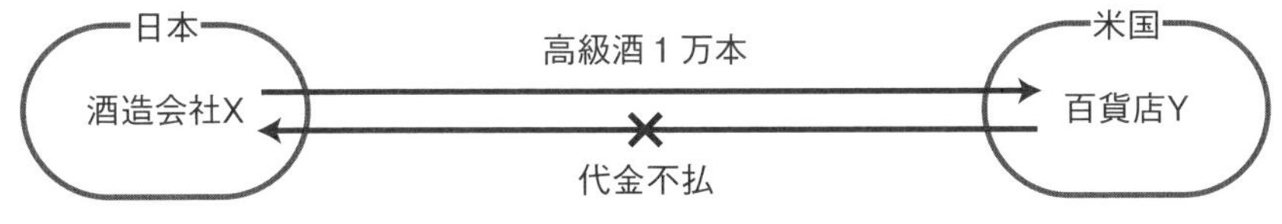

この事例においては，以下の①～④のような問題が生じる。

①まず，日本の裁判所がこの事件に管轄権を持つか否か？

これは国際民事訴訟法における国際裁判管轄権の問題で，日本の民事訴訟法３条の２～３条の12で規律されている。本事例の「契約上の債務の履行の請求を目的とする訴え」は，「契約において定められた当該債務の履行地が日本国内にあるとき，又は契約において選択された地の法によれば当該債務の履行地が日本国内にあるとき」に日本の裁判所に提起することができる（同法３条の３第１号）。契約上の債務履行地（Z銀行神戸支店X口座）は日本国内にあるので，Yの応訴負担等を考慮して当事者間の衡平や適正迅速な審理の妨げとなる「特別の事情」（同法３条の９）が認められない限り，日本の裁判所がこの事件に管轄権を持つ。

なお，仮にXがYを米国カリフォルニア州で提訴した場合，カリフォルニア州裁判所の国際裁判管轄権が問題となって，カリフォルニア州の民事訴訟法に従うことになる。日本の法学教育では日本法だけがカバーされるのが普通であり，もし外国裁判所に提訴する場合には，当該国（連邦制を採用する米国の場合は州法も重要）の法律情報に当たると共に，当該国の法律事務所に訴訟手続を依頼するのが望ましい。

紛争解決の予測可能性を高めるため，実務では通常，この管轄権の所在を契約書であらかじめ合意し，紛争解決条項（「本契約に関する紛争は東京地裁を専属管轄とする」，「本契約に関する紛争はすべてLCIAの仲裁に付託する」等）を忘れずに入れている。紛争解決の当事者間合意は大多数の法域で尊重されており，日本でも裁判管轄合意（民事訴訟法３条の７）や仲裁合意（仲裁法13条～15条）が一定の要件下に効力を認められている。したがって，国際取引に携わる者の中には，契約をうまくドラフティングすれば管轄の問題はさほど重要でないとみる向きもある。しかし，契約当事者以外の第三者が絡む場合や紛争解決合意が尊重されない範囲では依然として重要であるし，とくに学生にとっては法律全体のメカニズムを理解する上で一度は学んでおく必要がある。

さて，事例に戻って日本の裁判所の管轄が認められたとしよう。つぎに問題となるのが，

②この契約を規律する法（契約準拠法）はどこの法律か？

である。

これは国際私法の問題で，本件のような国際物品売買の場合，ウィーン売買条約（CISG）が直接適用される場面であればCISGの規定に従い，CISGが不適用の場合は，提訴を受理した裁判所の国際私法（日本の場合であれば「**法の適用に関する通則法**」〈法適用通則法（通則法）〉）が適用される。なお，国際私法というネーミングは国際公法のような条約をイメージされるかもしれないが，各国の国内法である。

事例では，当事者の営業所のある日本および米国は共にCISGの加盟国であるため，CISG１条(1)(a)により一見CISGが適用されそうである。しかし，CISGは任意規定（６条）なので，当事者間でCISGの適用を排除する合意があればそちらが優先する。したがって，CISGは適用されず，日本の裁判所が法適用通則法に基づき準拠法を決めることになる。

同法によれば，契約の当事者は何法を準拠法とするかを合意していない場合は「当該法律行為に最も密接な関係がある地の法」（最密接関係地法）により（同法８条１項），それは特徴的給付を行う当事者（売買契約であれば売主）の常居所地法（同法８条２項）＝日本法となる。なお，仮に米国カリフォルニア州

裁判所で訴訟が行われた場合には，カリフォルニア州の国際私法（米国の場合は国際私法が連邦に一つではなく各州ごとに存在）の定めに従う。こちらも外国裁判所で裁判する場合には，当該国の法律情報を当たると共に，当該国の法律事務所に訴訟手続を依頼するのが望ましい。

契約準拠法の予測可能性を高めるため，実務では通常この準拠法を契約書であらかじめ合意し，準拠法条項（「本契約の準拠法は日本法（CISGを除く）とする」等）を忘れずに入れている。当事者の所在国法を指定する場合もあれば，第三国の比較的よく知られた法（たとえばイングランド法）を指定する場合もある。契約準拠法の当事者間合意も大多数の法域で尊重されており，日本でも一定の要件下に効力を認められている（通則法７条）。したがって，国際取引に携わる者の中には，契約をうまくドラフティングすれば契約準拠法の問題もさほど重要でないとみる向きも多い。しかし，契約当事者以外の第三者が絡む場合や強行法規の介入等で準拠法合意が尊重されない範囲では依然として重要であるし，とくに学生にとっては法律全体のメカニズムを理解する上で一度は学んでおく必要がある。

さて，事例に戻って日本法の適用が導かれたとしよう。そのつぎに問題となるのは，

③XとYはいかなる権利義務を有し，いかなる救済を受けられるか？

である。

これが狭義の国際取引法の問題である。事例の場合は日本法の解釈問題なので，国際取引法の問題ではあるが，日本の民法・商法とまったく同じものとなる。実際，国際取引法学者の多くは日本の民法・商法学者でもありCISGや英米法学者でもある。しかし，仮に「CISGは不適用」とする合意もなかった場合はどうか。この場合はCISGの解釈問題になり，売主Xは買主Yに対して残額支払請求等が可能である（CISG61条以下）。なお，仮に米国法（カリフォルニア州法）が適用された場合には，カリフォルニア州商法の定めに従う。有難いことに商法の分野では米国法は州ごとの統一化が進んでおり，**統一商事法典**（UCC：Uniform Commercial Code：ユー・シー・シーとよぶ）第２編「物品売買（Sale of Goods）」の規定に従う場合がほとんどである。UCC関係の法律情報は日本でも比較的研究されているが，やはり外国裁判所で裁判する場合には，

当該国の法律情報を当たると共に，当該国の法律事務所に訴訟手続を依頼するのが望ましい。

契約法の予測可能性を高めるため，実務では，日本法だけでなく，準拠法として用いられる可能性の高いイングランド法や米国法（ニューヨーク州法など），最近では主要な貿易パートナーである中国法やEU法等についても，基本的な契約法務から最新の立法・判例動向に至るまで継続的に学んでいる。日本の大学に対する外国法教育のニーズも高まっているが，国際取引法のカバーする領域は大変広く，すべてを大学教育でまかなえるはずもない。大学を出発点として，各自が必要に応じて継続学習し，外部や外国の専門家を積極的に活用する以外に道はない。

さて，事例に戻ってXが最高裁まで争って確定判決を得て勝訴し，不払代金をYに請求できることになったとしよう（単純化のため，遅延損害・遅延利息・弁護士費用等は捨象して考える）。Yが日本国内に財産を有していれば，このま

【図９】エスクロ（Escrow）の仕組み

①二当事者間でやりとりするから，先履行した方が損する事態が起こり得る。

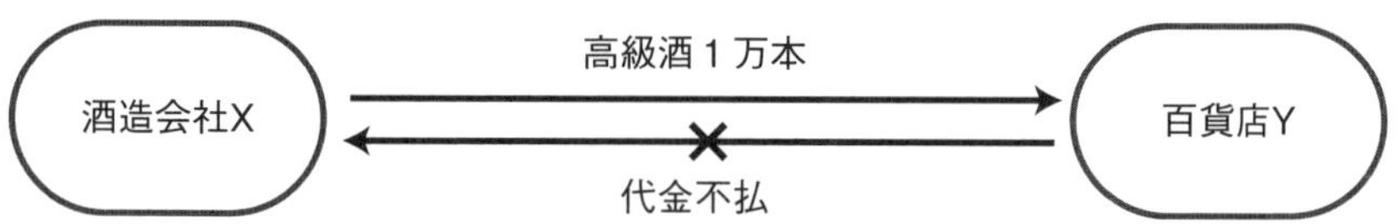

②そこで，信頼できる第三者（エスクロ）に任せて同時履行を実現！
まず，XはPに引き渡し，YはPに支払う（点線参照）。双方が揃ったらPはXに支払い，Yに引き渡せば（実線参照），どちらも取りはぐれはない。

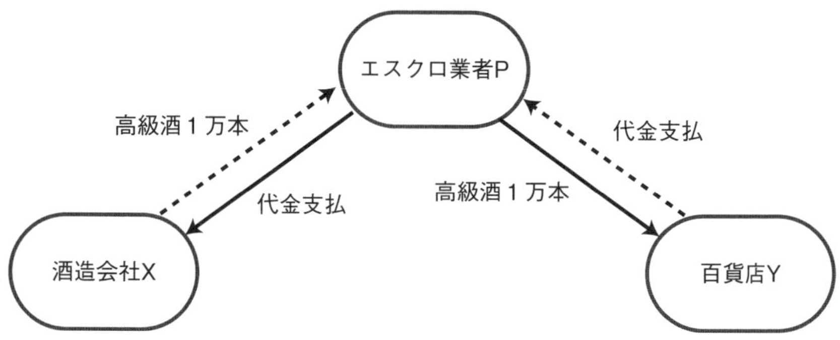

ま日本国内で通常の司法手続に従うが，Yの財産が米国にしか存在しない場合は以下が問題になる。すなわち，

④この日本の判決を米国内で承認・執行できるか否か？

である。

これは国際民事訴訟法における**外国判決の承認・執行**の問題で，米国の民事訴訟法（事例では米国カリフォルニア州のUniform Foreign-Country Money Judgments Recognition Act）が求める要件を満たす必要がある。日本の大学では外国法の詳細までは学べないので，日本法の下での処理が主な学習対象となる。日本法では民事訴訟法118条で規律され，①外国裁判所の管轄権が日本法上も認められ（**間接的裁判管轄権**），②必要な呼出しや命令の送達または応訴があり，③日本の公序良俗に反せず，④相互の保証があることが要件とされている（その他，執行について民事執行法24条参照）。

＊　国際民事訴訟法では，他にも裁判手続上の問題（外国人の訴訟上の地位，国際司法共助など）を扱うが，興味ある方はそちらの専門講義で学んでいただきたい。

外国判決の承認・執行の実現可能性は多数国間で有効な国際条約もなく各国法の規定も区々で一般に予見し難いため，実務では①裁判の代わりに，有効な国際条約（**1958年外国仲裁判断の承認および執行に関する条約（ニューヨーク条約）**）が存在する仲裁を用いたり，②未払代金回収が困難と見込まれる取引先には，必要な担保物を請求したり，荷為替信用状決済や**エスクロ**（**図9**参照：国際金融や電子商取引で多用）を用いて物の引渡しと代金支払を同時履行することで未払いを防止することが多く行われている。

I

基本編

第1章　国際取引の法的枠組み

国際取引法は様々な法原則がパッチワークのように重なり合ってできているため，全体を概観することがきわめて大切である。そこで本章では，国際取引の法的枠組みについて概観する。最初に，国際取引の種類や国際経済法との関係などを概説し，つぎに，国際物品売買における事案処理の基本パターンを概観する。その後，国際取引の法的枠組みについて整理する。

1　総　説

(1)　国際取引の種類

同一国内で行う取引に対し，国境を跨ぐ取引を国際取引という。その種類は多岐に及び，①従来から長らく存在した物品売買とそれに関連する基本的な運送・支払を内容とする**貿易取引**に始まり，②第二次大戦後に発達した保険・金融・情報・宣伝等の**サービス取引**やプラントと呼ばれる大規模工場施設を海外に建設する**プラント輸出**，先端技術を国際的に移転する**国際技術移転**，インターネットを介して国際取引を行う**電子商取引**，③さらには，国際的な貸付，外国株式の取得，外国での支店・子会社の設立など，国際的な資本の移転を行う**国際投資**など様々である。そこで本編では，基本的な貿易取引のうち最も基礎をなす物品売買を中心に概説する。

＊　プラント（plant）とは，多数の工作物や装置などから構成される生産設備（例：発電所）を指し，そうしたプラントを海外に供給すること（例：インドネシアで発電所を建設）を目的とする契約をプラント輸出契約と呼ぶ。プラント輸出契約は，発注者（例：インドネシア政府機関）と受注者（例：企業または複数企業の共同事業体）との間で締結される（その他，資金提供する金融機関や専門家としての助言を行うコンサルティング・エンジニア，供給業者，下請け業者など，様々な当事者が関与する）。受注者が共同事業体の場合は，その構成員である企業は発注者に対して連帯責任を負うことが普通である。構成員間の責任分担には，コンソーシアム（施工部分が構成員ごとに区分され，各自が分担部分のみに責任を負う形態）とジョイントベンチャー（構

成員は共同作業を行い，構成員は自己の持分額に応じて割合的に責任を負う形態）がある。また，プラント輸出契約で契約者が引き受ける業務を巡って，FOB型（機器を供給した上で，その据付に必要な技術指導を行う契約），ターンキー（turn key）型（設計から機器・資材・役務の調達，建設および試運転までの全業務を請け負う契約で，キーを回せば稼働できる状態になることから命名された。一部工程を第三者が行うなど業務範囲が比較的狭い場合はセミ・ターンキー型，全工程で全面的に責任を負う場合をフル・ターンキー型という）がある。プラント輸出契約の締結方法には，随意契約（発注者が特定の相手方と任意に交渉して契約を締結する方式）と競争入札（受注者を競争入札で決める方式で，政府や公営企業が多用する。落札者が受注を後で拒否することを防ぐため，入札参加者には通常，入札に際し入札保証が求められる）がある。契約価格の決め方には，契約締結時に契約価格を確定する確定金額方式（lump sum contract），作業項目別の単価を定め，実際の工数から全体の契約価格を算出する単価方式（unit price contract），契約の履行に要した実費に報酬を加えて価格を定める実費精算方式（cost plus fee contract）がある。

＊　企業が自ら保有する特許権を外国企業に譲渡や実施許諾をしたり，ノウハウを開示して技術指導を行うことがあるが，産業上利用し得る技術的知識を外国の企業・組織に提供し，利用を認めることを国際技術移転という。国際技術移転の中で最も典型的な契約は，特許発明やノウハウに基づいて製造・使用・販売等を行うことを他人に許諾する契約（ライセンス契約）である。ライセンス契約では，特許権者やノウハウ保有者といった実施許諾者をライセンサー（licensor），実施許諾を受けた実施権者をライセンシー（licensee）と呼ぶ。ライセンシーは通常，ライセンサーに実施料（royalty）を支払い，ノウハウの場合は秘密保持義務を負う。また，ライセンシーが開発した改良技術をライセンサーに譲渡する契約条項（アサインバック条項），ライセンサーに改良技術の実施を許諾する条項（グラントバック条項），相互に改良技術を提供し合う条項（クロスライセンス条項）が設けられることがあるが，これらが反競争的である場合には各国の独占禁止法に違反する可能性がある。なお，特許権は一般に特許法で特許権者の独占権が法的に認められているが，ノウハウは一定程度の法的保護（日本では不正競争防止法が適用される）はあるが，特許のような独占権はない。また，日本では国際技術移転契約は特許の専用実施権を設定する場合は登録が効力発生要件となり（特許法98条），

書面による必要があるが，それ以外は書面がなくても当事者間合意があれば成立する（ただし，この場合も書面や登録を要求する国もある）。

＊　国際投資のうち，経営支配・経営参加する目的で行う外国企業への投資（例：外国における支店・子会社の設立，外国企業との合弁）を直接投資と呼び，経営支配を伴わず配当利益等を得る目的で行う投資（例：経営支配を伴わない外国企業への貸付，配当金を目的とする外国企業株式の取得）を間接投資と呼ぶ。直接投資のうち，複数の企業が事業を行うために共同で出資し，新たな会社や英米法に基づくパートナーシップ（partnership）等を設立することを合弁（ジョイントベンチャー，joint venture）と呼び，合弁の資本・組織・運営に関する当事者間の契約を合弁契約と呼ぶ。一方，先進国では一部（例：無線通信や電気通信事業への対内投資，有事規制に関する対外投資）を除いて資本取引の自由化が進み，日本の「外国為替及び外国貿易法」（外為法）も対内・対外直接投資の事前届出を廃止し事後報告制に移行したが，途上国では依然として対内直接投資を中心に強い規制が残る。

⑵　国内取引と国際取引

日本の国内で行う物品売買は日本の民法・商法等によって規律されるが，これが国際取引になると，当然外国の法律が関係してくるため，検討すべき課題は格段に増加する。

すなわち，各国の取引法の内容は同一ではないため，①関係する法域のうち，どこの国の法律を適用するかについて，法廷地となる国の国際私法（**抵触法**）の定めに従って，適用されるべき法律（**準拠法**）を決め（**国際私法**の問題），その準拠法を適用して解決を導くか，②一部の分野（物品売買，運送等）では各国法の相違を克服するために条約を制定して統一私法を形成しているので，その定めに従う（**統一私法**の問題）。

＊　国際私法とは抵触法（抵触法の対義語は実質法）ともいい，当該法律関係に何法が適用されるかを定める法律で，各国の国内法で定められている。たとえば，日本と中国との間で貿易取引（国際売買）が行われた際，売買契約や債権譲渡，所有権の移転など，様々な法律関係について規律するのは，日本法か中国法か第三国の法か，を定めるのが国際私法であり，権利義務の具

体的内容は扱わない。国際私法というのは国際公法とよく似た呼び名であるが，国際公法が条約などの国際法を指すのに対し，国内法である点に注意が必要である。日本の場合は「法の適用に関する通則法」（法適用通則法）に規定がある。国際私法を介した法の適用を間接適用と呼び，国際私法を介さずに統一私法に関する条約が適用される場合を直接適用と呼ぶ。

＊　**統一私法**は，何法が適用されるかを定める抵触法ではなく，権利義務の具体的内容を定める**実質法**であり，条約等により各国の国内法の内容を統一化したものである。各国法のうち，渉外法律関係だけを統一化する場合を万民法型統一私法（例：ウィーン売買条約），渉外法律関係と国内法律関係の双方を統一する場合を世界統一私法（例：手形法・小切手法）と呼ぶこともある（前述32頁参照）。

また，③国際取引では，国内取引にはない独自の商慣習・商慣行が成立していたり，国際的統一規則や標準契約約款等が広く普及している場合が多いため，その内容も当然に考慮に入れる必要がある（**国際統一規則**等の問題）。さらに，④契約当事者間の合意により準拠法の選択に関する自由（**当事者自治の原則**）や契約内容に関する**私的自治の原則**（**契約自由の原則**）が一般に幅広く認められてはいるものの無制限ではなく，公序はもとより各国の貿易管理法，独占禁止法，外国為替管理法等の公法的規制による制限も残るため，その内容も把握しておく必要がある（**公法的規制**の問題）。

さらに，⑤国際取引では言語や習慣等の相違から国内取引よりも紛争が生じやすく，異文化間交渉に熟達したり，契約書を予め詳細に書き込む等の対応が求められる（**異文化間コミュニケーション**の問題）。いざ国際取引から生じる紛争を解決しようとすると，⑥裁判で行うならば，どこの国の裁判所で裁判を行うか（**国際裁判管轄**の問題），ある国の裁判所で給付判決を受けたので他の国で強制執行を行いたいがいかなる要件が必要か（**外国判決の承認・執行**の問題）といった**国際民事訴訟法**の課題が加わり，解決が困難なケースも多い。このため，裁判以外の紛争処理手続である国際商事仲裁（**国際商事仲裁**の問題）や，法的紛争処理を離れた交渉または危機管理（**交渉学**の問題）といった分野が注目されている。

本章ではこれらすべてを網羅することはできないので，基本的な法的課題に絞って概説する。

(3) 国際取引法と国際経済法

国際取引法の定義は論者によって区々であるが，国際取引に関する法の全体（統一私法・規則や各国の取引法を中心に，各国の公法・国際私法・国際民事訴訟法，さらには国際法を含む）とかなり広く捉えた上で，講義科目としては荷為替信用状取引を用いた基本的な貿易取引を中心に扱うのが現時点での世界の主流である。

＊ 日本の司法試験でも，国際関係法（私法系）における国際取引法の出題範囲は，売買・運送・支払に関する日本法とされ，主にウィーン売買条約（CISG）や日本の民法・商法・国際海上物品運送法に関する基本的理解が問われてきた。しかし，荷為替信用状取引の流通量は年々低下し，すでに全体の２～３割に低下した。このため，国際取引の実情に応じた教授内容の見直しが課題となっている。久保田隆「国際取引法の教科内容の改善に向けて」国際商事法務43巻３号404-405頁（2015年）参照。

これに対し，**国際経済法**も国際取引の規制を対象とするため，国際取引法と国際経済法との関係が問題となる。国際経済法の定義も論者によって異なるが，従来は主として条約（例：WTO協定，TPP協定，IMF協定）等の国際法を中心に国際経済秩序との関連で規制の在り方を検討してきた。したがって，現状は明確な棲み分けはなく，両者は一部当然に重なり合っている。学問の細分化・専門化の観点から両科目のこれまでの分離発展は致し方なかったものの，私見では，本来は双方を合わせて複眼的視座を備えることにより，国際取引を総合的に捉える学問体系に発展しなければならないと考える。すなわち，①現場（法人・私人）のミクロ目線からマクロの国際取引秩序を考える国際取引法の「木を見てから森を見る」アプローチと，②監督者（国家）のマクロ目線からミクロの現場の行為を規制する国際経済法の「森を見てから木をみる」アプローチは，相互に連携・補完し重ね合わせることで初めて国際取引を熟知することが可能になるのである。

Column　TPP11協定とRCEP

TPP（Trans-Pacific Partnership：環太平洋パートナーシップに関する包括的及び先進的な協定）は，アジア太平洋地域においてモノの関税だけでなく，サービス，投資の自由化を進め，さらには知的財産，金融サービス，電子商取引，国有企業の規律など，幅広い分野で21世紀型のルールを構築する経済連携協定である（原文・和訳等は内閣官房HPより入手可能）。2016年2月に12カ国がTPP協定に署名したが，2017年1月に米国が離脱宣言をしたため，日本を含む11カ国の閣僚がTPPの早期発効に向けて検討を開始し，2018年3月に11カ国の閣僚がTPP11協定（CPTPPと略称）に署名した。署名国のうち6カ国または半数の国のいずれか少ない方の国が国内手続を完了し通報した60日後にTPP11は発効する（3条1項）が，2018年12月30日に発効した。米国のTPP復帰は未だ不透明だが，中国やEUから離脱（Brexit）したイギリスもTPP参加に興味を示すなど，今後の動きが注目される。一方，東南アジア諸国に日中韓等を加えた自由貿易協定であるRCEP（東アジア地域包括的経済連携：アールセップと読む）も2020年11月に署名され，TPP11とRCEPを合わせたアジア太平洋自由貿易圏構想（FTAAP）の実現を目指す。

2　国際物品売買における事案処理

国際取引における法的処理を具体的に理解するために，以下では典型的な事案を示した上で重要条文の機能を示しつつ，法的処理のプロセスを解説する。

(1)　事案1：国際私法，国際民事訴訟法，CISGの総合問題①

事案1

日本の日本酒メーカーXが英国の小売店Yに日本酒を販売する売買取引を行い，Xが日本酒を送ったにもかかわらずYが代金支払いを滞らせたので，XはYによる支払いを求めて日本の裁判所に提訴した。売買契約書には，①契約準拠法は日本法（CISGを除く），②紛争解決に当たっての専属的な管轄裁判所は東京地方裁判所との定めがある。この場合，どのような法的処理が予想されるか？

事案1では，Xの提訴を日本の裁判所が受理するためには，日本の民事訴訟法が定める管轄原因を満たす必要があり（国際裁判管轄の問題），外国の専属管轄に属さない限り日本の裁判所に裁判管轄が認められる（民事訴訟法3条の7）。なお，管轄裁判所の合意（管轄合意）については登記・登録に関する場合等を除けば世界（中南米等の一部を除く）で幅広く尊重されているので，本事案では日本の裁判所が受理できる。

つぎに，日本法と英国法または第三国法のいずれが適用されるか（国際私法の問題）が問題となる。まず，契約当事者間で合意すれば契約準拠法を自由に決められるとする「**当事者自治の原則**」が世界で幅広く認められており（公序による制限等を除く），日本の裁判所が受理すれば法廷地の国際私法（すなわち日本の**法適用通則法**）が強行法規として適用され，契約で定めた準拠法が適用（通則法7条）される。ただし，日本は統一私法である「**国際物品売買契約に関する国際連合条約**」（**ウィーン売買条約**，1980年成立・1988年発効で略称はCISG）の加盟国であるため，まずは国際私法を介さずに本条約が**直接適用**されることにも注意を要する。日本の裁判所はCISG加盟国の義務としてCISG非加盟国である英国を相手とする取引にはCISG1条1項(b)に従い，国際私法の準則（当事者自治の原則）によりCISG加盟国法（日本法）が導かれる本件ではCISGを適用しなくてはならない。初学者には本件Yのような条約非加盟国（英国）の当事者を拘束するCISGの性格が奇異に映るかもしれないが，この点はCISGの一つの特徴である。

＊　CISG1条1項(b)は，条文をそのまま読むと，国際私法を介してCISGが適用される（間接適用）のようにも読めるが，そうではなく，法廷地の国際私法は参照するだけで国際私法を介さずにCISGを適用する（直接適用）と解するのが世界の共通理解である。日本国内ではCISG1条1項(b)を間接適用とする説が最近有力に唱えられている（高桑昭『国際商取引法〔第3版〕』有斐閣（2011年）87-88頁参照）が，1980年の成立以来一般に認知されてきたCISGの特異性に対する批判としては傾聴に値する一方，現実の解釈論としては，世界で日本だけが今さら独自の解釈を行うことには多少難しい面がある。なお，CISG1条1項(b)の適用を留保する宣言（95条宣言）も可能（CISG95条）で，米国，中国，シンガポール等が宣言している。

しかし，CISGは適用されるものの任意規定（CISG 6条）である。したがって，当事者が「CISGを除く」と準拠法から個別排除した合意は尊重され，CISG規定に優先する。世界の大企業における実務では，CISGの内容に関する認識が十分ではないため，事案1のように契約の準拠法条項でCISGの適用を個別排除し，以前から契約準拠法としてきた自国法や国際取引の契約準拠法として多用されるイングランド法や米国法（国際金融であればニューヨーク州法）を指定する場合がほとんどである（たとえば「契約準拠法は日本法（ただし，CISGを除く）とする」と明記）。また，上記の当事者自治の原則により，あらかじめ契約準拠法を定めておけば，契約当事者以外の第三者が関わるケース（例：倒産）を除き，国際私法上の考慮も不要になるため，契約実務では契約準拠法条項を設けるのが基本となっている。

問題：日本在住の日本人Xは甲国に営業所や財産を有していない。また，医療機器製造販売会社Yは甲国法人で甲国に主たる営業所を持つが，日本では事業を行わず営業所や子会社も持たない。さて，Yは日本進出に際し，日本に子会社Aを設立するため，A設立事務をXに委任し，契約で報酬の支払を約束した。この契約には管轄合意や報酬の支払地に関する合意はない。甲国はCISGの締約国であるが，YはYとAとの売買契約にはCISGではなく専ら甲国の国内法のみの適用を欲している。日本が法廷地国となった場合，「この売買契約は甲国法による」とする条項を契約書に設けるだけで確実にYの意向に沿えるか（甲国法にはCISGも含まれるので，答えは否である）。

〔2014年司法試験問題を簡略化・一部改変〕

この結果，結局のところ日本の民法・商法が準拠法となり，これに従って**実体問題**（権利義務の具体的内容）が審議される。仮にYに代金支払を求める確定給付判決が得られたものとしよう。なお，**手続問題**（権利義務を実現するための具体的な手続）には，世界中で受け入れられている不文の原則である「**手続は法廷地法による**」（**Lex Fori**）**原則**に従って，法廷地法である日本法が適用される。

＊　何を実体問題とし，何を手続問題とするかは法域によって異なるので注意する必要がある。たとえば，相殺や損害賠償額の算定は日本法では実体法だが，イングランド法では手続法とされてきた。消滅時効も日本法では実体法，イングランド法では手続法であったが，1984年Foreign Limitation Periods Actで実体法として扱われるように変更された。また，倒産法上の否認権については，各国法の取扱いが解釈に委ねられていることが多く，民事訴訟法の一部という形式面を重視すれば手続と解される可能性が高いが，具体的な権利義務を規定する（倒産実体法とも呼ばれる）点を重視すれば実体と解される可能性も高い。

さて，Yが日本国内に財産を持たない場合，日本の判決を英国で強制執行する必要があるが，これは自動的に執行されるのではなく，英国法に基づいて英国裁判所が審理する（外国判決の承認・執行の問題）。英国はEUや英連邦諸国とは本件に関する条約を有するが，日本とはそうした条約を結んでいない。ゆえに，英国法（Foreign Judgments (Reciprocal Enforcement) Act 1933）に専ら基づいて判断することになる。

⑵　事案2：国際私法，国際民事訴訟法，CISGの総合問題②

事案2

ドイツのワインメーカーXが日本の小売店Yにワインを販売する売買取引を行い，Xがワインを送ったにもかかわらずYが代金支払いを滞らせたので，XはYによる支払いを求めてドイツの裁判所に提訴した。売買契約書には管轄裁判所はミュンヘン地方裁判所との定めがあるが，契約準拠法の定めはなく，暗黙の合意もない。この場合，どのような法的処理が予想されるか？

事案2では，Xの提訴をドイツの裁判所が受理するためには，ドイツ民事訴訟法（ZPO）が定める管轄原因を満たす必要があるが（国際裁判管轄の問題），管轄合意が世界で幅広く認められており，登記・登録等がかかわらない本件は日本の専属管轄に属さない（民事訴訟法3条の5）。したがって，ドイツ法に従い，ドイツの裁判所で裁判管轄が認められる可能性が高い。つぎに，準拠法に

ついてである。手続問題は「手続は法廷地法による」原則によりドイツ法が適用される一方で，実体問題に何法を適用すべきだろうか。この場合，国際私法ではなく統一私法の問題になる点に注意を要する。すなわち，日本とドイツは統一私法であるCISGの加盟国である（米国，仏国，中国，韓国等も加盟国であるが，英国は加盟国ではない)。このため，国際私法を介することなくCISG１条１項(a)によりCISGが直接適用される。

＊　直接適用の例は他に「国際航空運送についてのある規則の統一に関する条約」など，間接適用の例は国際海上物品運送法などがある。

さて，CISGは**契約の成立**（CISG第Ⅱ部）と**売主買主の権利義務**（CISG第Ⅲ部）についてのみ規律し，**契約・慣習の有効性**や**所有権**の問題は適用外（CISG４条）なので，適用外の部分は国際私法の定める準拠法に従う。仮に契約が有効に成立しているとして，本件ワインが契約に適合しているか否かは**契約適合性**に関する条文（CISG35条）で判断する。仮に適合していれば売主Xは買主Yに対し，代金支払い，契約解除，損害賠償等を請求でき（CISG61条：買主による契約違反についての救済規定)，仮に不適合ならば逆にYはXに対し，履行請求や契約解除，損害賠償等を請求できる（CISG45条：売主による契約違反についての救済規定)。なお，CISGは任意規定（CISG６条）なので，契約書でCISGと異なる内容で合意した場合は契約内容が優先する。

仮にXがドイツで確定給付判決を得て日本で強制執行を行う場合，無条件に執行されるのではなく，日本の裁判所が日本法における外国判決の承認要件（民事訴訟法118条）と執行要件（民事執行法24条）に照らして可否を判断する（外国判決の承認・執行の問題)。

(3)　事案３：国際私法，国際民事訴訟法，CISGの総合問題③

事案３

日本の日本酒メーカーXがフランスの小売店Yにオークションで日本酒を販売する売買取引を行い，Xが日本酒を送ったにもかかわらずYが代金支払いを滞らせたので，XはYによる支払いを求めて日本の裁判所に提訴した。売買契約書には東京地方裁判所を管轄裁判所とする紛争解決条項はあるが，契約準拠法の定めがない場合，どうなるか？

日本もフランスもCISG加盟国だが，CISGはオークション（競り売買）については適用されない（CISG２条(b)）ため，通常の国際私法の問題となり，法廷地（すなわち合意管轄のある日本）の国際私法（すなわち日本の法適用通則法）が強行法規として適用される。日本の裁判所が，①X・Y間に暗黙の準拠法合意があると判断した場合，**明示の意思**はないが**黙示の意思**があるとしてその合意指定された法を適用し（通則法７条），②そうした合意はないと判断すれば，当事者の主観ではなく取引の場所に基づいて準拠法を定めること（**客観的連結**）となり，契約締結の当時に最も密接な関係がある地の法（**最密接関係地法**）を適用する（通則法８条１項）。売買契約の場合は，金銭債務の対価として行われる物品引渡し等の給付（**特徴的給付**）を行う当事者の一定期間住んでいる住所（**常居所地法**）が最密接関係地法となる（通則法８条２項）ので，売主Xの常居所地法である日本法が準拠法となる。

【関連条文】

〈法適用通則法〉

第７条【当事者による準拠法の選択】

法律行為の成立及び効力は，当事者が当該法律行為の当時に選択した地の法による。

第８条【当事者による準拠法の選択がない場合】

1　前条の規定による選択がないときは，法律行為の成立及び効力は，当該法律行為の当時において当該法律行為に最も密接な関係がある地の法による。

2　前項の場合において，法律行為において特徴的な給付を当事者の一方のみが行うものであるときは，その給付を行う当事者の常居所地法（その当事者が当該法律行為に関係する事業所を有する場合にあっては当該事業所の所在地の法，その当事者が当該法律行為に関係する二以上の事業所で法を異にする地に所在するものを有する場合にあってはその主たる事業所の所在地の法）を当該法律行為に最も密接な関係がある地の法と推定する。

＊　CISGは競り売買のほか，消費者売買，有価証券売買，航空機売買等（CISG２条）や一部の労働と売買の混合契約等（CISG３条），契約の有効性や所有権（CISG４条），人身損害（CISG５条）には適用されない。

＊　法適用通則法では，仮にYが消費者である場合，消費者契約の特例（通則法11条２項）が適用され，通則法８条の規定にかかわらず，消費者の常居所地法による。なお，労働契約についても特例が設けられている（通則法12条）。

通常，国際取引実務では，契約書の中に契約準拠法と裁判管轄（仲裁による場合は仲裁管轄）に関する条項を必ず書き込むため，客観的連結が問題となる局面は，契約当事者以外の第三者（差押え債権者，破産管財人等）との関係や当事者自治が強行法規違反や公序等で制限される場合に限定される。

⑷　事案４：国際法，仲裁法の絡む総合問題

事案４

日本の日本酒メーカーXがミャンマーの政府系企業Yに日本酒を販売する売買取引を行い，Xが日本酒を送ったにもかかわらずYが代金支払いを滞らせたので，XはYによる支払いを求めて日本商事仲裁協会に申し立てた。売買契約書には，①契約準拠法は日本法（CISGを除く），②一切の紛争は日本商事仲裁協会（JCAA）で解決するとの定めがある。この場合，いかなる法的処理がなされるか？

国際法上，国家と国有財産は一般に外国の裁判権に服さないとされ，国家は原告として外国の裁判所に提訴することはできるが，自発的に応訴しない限りは被告として外国の裁判権に服することはない（**主権免除**または**裁判権免除**）。政府系企業の場合，国家として扱われるか否かは法廷地法の定めによるが，主権免除される可能性がある場合，その対策として，将来発生する紛争解決を裁判に代えて仲裁に委ねることがある。また，国家以外の民間当事者同士の取引においても**裁判外紛争解決**（ADR：Alternative Dispute Resolution）の一つである仲裁の利用が増えている。そこで，仲裁について説明しよう。

＊ 主権免除は従来，国家のいかなる行為についても裁判権免除を認める絶対免除主義が広範に採用されてきたが，国家の商業的活動の拡大と共に，近年はその適用範囲が狭められ，国家の公法的行為（主権的行為）にのみ裁判権免除を認めるが，私法的行為ないし業務管理的行為については認めない制限免除主義を採用する傾向が拡大した。2004年に国連裁判権免除条約が採択されて日本も署名した（未発効）ほか，日本の国内法として2009年に「外国等に対する我が国の民事裁判権に関する法律」を制定し，最高裁判例（最判平成18年７月21日民集60巻６号2542頁）も明示的に制限免除主義を採用した。

今日，各国では国家が行う裁判（訴訟）に代えて当事者が自主的に行う裁判外紛争解決である仲裁に法的効力を認めている。**仲裁**とは，法律家や専門家等の第三者を**仲裁人**として紛争の解決を委ね，その判断（**仲裁判断**）に当事者が服する仕組みである（上訴はなく一審限り）。すなわち，複数の仲裁人を選定して**仲裁廷**を構成し（通常は，両当事者の推薦した２名とその２名が選定した１名を加えた３名），仲裁廷が法律（例外的に「衡平と善」に基づく場合もある）に基づいて仲裁判断を下す。

＊ 「衡平と善」（ex aequo et bono）による仲裁は，1985年UNCITRAL国際仲裁モデル法28条に規定され，「事案に適した具体的正義の原理」などとも説明されるが，その中身は曖昧で，結果が予測困難になるので弁護士が顧客に勧めにくく，仲裁全体の２％程度しか用いられていない。不公平な解決策を放棄したり，双方に受入れ可能な解決策を模索したり，法に縛られない解決策を提示するものである（友誼的仲裁人＜amiable compositeur：法原則に基づく一方，法原則の効果を任意で修正する権限を持つ＞と類似する概念だが，フランスでは明確に区分される）。日本では，仲裁は国家の定めた法律によるのが原則（仲裁法36条１項・２項）で，当事者双方が明示的に求めた場合は「衡平と善」による仲裁が可能である（仲裁法36条３項）。ただし，規定内容は国によって異なり，①日本と同様に法律によるのが原則の国（独仏），②「衡平と善」によるのが原則の国（エクアドル，アルゼンチン），③「衡平と善」による解決を禁じる国がある。

仲裁の利点は，①専門知識を有する者を仲裁人とすることで専門的観点からの解決が可能，②訴訟よりも柔軟に手続を定められる結果，より迅速・安価に解決可能，③仲裁手続は非公開なので秘密保持が可能，④後述する**ニューヨーク条約**があるため，外国仲裁判断の方が外国判決よりも承認執行が容易，と言われてきた。ただし，①業界団体による仲裁等を除けば仲裁人は通常の法律家が多く，②近年は訴訟も処理が迅速化している反面，仲裁でも長期にわたりコストがかさむケースがあり，③裁判でも非公開にすることが可能で，④ニューヨーク条約も承認執行が拒否される場合がある（後述）。裁判と仲裁を比べると，紛争解決の開始時点で当事者間合意が不要な裁判と必要な仲裁とで大きく異なる反面，終了時点では判決と仲裁判断が共に強制される点で裁判と仲裁は同じである。

仲裁には個別紛争ごとに仲裁契約を結ぶ**アドホック仲裁**と常設の仲裁機関に仲裁を依頼する**機関仲裁**の２種類があり，常設仲裁機関としては，**国際商業会議所**（ICC）の**国際仲裁裁判所**，**ロンドン国際仲裁裁判所**（LCIA），**アメリカ仲裁協会**（AAA），**中国国際経済貿易仲裁委員会**（CIETAC）などが多く活用されている。

日本にも本事案の**日本商事仲裁協会**（JCAA：国際商事仲裁協会を名称変更）や**日本海運集会所**（JSE）があるが，予算・人員面での制約や日本の裁判制度に対する信頼の高さからか，海外に比べると利用件数はまだ少ない。多くの国々では，①仲裁による合意（**仲裁合意**）の対象となる民事紛争について裁判所に提訴された場合にはこれを受理しないように求める抗弁（**妨訴抗弁**）を法的に認め（日本は仲裁法14条１項），②仲裁廷が自己の仲裁権限の有無について自ら判断することを認め（**コンペテンツ＝コンペテンツの法理**，仲裁法23条），③仲裁判断には判決と同一の効力を与えている（仲裁法45条１項）。また，外国仲裁判断の承認・執行に関しては，日本はもとより数多くの途上国を含む世界159カ国（2018年６月現在）が「**外国仲裁判断の承認及び執行に関する条約**」（**ニューヨーク条約**，1958年成立・1959年発効）に加盟しており，仲裁合意や公序等に反する等の拒否事由（ニューヨーク条約５条）に該当する場合を除いて加盟国は外国仲裁判断に拘束力を与える義務を負う（ニューヨーク条約３条）。このため，外国仲裁判断の承認・執行の問題は，条約の未発達な訴訟に比べるとニューヨーク条約の存在により確実性が高まっている（ただし近年，中国等の新興国がニューヨーク条約５条に基づき外国仲裁判断の承認・執行を拒否する事例が散見される）。

本事案では仲裁廷が裁判所における法廷と同様に法解釈を行うため，実体問題は契約準拠法である日本の民・商法に従って審理され（詳細は**第６章3**(1)参照），手続問題はJCAAが定める商事仲裁規則に従うこととなる。この結果，Ｙに代金支払いを求める仲裁判断が出たとしよう。日本とミャンマーは共にニューヨーク条約の加盟国であるため，この仲裁判断をミャンマー裁判所は承認・執行すると考えられる。

＊　JCAAのような機関仲裁ではなくアドホック仲裁を選択した場合，仲裁手続の準拠法は，当事者自治の原則に従う説（多数説）と仲裁地法とする説がある。

なお，上述のような仲裁（**国際商事仲裁**）とは別に，国家と私人の間の投資紛争の解決を目的とする**投資仲裁**の制度として，世界銀行の働き掛けで成立した多国間条約で日本を含む162カ国（2018年６月現在）が加盟する1966年発効の「**国家と他の国家の国民との間の投資紛争の解決に関する条約**」（**ICSID条約**）がある。これは，投資受入国と投資家との間の投資紛争を当事者の合意を前提に仲裁や調停で解決できるようにする目的で，世界銀行内に投資紛争解決国際センター（ICSID〈イクシッドと読む〉）を設置し，仲裁人や調停人の名簿を常備して紛争解決に必要な施設を提供する内容を持つ。ICSID仲裁に付託された場合は投資家の本国は外交上の保護を与えてはならず（ICSID条約27条），仲裁裁判所は奇数の仲裁人で構成され（ICSID条約37条），その管轄範囲は自ら判断し（ICSID条約41条），当事者の合意する法規（それがなければ紛争当事国法と国際法）に従って仲裁判断を下し（ICSID条約42条），その仲裁判断は当事者を拘束して上訴は原則として許されず（ICSID条約53条），締約国は仲裁判断を拘束力があるものとして承認し，自国裁判所の確定判決とみなして執行しなければならない（ICSID条約54条）。ICSIDは設立当初は利用件数が少なかったが，近年は利用が増加している。

3 国際取引の法的枠組み

(1) 国際私法

国際取引を行う場合の関係国の私法が各々異なる内容を持つ状態は，あたかも数個の法が互いに衝突（抵触）している外観を示すため，これを**法の抵触**（Conflict of Laws）と呼び，抵触を解決するための法である国際私法は別名，**抵触法**と呼ばれる。抵触法に対し，個々の法律関係を具体的かつ直接規律する各国の私法（民・商法など。手続法も含む）を**実質法**と呼ぶ。実質法には渉外的な法律関係を直接規律する**渉外実質法**があり，外国人の権利能力（民法３条２項）や外国法人の認許（民法35条），外国会社（会社法817条以下）等の外国人の私法上の地位を規律する外国人法が典型例とされる。渉外実質法は根拠規定の要件を満たせば，通常は国際私法を介さずに直接に適用される。

＊　抵触法の対義語は実質法であるが，その他の重要な対義語として，実体法（権利義務を規律する法律。例：民法，商法）と手続法（実体法で認められた権利を実現するための具体的な手続を定める法律。例：民事訴訟法）がある。実体法は国際私法で指定されるが，手続法はどうか。「手続は法廷地法による」という不文の原則が世界中で受容されており，これに従って指定される。たとえば，日本の裁判所で英国法を準拠法とする契約に基づいて民事手続を行う場合，法廷地が日本なので日本法が適用される。

国際私法は国際公法との対比で一見，条約と勘違いしやすいが，各国の国内法である。日本の国際私法の主な法源は「**法の適用に関する通則法**」（法適用通則法）であり，その他，手形法88～94条，小切手法76～81条にも若干の規定がある。しかし，仮に各国の国際私法の内容が不統一であれば，国際訴訟がどの国の裁判所で行われるかによって国際私法が異なる結果，適用される準拠法も様々に異なって判決の国際的不調和が生まれやすく，紛争当事者が自らに有利な法廷地を選んで訴訟を提起する**法廷地漁り**（forum shopping）を助長しかねないため，**ハーグ国際私法会議**等を中心に国際私法の統一運動が進められてきた。その結果，地域的な国際私法の統一はEU（2000年ブリュッセルⅠ規則，2008年ローマⅠ規則，2007年ローマⅡ規則等）やラテンアメリカ諸国で精力的に進められてきたが，アジア諸国ではそれほど顕著ではない。したがって，全世界でみると，契約準拠法や紛争解決に関する当事者間合意はある程度尊重されているが，合意がない場合のルールは国によって相違があるため，当事者の権利義務内容は契約書に詳細に書き込んでおくことが実務上重要になる。

(2) 統一私法・ソフトロー

国際取引が安全・円滑に行われるためには，各国の取引法の内容は同一であることが望ましいと考えられる。このため，ローマにある**私法統一国際協会**（UNIDROIT〈ユニドロワ〉：正式名International Institute for the Unification of Private Law，仏語名称のl'unification du droit privéの略でUNIDROITとなる）やウィーンにある**国連国際商取引法委員会**（UNCITRAL〈アンシトラル〉：正式名称United Nations Commission on International Trade Law，なお，日本語訳は国連国際商取引法委員会とする場合が多いが，原語に忠実に訳せば「商」を除いて国際取引法委員会となろう）等の国際機関により，各国ごとに異なる私法を統一するための条約形成の働き掛けがなされてきた。

前述の如く，私法統一の方法には２種類あり，①国内取引と国際取引の双方に同一の私法を適用する「**世界統一私法**」，②各国の私法はそのまま存続させた上で国際取引だけに適用される別個の法を形成する「**万民法型統一私法**」がある。双方を比較すると，①国内取引と国際取引が連続する場合には世界統一私法の方が私法統一の効果が高いが，②対象が国際取引に限定される点で万民法型統一私法の方が相対的に実現は容易と考えられている（**序章2**(1)参照）。

しかし，国家間の利害対立や法制度の相違からどちらの私法統一もなかなか進まず，近い将来に広範な私法統一を実現することは困難である。統一私法が存在しない分野においては，依然として法廷地の国際私法を介して，国ごとに異なる各国私法（必ずしも国際関係を念頭に置いた内容とは限らない）を適用する事態が継続している。一方，統一私法が実現したCISGの場合でも，前述のように契約書で準拠法からCISGを個別排除する実務が一般的であり，契約書を詳細に書き込むことで実務上ある程度対応できる点に鑑みれば，統一私法の機能を再検討するとともに，実務的な理解浸透への努力が必要である。

Column　私法統一の必要性とCISG

本文で何度か説明したように，国際取引の円滑化のために私法統一が必要と考えるのが世界中の国際取引法学の常識であり，国連国際商取引法委員会（UNCITRAL）や私法統一国際協会（UNIDROIT）などが条約やモデル法等を作成して各国法の法内容の統一に努めてきた。CISGはその典型例であるが，では，なぜCISGを契約準拠法から排除する実務が各国の大企業で一般的なのか。その理由としては，①すでに契約準拠法として多用されるイングランド法やニューヨーク州法，自国法等に比べて条文数や判例の蓄積が少なく法的予見可能性が劣る点（ただし，各国の裁判例は年々蓄積されつつある），②実務担当者のCISGに対する理解も薄い点（ただし，CISGに関する教育・研究は年々深まっている）等が指摘されてきた。しかし，現在の実務担当者は，私法統一のツールであるCISGを使わず，国際私法による各国法の適用で満足している点に着目すれば，実は世界の常識である私法統一の必要性は言われるほど大きくない可能性がある。国際取引を取り巻く環境は年々変化しており，過去の常識が今後もそのまま続くとは限らない。学生諸君は教科書の記述を一応の認識として学びつつも，それを所与の前提とはせず，常に考えながら学んで欲しい。

近年，私法統一と類似の動きとして，規定内容が同一で変更を許さず法的拘束力を伴う**ハードロー**（典型例は条約）に代わり，規定内容は類似のものであれば変更を許容する立法モデル（例：モデル法）や，法的拘束力を持たないもの（例：行為規範）が登場し，**ソフトロー**と呼ばれて活用が図られている。

モデル法は，UNCITRAL等の国際機関が，ある分野において理想的な法規範を定めた模範法を制定し，その模範法を参考に，各国が必要に応じて修正を加えて自国法を制定するものである。成功例に1985年に採択されたUNCITRAL国際商事仲裁モデル法（2018年9月現在で日本を含む80カ国111法域が採択）があり，日本もこれに倣って仲裁法を制定した。その他，1997年**UNCITRAL国際倒産モデル法**（2018年9月現在で日本を含む44カ国46法域が採択。日本は「外国倒産手続の承認援助に関する法律」を制定）などがある。

行為規範は，法的拘束力はないものの多国籍企業が任意で遵守するもので，成功例は，**経済協力開発機構**（OECD）が1976年に採択後，数次にわたって改訂している**OECD多国籍企業ガイドライン**である。これは多国籍企業における人権，情報開示，雇用・労使関係，環境，汚職防止，消費者保護，科学技術，競争，課税といった倫理的な問題に対する社会的責任を定めた国際規範で，国際的に認知され機能してきた。なお，国際金融分野におけるソフトローの代表例に日本を含む30弱の主要国中央銀行・金融当局の会合（**バーゼル銀行監督委員会**〈BCBS〉）で採択される**バーゼル合意**（**BIS規制**）がある。これは国際的な銀行に対して一定以上の自己資本比率確保を求める規制で銀行経営に多大な影響力を持つが，条約とは異なりそれ自体に法的拘束力はない。

しかし，各国金融当局は自国法にこの規制を取り込む（日本の場合，国会審議を経た立法ではなく通達レベルで迅速に処理される）ため，ハードロー化する。しかも，バーゼル銀行監督委員会に参加しない国々も，自主的にこの規制を自国法に取り込む動きが後を絶たない。なぜならば，この規制を持たない国や規制を達成できない銀行は国際金融市場の信認を得られず，資金調達コストが著しく増加して経営難に陥るからである。このように，国際的な評判形成や市場原理が働く環境下では行為規範やソフトローが機能し得る。ソフトローに関する研究は近年増加しているが，今後はソフトローを機能させる環境作りに向けた検討が重要になろう。なお，ソフトローの定義は論者によって異なる点に留意する必要がある。

Column　国際金融におけるソフトローの拘束確保

国際金融では，法的拘束を欠くソフトローでありながら，事実上の拘束が強く働くものがいくつかある。まず，国際的にはソフトローだが国内でハードロー化するもので，バーゼル合意やIOSCO行動規範（格付会社規制等），IFRS（会計基準）やFATF勧告（資金洗浄）などがある。つぎに，国際的なソフトローを遵守しない国を国際組織や他の国々が監視し，不遵守が著しい場合には厳格に処罰する仕組みが存在する（**図表**参照）。

図表　国際組織による監視と罰則例

罰則の種類	ソフトロー上の仕組み	担当組織名
結果公表，融資条件に反映	FSAP program	IMF・世界銀行・FSB
遵守不十分な国名を公表し，市場の評判を低下	勧告に基づく相互監視	FATF
	Appendix B	IOSCO
国際組織のメンバーからの追放	勧告に基づく相互監視	FATF
	MMOUに基づく相互監視	IOSCO
資本市場での信認低下	勧告に基づく相互監視	FATF

さらに，様々な次元で国ごとの相互主義や市場原理を活用することで規制遵守のインセンティブが高められている。BCBSでは1975年に母国と受入国の双方が共同監督するバーゼル・コンコルダートを制定したが，これを根拠にバーゼル合意を遵守しない母国の銀行が受入国への進出を拒否される可能性が認識されている。たとえば，バーゼル合意を遵守しない母国の銀行が米国に進出する場合，米国の外国銀行監督強化法（FBSEA：Foreign Bank Supervision Enhancement Act of 1991 (Pub. L. 102-242)）の審査を通らず，進出できない可能性がある。このため，バーゼルⅠ（後述）ではBCBSメンバー国でない国々までがバーゼル合意を自主的に遵守する傾向がみられた。

---

(3)　国際統一規則・標準契約約款・ユニドロワ国際商事契約原則

国家が制定する国家法や国家間で締結する条約のほか，国際取引では国際民間団体が作成した**国際統一規則**が重要な意味を持つ。代表例に，①**国際商業会議所**（ICC）が作成した貿易条件の定義に関する規則である**インコタームズ**（Incoterms）や，②荷為替信用状取引に関する銀行間の統一規則や慣例を定めた**信用状統一規則**（UCP：Uniform Customs and Practice for Commercial Documentary Credits）があり，一定の取引分野における商慣習や商慣行を整理・統一して明確化したものである。これら統一規則は，当事者が契約の中で援用することによって契約内容の一部として適用される（援用可能統一規則）ため，実質的な意味で統一私法としての機能を果たしている。また，特定の業界団体や公的機関等が契約書のモデルとして**標準契約約款**を作成し，幅広く用いられているものもある。たとえば，各種業界団体が作成した一次産品の国際取引やプラント輸出契約や定期傭船契約に関する標準約款，公的機関である国連欧州経済委員会（ECE）が作成した標準契約書がそれである。

＊ 19世紀末以降，定型的な貿易取引条件をFOBやCIF等の略語で表示する慣行が成立したが，その定義や解釈が国ごとに異なっていたため，その国際統一を目的に1936年に国際商業会議所が定めた統一規則がインコタームズ（Incoterms 1936）で，定期的に改訂され，2020年現在の最新版は2020年に発効したIncoterms 2020である。

＊ 荷為替信用状とは，買主の銀行が信用供与して売主の振り出す荷為替手形に対する買主の引受けや支払を約束するもので，いわば買主の支払保証としての機能を果たす。荷為替信用状は第一次大戦後に急速に普及したため，1933年に国際商業会議所は「荷為替信用状に関する統一規則および慣例（信用状統一規則）」（UCP100）を制定して銀行間の統一規則を定め，以後，数次の改訂を経て2018年現在の最新版は2007年に改訂されたUCP600である。

これら統一規則や標準契約約款に着目し，国際取引を規律する固有の法規範であることから，中世欧州で成立していた**国際商慣習法**（Lex Mercatoria）の現代版とみて，国際私法を介さずに国際的な法律関係に直接適用すべきとする見解もある（前掲３頁のColumn「中世ヨーロッパの商慣習法」参照）。たしかに各国の国内法よりも国際取引の実情をよく反映しているが，直接適用には消極的な見解が多数である。この理由は，様々な商慣習や統一規則のうちどれが国際商慣習法に該当するかが不明確である上，紛争解決に当たっては強制執行等の局面で国家裁判所の助けを借りざるを得ず，未だ国家法秩序を代替するだけの法秩序を形成し得ていないからである。また，現在の各国法や条約の下でも商慣習に一定の法的地位が与えられている。

なお，国際私法を介して間接適用する場合に準拠法として統一規則等を指定できるかについては，外国の条約にはこれを認めるもの（1994年国際契約の準拠法に関する米州条約）もあるが，日本の通説では非国家法を準拠法として指定することを認めていない。

これに対し，私法統一国際協会（UNIDROIT）は，1994年に国際契約の当事者のあるべき合理的なルールを具体的に明文化した「**国際商事契約に関するユニドロワ原則**（UNIDROIT Principle of International Commercial Contracts：以下**ユニドロワ国際商事契約原則**）を公表し，2000年，2010年，2016年に改訂し，2018年現在の最新版はUNIDROIT Principles 2016である。この原則は国際商事仲裁の判断基準の一つとして機能しているが，外国の国内裁判所においても適用例がある。この原則は，①当事者がその適用を合意した場合や「法の一般原則」や「Lex Mercatoria」による旨を合意した場合，当事者がいずれの準拠法をも選択しなかった場合に適用し，②統一私法や国内法の解釈や補充のために用いることができ，③各国の立法者が国内立法を行う際のモデルとして参照されることも予定している（前文参照）。その内容は契約に関する詳細なもので，契約の成立，代理，有効性，解釈，第三者の権利，履行・不履行，相殺，債権譲渡，時効，損害賠償などであり，一部に強行規定（例：1.7条の信義則，3.1.4条の詐欺・強迫等）を有しており，同原則の適用を合意した当事者がこれら強行規定を個別に適用排除することはできない。

(4) 国際取引の公法的規制への対応と域外適用の課題

① 公法的規制への対応

各国は貿易振興や国内産業保護育成等の見地から国際取引に対して様々な法的規制を課している。中には外国企業に対して非常に高額の課徴金を課す国もあり，いったん課されると大企業といえども経営上の打撃は甚大である。このため，国際取引に従事する当事者は，私法だけでなく関係国の公法的な規制についても遵守する必要がある。

＊ 日本の公法的規制には様々なものがあるが，代表的なものは①貿易管理・投資規制・外国為替管理に関する「外国為替及び外国貿易法」（外為法），②通関に関する関税法や関税定率法，③国内の競争法秩序の維持を目的とする独占禁止法などである。

ある日本の商社の法務審査部門の国際法務業務をみてみよう。主な内容は，①**海外与信管理**（海外系列会社の財務内容のチェック），②**輸出管理**（イラン等の危険国に対する武器等転用可能物品の輸出規制対応），③**契約書審査**（国際合弁契約，鉱山権益取得等)，④**知的財産**（特許出願，ラインセンス等)，⑤**国際コンプライアンス**（各国法規制対応，贈収賄，パワハラ等)，である。

まず海外与信管理は，海外系列会社に取引先ごとに売掛債権・前払債権の限度額を定めてもらい，法務審査部は債権回収状況を確認するために毎月与信資料を入手・確認した上で，不良債権の対応に当たる。つぎに輸出管理は，日本を含む先進国が持つ高度な貨物や技術が大量破壊兵器を開発している国やテロリストに渡って軍事転用される脅威に備えるため，国際的な**安全保障貿易管理**の枠組みが作られているが，日本もそれに参加していることに伴うものである。すなわち，日本は，1970年核兵器不拡散条約，1975年生物兵器禁止条約，1997年化学兵器禁止条約の各条約加盟国として貨物の所持・使用の規制下にあり，原子力供給国グループ（核兵器関連)，オーストラリア・グループ（生物・化学兵器関連)，ミサイル関連機器・技術輸出規制，ワッセナー・アレンジメント（通常兵器関連）の国際輸出管理レジームに参加するほか，国内法上も**貨物の輸出**（外為法48条および輸出管理貿易令別表第１）と**技術の提供**（外為法25条および外国為替令別表）を規制している。これらの規制に対応し，この商社では，①イラン，イラク，北朝鮮，リビア等の13カ国を安全保障貿易管理上の危険国に指定して通常よりも厳重な審査を行うほか，②自動車製造用の工作機械がウラン濃縮用遠心分離機の製造に転用されるなど，民生品が軍事転用されないよう顧客と用途の確認を行い，③貨物の輸出においてはハンドキャリー，技術の提供においては日本国内での提供にも注意し，④すべての貨物・技術について必ず複数の部署が取引審査を行うことで法令違反を防いでいる。第三の契約書審査は法務部員が対応し，必要に応じて外部の顧問弁護士の協力を仰ぐ。第四の知的財産権は特許・商標・意匠・著作権を権利化し，偽物が現れた場合に権利行使するものである。

一方，第五の国際コンプライアンスは非常に重要な業務で，日本法を遵守する国内コンプライアンスとは別に海外の法律に対する法令遵守である。企業活動が進出国の法規制に服するのは当然であるが，独占禁止法や外国公務員贈賄規制，マネーロンダリング対策法制，テロリスト対策法制等の領域で域外適用（後述）が盛んに行われるようになったため，進出国以外の域外適用を盛んに行う国（とくに米国）の法令遵守も欠かせなくなった。ひとたび法令違反が起きれば，下表のような高額の課徴金を科されて企業経営を著しく圧迫するため，非常に重要な問題である。

すなわち，米国・EU・中国・インド・ブラジル等の独占禁止法，米国・英国等の外国公務員贈賄防止規制法を遵守しなければ高額の課徴金が科されるリスクが増しており，金融機関に限れば米国のマネーロンダリング対策法や**米国財務省外国資産管理局**（OFAC）の扱う経済制裁関連法規も重要な法令遵守の対象となっている。

【表１】最近の日本企業を巡る課徴金の例

企業名	罰金・和解金	制裁対象・時期・支払先
ホンダ	7,000万ドル（約84億円）	事故情報の報告懈怠・15年１月・米国運輸省高速道路交通安全局
日本郵船	5,940万ドル（約70億円）	輸送船の運賃カルテル・14年12月・米国司法省
矢崎総業	7,600万ドル（約82億円）	自動車部品カルテル・14年９月・米国自動車購入者（その他，12年１月に米司法省に360億円，15年７月にブラジル当局に22億円など）
デンソー・三菱電機など10社	12億3,500万元（約205億円）	自動車部品カルテル・14年８月・中国国家発展改革委員会
トヨタ自動車	12億ドル（約1,200億円）	自動車のリコールに関する情報公開不足・14年３月・米国司法省
ブリヂストン	４億2,500万ドル（約447億円）	部品価格操作・14年２月・米国司法省

（参考：日本経済新聞2015年３月11日記事）

＊　マネーロンダリング（資金洗浄）とは，犯罪で得た収益の出所を隠匿して身元がばれないようにする行為で，元々は犯罪ではなかったが，これを放置すれば犯罪収益が将来の犯罪に使われたり，犯罪組織がその資金で合法的経済活動に介入して支配力を及ぼす危険があるため，日本を含む国際社会や各国が取締りを強化し，金融機関に多大な監視義務を負わせている。こうした中，米国OFACは愛国者法（USA Patriot Act）等に基づいて，①米ドルを取引対象とするか（次の＊参照），②米国企業と取引した外国金融機関に対し，米国独自の経済制裁関連法（イラン包括的制裁法〈CISADA〉等）を広範に適用しており，違反した場合に巨額の制裁金を科してきた。たとえば2012年12月に英国HSBC銀行に約19億ドル（約1,560億円），2014年６月に仏国BNP

Paribas銀行に約89億ドル（約9,000億円）という巨額の制裁金を科し，日本の三菱東京UFJ銀行も2007年に3,160万ドル（約36億円）の制裁金，2012年に860万ドル（約７億円）の和解金を支払った。仏国BNP Paribas銀行のケースでは，米仏間に多大な対立が生じ，両大統領が直談判して交渉に当たったが，米国の決定は覆らなかった。米国は，現時点で世界経済の中心的存在であり，米ドルは国際金融の基軸通貨であるため，こうした経済構造があって初めてOFACの積極的な域外適用が可能となっている。しかし，米国にとって，外国銀行は米ドル秩序の大きな担い手の一つであり，米国OFACによる外国銀行経営を圧迫する手法に対しては，金融システム安定性維持の観点から問題視する意見が根強い（次頁のColumn参照）。

＊　厳密な意味で「域外適用」に該当するか否かの議論が分かれるケースとして，米ドル・コルレス口座管轄の問題がある。米ドルは国際基軸通貨であるため，米ドルを国際取引から外すことは現状では難しい。したがって，国際取引の当事者はつねに米国法を意識せざるを得ないが，これは国際金融の仕組みに依存している。米国域外で，米国人以外が国際基軸通貨である米ドルを取引した場合，米国とは一見関係がなさそうにみえるが，米国法の管轄に入る可能性が高い。たとえば，日本のXが日本のP銀行口座からドイツのYに対してドイツのQ銀行口座に米ドルを送金する場合を考えよう。国際送金では通常，取引通貨ごとに通貨所属国の銀行にコルレス口座を開設し，コルレス口座の口座振替を通じて送金処理する。したがって，P銀行がニューヨークのR銀行にコルレス口座を持ち，Q銀行がニューヨークのS銀行にコルレス口座を持つとすれば，これら口座間の口座振替を通じて，P銀行からQ銀行に米ドル資金が移動する。このため，日本のXやドイツのYは米国と一切関わりがないように見えるが，実はニューヨークを電子的に一瞬通過するのであり，この取引に米国法を適用した場合，形式的には域外適用にならない。しかし，取引の中心は日本とドイツにあり，ここに日独に比べると事案との関わりが圧倒的に薄い米国法が関与するとすれば，域外適用と実質的に同じ問題が生じてしまう。米国は米ドル・コルレス口座管轄を援用して米国法を適用してきたが，国際法との関係は明示していない。したがって，これが属地主義に基づくのか，米ドルに対する通貨主権を守るための保護主義やテロ対策などを理由とする普遍主義などに基づくのかは定かではない。また，最近の米国は，米ドル・コルレス口座管轄だけを根拠に管轄権を主張することは少なくなり，米国連邦法上の犯罪であるMail & Wire Fraud（郵便・通信詐欺）やConspiracy（共

謀罪）等を介して米国人の違法行為を共謀・幇助・教唆した等の認定を行うことで，管轄権を拡張するケースが増えている。

Column　米国OFACの高額課徴金と国際金融システムの安定化

近年，米国は全体としてはかつてよりも域外適用（詳細は後述）に抑制的になってきたが，金融制裁や資金洗浄・テロ対策においては，OFACを中心に積極的な域外適用により外国銀行に高額の制裁金を科している。米国経済や米ドルの世界経済における覇権的地位が積極的な域外適用を可能にしてきたことは言うまでもないが，今後も積極化し続けた場合にはいくつか懸念事項も想定し得る。すなわち，①外国銀行は米ドルを主軸とする国際金融システムの担い手でもあるため，OFACがその経営をあまりに圧迫すると米国金融当局（FRB，OCC等）をはじめ，各国金融当局との利害対立が生じ得ること（前出），②規制コストを懸念して米ドル取引が忌避され，米国が経済覇権的地位を失う可能性があること（このことは米国の過度な域外適用への抑制原理として機能し得る），③将来的には民間の仮想通貨（日本の法令用語では暗号資産）や外国の中央銀行デジタル通貨（CBDC）等に主軸通貨が変わり得ること（この場合，国家が通貨主権を事実上失いかねない），④米ドル・コルレス口座管轄を回避するため，米国以外で取引が完結する海外の米ドル決済が発達し得ること（この場合，米国が自国通貨を十分管理できず，米ドルの金融システムが不安定化する可能性がある）。日本の一部の法律家はこうした議論を極端に嫌い，法解釈のみにこだわる傾向にあるが，英米の一流の法律家はこうした総合的な分析を得意とする。是非見習いたいものである。

②　域外適用の課題

国際取引の公法的規制は，領土保全・内政不干渉等の観点から原則として立法国の領域内で行われる取引活動を適用対象とし（**属地主義**），例外的に領域外の行為に対して適用（**域外適用**）されている。ここで域外適用や国家管轄権に関する国際法の理解を整理しよう。国家が立法・行政・司法を行う権能を**国家管轄権**といい，**立法管轄権**，**執行管轄権**，**司法管轄権**に3分類される。このうち，執行管轄権の域外適用は国際法に反するが，司法管轄権は前述の如く国際裁判管轄権が肯定されれば域外適用可能である。また，立法管轄権は，国際取引が活発化すると立法国の領域内だけで規制しても法目的が十分達成できない場合があることから，外国で行われた行為であっても一定の立法主義で管轄権が基礎付けられる場合には域外適用が可能である。

Column サイバー空間におけるスパイウェアの適法性

サイバー空間での国際的な犯罪増加に対応し，米国等の捜査当局の現場捜査員が外国のサーバーに無断でスパイウェアを設置し，相手国の承諾のないまま，情報収集や監視をし続けることが数多く行われている（例：シルクロード事件（後掲）における米国FBIの捜査）。こうした行為は相手国の国家主権を侵害する執行管轄権の不当な域外適用だとして問題視されている（多数説）が，実際に国際法上の責任を追及することは難しい。なぜならば，物理的空間とは異なり，仮想空間では国際慣習法上の間諜行為とみなすのに必要な場所的要件を満たさないと考えられており（多数説），間諜行為が成立しない以上，主権侵害だけを理由とする責任追及は国際法上困難である。したがって，国際法における域外適用の実体・手続規定の整備が必要であるが，国家間の利害対立もあって容易には法規範がまとまらず，各国の自制に任されている部分が大きい。一方，最近では関係国間で共同捜査することにより，相手国の同意を確保して違法性がクリアされる例（アルファベイ事件など）が増えており，事態は改善に向かっている。

【参考文献】河野桂子「サイバー空間を通じた監視活動の法的評価」防衛研究所紀要19巻２号（2017年），Ahmed Ghappour, "Searching Places Unknown : Law En-forcement Jurisdiction on the Dark Web," Vol.69, *Stanford Law Review* (2017年)

すなわち，①**属地主義**（自国領域内に適用。例：国内犯〈刑法１条１項〉），②**属人主義**（領域を問わず自国民に適用。例：国民の国外犯〈刑法３条〉），③**受動的属人主義**（自国民の重要な法益保護のため，領域を問わず自国民以外に適用。例：

2002年のTAJIMA号事件で公海上の外国籍船内で日本人が殺害された場合の処罰規定が必要になり，国民以外の者の国外犯〈刑法３条の２〉を新設），④**保護主義**（自国や自国民の重要な法益保護のため，領域や国籍を問わずに適用。例：内乱罪・通貨偽造罪等の国外犯〈刑法２条〉），⑤**普遍主義**（海賊やテロ対策など世界各国に共通する重要な法益保護のため，領域や国籍を問わずに適用。ただし，反対論も根強い），⑥**効果理論**（**効果主義**）（自国に直接，予見可能かつ実質的な効果を及ぼす場合に，領域や国籍を問わずに適用。1945年アルコア事件判決以来，米国の判例法理として発達したが，反対論も根強い）であり，これらの基礎付けがない場合には国際法上，認められない。

＊　米国独占禁止法の域外適用を巡る議論を辿るには，日本政府が毎年発刊している不公正貿易報告書（経済産業省のホームページから無料で入手可能）の該当頁（2018年版であれば「第Ⅱ部補論１　国際的経済活動と競争法」375～381頁）を参照することをお勧めする。同報告書は，効果理論による域外適用を巡る法的状況を詳細に紹介して，国際的なコンセンサスを得た範囲を示した後，米国法の域外適用にはその範囲を超えて国際法違反になる過度な場合があり，そのつど，日本政府として米国裁判所にアミカスブリーフを提出して域外適用に反対する等の対応を行ってきたことを紹介した後，米国に対しては，国際礼譲を考慮した域外適用の謙抑や国際協調（執行面での国際協力や競争法のハーモナイゼーション）に期待するとしている。

しかし，これら立法主義の間で優先順位をどう決めるかに関する国際法上のルールは存在せず，**属地主義の排他的優位性**が確立されているわけではない。

そこで，米国輸出管理法の域外適用を巡って米欧間が鋭く対立した1981年**シベリア・パイプライン事件**やその後の経済制裁を念頭に置いて，域外適用の範囲を合理的に限界付けるルールを模索したり，属地主義の排他的優位性を確立すべきとする学説が有力に主張されている。シベリア・パイプライン事件では，米国は対ソ連に対する経済制裁として，シベリアから欧州へのパイプライン建設に必要な技術や資材の旧ソ連向け輸出を禁止し，その対象を外国にある米国企業の子会社だけでなく，米国企業から技術ライセンスを得て生産する外国会社にまで拡張した。これに対し，欧州や日本は国際法違反の域外適用だとして外交抗議し，ハーグ地裁は米国の域外適用は国際法と両立しない旨の判決を下し，英仏は対抗立法を発動して自国企業に元の輸出契約を遵守させた。この結果，翌年に米国の禁輸措置が撤廃されるまで国家間で緊張関係が続き，国際取引の当事者はその板挟みに苦しんだ。

域外適用に伴うこのような対立は，国家間の協議や条約によって解決すべきとされるが，独占禁止法（例：1999年日米独占禁止協力協定）や国際課税（例：2004年日米租税条約）等の技術的な分野であれば比較的実現可能である（それでも未だ様々な問題点が存在する）が，経済制裁のような政治的な問題においてはその実現は容易には期待し難い。米国には独自の域外適用抑制原則（米国対外関係リステイトメント）があるが，それ自体は国際法ではない。米国の立場は，域外適用を巡る国際法のルールは未確立とするもので，国際法の遵守を求める欧州や日本と異なるが，「属地主義の排他的優位性の確立」といった最低限のルールすらなければ大国の論理だけがまかり通る点で問題が大きい。

＊　属地主義の排他的優位性の確立を巡っては，中谷和弘「輸出管理法令の域外適用と国際法」『国家管轄権－国際法と国内法－（山本草二先生古稀記念論文集）』勁草書房（1998年）393～419頁および中谷和弘ほか『国際法〔第2版〕』有斐閣（2011年）274頁以下を参照されたい。一方，国連や欧米・日本の金融制裁については，吉村祥子編著『国連の金融制裁～法と実務』東信堂（2018年）が詳しい。

一方，1997年「**国際商取引における外国公務員に対する贈賄防止条約**」（**OECD外国公務員贈賄防止条約**）などの条約によって近年国際的取組みが強化されている外国公務員贈賄規制においては，贈賄防止への取組みが弱い国に優先権を与えるよりも取組みの強い国が代わりに取り締まることで国際社会全体での効率的な取締りが可能となるため，優先順位に対するルールを設けるべきでないとする考え方が主流である。また，属地主義だけでなく属人主義による管轄権の拡張を認めている。外国公務員贈賄規制が世界各国に共通する重要な法益だとする認識が背景にある点で普遍主義にも近い。この考え方によれば国家間で管轄権を巡って対立が生じた場合には協議によって対処することになるため，協議に持ち込むためには積極的な域外適用を許す法制を相手国も自国も共に有していることが前提となる。

＊　外国公務員腐敗防止法制における管轄権の調整を巡る詳細は，高山佳奈子「腐敗防止に関する管轄権の競合と二重処罰の危険」法律時報86巻2号14頁以下（2014年）およびこれに対する疑問として，久保田隆「国家管轄権の調整ルールは必要か否か」国際商事法務43巻10号1536～1539頁（2015年）を参照されたい。

現在，米国は**海外腐敗行為防止法**（Foreign Corrupt Practices Act of 1977, FCPA）を元に，日本企業を含む外国企業が米国域外で行った行為に対して高額の課徴金を次々に科し（**表2**参照），その多くは米国の国庫収入となっている。

国際的な企業においては米国FCPA対策上のコンプライアンスの費用は増加している。英国や中国・ブラジル等もFCPAに倣って積極的な域外適用を行う立法を近年整備してきたが，日本は法整備・執行が遅れておりOECDから取組み強化を求める勧告を受けてきた。すなわち，現状は，米国FCPAは積極的な域外適用と高額課徴金を日本企業に科すが，日本の不正競争防止法は域外適用に消極的で少額の課徴金しか科さないので「米国の過大管轄，日本の過少管

【表2】米国FCPAによる外国企業の高額支払金リスト（2014年末時点）

第1位：ジーメンス（独）8億ドル（2008年）
第2位：アルストローム（仏）7億7,200万ドル（2014年）
第3位：KBR/ハリバートン（米）5億7,900万ドル（2009年）
第4位：BAE（英）4億ドル（2010年）
第5位：Total SA（仏）3億9,800万ドル（2013年）
第6位：アルコア（米）3億8,400万ドル（2014年）
第7位：スナンプロゲッティ蘭BV/ ENI Spa（蘭・伊）3億6,500万ドル（2010年）
第8位：テクニップSA（仏）3億3,800万ドル（2010年）
第9位：日揮（日）2億1,880万ドル（2011年）
第10位：ダイムラーベンツ（独）1億8,500万ドル（2010年）

なお，2020年10月時点では，Goldman Sachs（米）33億ドル，Airbus（蘭・仏）20億9,000万ドル，Petrobras（伯）17億8,000万ドル，Ericsson（スウェーデン）10億600万ドル，Telia（スウェーデン）10億100万ドル，MTS（露）8億5,000万ドル等が加わった。

（出典fcpablog.com）

轄」状況にある。この状況で日本企業を巡って日米間に紛争が生じても，日米間の協議の前提となる管轄権が米国には存在しても日本にはないので協議は難しく，国家の後ろ盾のない日本企業は米国の不当な捜査にも甘受せざるを得ない。

したがって，各国法の適用の優先順位に関する国際法の創設が必要と考えるが，条約制定も国際慣習法の形成もすぐには実現し得る状況にないので，日本としては，当面は自国企業の正当な権利を守るために国内法を整備したり，日本企業も国際コンプライアンス態勢を強化して自衛を図ることが第一歩となろう。

第2章 国際契約とインコタームズ

1 貿易実務の流れ

貿易とは，外国の当事者と商品の売買取引を行うことを指す。外国へ商品を売ることを**輸出**，外国から商品を買うことを**輸入**と呼ぶ。国際売買契約の締結に至るまでの貿易実務の流れは，輸出・輸入ともに，①市場調査（JETROや在日外国公館等に問合せ）→②取引相手先の選定と信用調査（JETROや信用調査会社，NEXI等に問い合わせ）→③法規制の確認（税関相談官室や経済産業省等に問い合わせ）→④契約締結というプロセスを経て行われる。

＊ JETRO（Japan External Trade Organization）とは，経済産業省所管の独立行政法人日本貿易振興機構のことで，日本企業の対外貿易・投資や外国企業の対日貿易・投資をサポートする様々な事業を行っている。詳細はhttps://www.jetro.go.jp/参照。また，誰でも利用可能な資料閲覧コーナーを大阪に設置している（http://www.jetro.go.jp/lib.html参照）。

市場調査においては，相手国の市場規模，カントリーリスク，商慣行，対象商品の販売に関する諸規制，価格相場や競合企業情報等を綿密に調査した上で，収益性や採算性の見通しを立て，取引対象となる商品を定める。商品が定まると，JETROや在日外国公館等からの情報や，**国際見本市**（東京ビッグサイト等の国際展示場で主に開催される，世界各国の特色ある商品見本を陳列して紹介する一種の展示会）や商談会等，あるいは取引先等からの口コミやインターネット検索情報等で情報を集めて取引先を選定することが一般的に行われている。一方，信用調査とは，取引先候補が本当に信用できる相手かどうかや相手の弁済能力を判断するために，事業内容，財務状態，経営者の資質・能力・人柄等（輸入の場合には商品の品質・機能・納期状況）を調査することを指し，直接現地に行って自ら調査することもあるが，一般的には信用調査会社（例：D&B，東京商工リサーチ，帝国データバンク）や取引銀行等に依頼して行う。また，NEXIが与信管理等のために作成している「海外商社名簿」の格付けから海外の取引相手方の信用状態を知る方法もある。NEXIとは，経済産業省所管の独立行政法人**日本貿易保険**（NEXI：Nippon Export and Import Insurance）のことで，貿易保険法に基づいて設立され，海外取引先に輸出・投資・融資を行う日本企業の損失リスクのうち，民間の保険会社ではカバーできない一定部分をカバーする保険（**貿易保険**）を提供することを任務としている。

なお，貿易に関する日本の法規制には，①輸出入に関する基本法として，外国為替及び外国貿易法（**外為法**）と輸出入取引法，②通関に関する主な法律に，関税法，関税定率法，関税暫定措置法，③その他の輸出入管理に関する法律に，植物防疫法，家畜伝染病予防法，火薬類取締法，薬事法，食品衛生法等の諸法規，④国際条約として，WTO条約，IMF協定，ワシントン条約等がある。一方，相手国の法制度や貿易管理規制（たとえば，欧州の環境関連規制等）についても調査しておく必要がある。

Column　外為法の概要

外国為替及び外国貿易法（外為法）は，外国為替，外国貿易その他の対外取引を規制する法律で「外国為替，外国貿易その他の対外取引が自由に行われることを基本とし，対外取引に対し必要最小限の管理又は調整を行うことにより，対外取引の正常な発展並びに我が国又は国際社会の平和及び安全の維持を期し，もって国際収支の均衡及び通貨の安定を図るとともに我が国経済の健全な発展に寄与すること」を目的とする（１条）。

外為法の中心にあるのは資金決済・資金移動に着目した規制であり，資金の流れを抑えることを通じて外為法の規制目的を達成しようと企図する。たとえば，「支払等」では送金や相殺による取引の決済をする場合についての規制を行い，経済制裁措置の関係者との間での支払等について許可を必要とし（16条），3,000万円超の一定の支払等を行う者に報告義務を課す（55条）。「支払等の受託」（特定為替取引）では，銀行・資金移動業者に顧客の本人確認義務を課し（18条），「支払手段等の輸出入」の類型では，現金などの支払手段や，証券，貴金属等の日本から海外への持出しや国内への持込みについて一定の規制を行っている（19条）。

しかし，これのみでは外為法の規制目的を十分に達成しえないため，資金の移動・

資金決済の原因となりうるような対外的な取引又は行為（原因取引）に着目した規制も併せて行っている。たとえば，預貯金の締結や証券の譲渡等（「資本取引」）について金融機関に顧客の本人確認義務を課し（22条の2），日本の居住者から外国投資家が株式等を取得するようなケース（「対内直接投資等」）や他の外国投資家から外国投資家が株式等を取得するようなケース（「特定取得」：平成29年改正で新設）に届出義務を課し（27条・28条），「貨物の輸出入」はワッセナー・アレンジメントに基づく許可制（48条）やワシントン条約に基づく承認制（52条）を採用する。破壊兵器等に利用し得る「仲介貿易」，宇宙開発等の「技術提供」，核燃料物質の加工・貯蔵などの「鉱山物の加工等」，北朝鮮に対する金融サービス提供やロシアに対する証券の発行・募集等の「その他役務取引」は許可制（25条）で，原子力等の「技術導入」には事前届出が求められる（30条）。

外為法の適用範囲は国内の行為に適用されることを基本とし（属地主義），海外で行われた行為については，域外適用の問題が生じるため適用しないことを基本としているが，属人主義的な考え方に基づき，日本法人又は日本に居住する個人が海外で行った行為についても基本的に外為法を適用する（5条）。

【参考文献】中崎隆『詳説・犯罪収益移転防止法・外為法〔第4版〕』中央経済社（2019年）

2　契約の成立過程と予備的合意

(1)　契約（contract）の成立過程

売買契約が成立するまでのプロセスをみてみよう。まず，売主が海外の取引先（買主）候補に対して自社商品の価格・品質・特徴等を説明して取引の**勧誘**（proposal）を行う。取引先候補はその商品に関心があれば売主に対してカタログや資料・見本等を請求し，数量・価格・品質・納期等の要望を申し出て**見積り**（quotation）の提出を依頼するが，これを**引合い**（inquiry, enquiry）と呼ぶ。次に，引合いを受けた売主は，**見積書**（quotation, price estimate）を取引先候補に提出し，その中に商品の仕様（品質・機能等）や数量，価格，納期，輸送・支払方法等の取引条件を明記する。この時点で売主から契約の**申込み**（offer）

が行われたことになる。これに対して取引先候補が取引条件にそのまま合意すれば，契約の**承諾**（acceptance）が行われて契約が成立する。しかし，取引先候補が取引条件の一部変更を求めて**反対申込み**（counter offer）を行った場合，それに売主が合意すれば契約が成立するが，合意できなければ売主から新しい条件を付した反対申込みがさらになされ，当事者間で何度か反対申込みが繰り返された上で交渉がやっとまとまり，双方が取引条件に合意して契約が成立することも多い。

契約は口頭でも成立するが，将来の紛争リスクに備えて書面にすることが望ましい。契約書は取引ごとに契約書文言を新規に起草することもあるが，手間や時間を省くため，**注文書**（purchase order），**注文請書**（sales note）等の定型契約書をもって売買契約書とすることが多い。これらの契約書の表面を**表面約款**，裏面を**裏面約款**と呼び，表面約款には基本的な取引条件（契約日付，当事者，品名，数量，品質，単価，総額，支払条件，船積条件，保険等）を記載し，裏面約款にはその他の取引条件（インコタームズ等の貿易条件，不可抗力条項，クレームの受付期間，管轄裁判所・仲裁機関，準拠法等）を記載する。

定型契約書を売買契約書とする場合，裏面約款には自社に有利な条件が印刷されている場合が多く，売主・買主の双方が自社に有利な取引条件で契約するために定型契約書を送りつけあう事態（**書式の闘い**（battle of forms）と呼ぶ）が生じやすい。一方が相手方の定型契約書に署名すればその内容で契約が成立するが，どちらも相手方の定型契約書に署名しない場合には様々な可能性がある。すなわち，適用される法律により，①送り付けられた定型契約書同士の共通部分である表面約款だけで契約が成立する考え方（例：UNIDROIT国際商事契約原則が採用する「**ノックアウト・ルール**」(knock-out rule)），②最後に送り付けられた定型契約書式で契約が成立する考え方（例：2003年改正前の米国統一商法典が採用していた「**最後の書式ルール**」(last shot rule)），③双方の申込み内容が厳密に一致しない以上，契約は不成立となる考え方（例：英国契約法や日本民法が伝統的に採用してきた「**鏡像原則**」(mirror image rule)）などに分かれている（**第3章3**(3)参照）。

(2) 予備的合意

契約条件が複雑で，当事者間の合意が成立するまでにかなりの交渉期間を要する場合，正式な契約を締結する前に，それまでの交渉でまとまった基本事項を双方が確認したり，交渉の方向性や契約締結までのスケジュールを記載した文書を**予備的合意**として取り交わすことが多い。この文書には当事者全員が署名する場合もあれば，一方当事者が他方当事者に確認を求める手紙の形式をとる場合もある。これを**レター・オブ・インテント**（LOI：Letter of Intent）または**メモランダム・オブ・アンダスタンディング**（MOU：Memorandum of Understanding）と呼んでいる。LOIやMOUは一般的には法的拘束力がないとされる場合が多いが，内容によっては法的拘束力が認められる可能性もあるため，法的拘束力を持たせたくない場合にはその旨を当該文書に明記すること（たとえばNOT legally bindingなどと記載）が望ましい。

一方，契約交渉を経て予備的合意に至ったものの，一方当事者がその後の交渉を一方的に打ち切った場合，他方当事者がすでに契約成立に向けて商品を調達するなどの準備を開始していた場合には不測の損害を被ってしまう。このため，日本やドイツ法系諸国では「**契約準備段階の過失**」または「**契約締結上の過失**」の法理により，契約が成立する以前の予備的合意にとどまった場合でも一定の要件下で信義則上の義務を負わせている。同旨の規定はUNIDROIT国際商事契約原則2016の２.１.15条（不誠実な交渉に基づく責任）に存在するが，CISGには明示の規定は存在しない。ただし，CISG７条２項でUNIDROIT原則が補充適用される可能性（後述）はある。

＊　日本法上は，たとえば，マンションの売却予定者が買受希望者の希望で設計変更・施工をしたが，買受希望者が資金繰りを理由に買取りを中止した事案において，買受希望者は契約準備段階における信義則上の注意義務違反を理由として売却予定者に対して損害賠償義務を負うとされた事例（最三判昭和59年９月18日判時1137号51頁）がある。

3　インコタームズ

インコタームズ（Incoterms）とは，**国際商業会議所**（ICC：International

Chamber of Commerce）が制定した貿易取引条件とその解釈に関する国際規則で，売買契約で援用することで契約内容の一部となる。国際取引では，当事者間の費用負担や危険負担，目的物の引渡し方法等の取引条件を定型化し，FOBやCIFといったアルファベット３文字の略号を用いて表示する慣習が定着してきた。しかし，これらの定型取引条件の内容が国ごとに異なっていたため，国際的に統一する必要があり，1936年にインコタームズが初めて制定された。その後，貿易条件の変化に伴ってほぼ10年おきに改訂されてきており，2020年現在で最新のインコタームズは2020年に発効した**インコタームズ2020**である。

＊　インコタームズの1953年版ではC.I.F.等と文字の後にドットが付されていたが，1980年版以後，省略された。

インコタームズ2020は**表１**の11種類の定型取引規則を定めている。このうち，最も多く使われる（全体の６割〈20年前には９割〉）のがFOB, CFR, CIFである。これらは海上運送かつ個品運送にのみ適した規則であるが，実際には長年の習慣から，本来FCA, CPT, CIP（使用率は全体の１割未満）を用いるべき海上運送と陸上運送を含むコンテナ輸送にも多用されている。この一因に，輸出申告書はFOB価格で（関税法施行令59条の２が根拠），輸入申告書はCIF価格で（同施行令59条の２第２項，関税定率法４条１項１号が根拠）記入させる実務慣行がある。すると，船積港のコンテナヤードで売主が運送人に物品を引き渡した時に売主から買主に危険が移転する扱い（FCA, CPT, CIP）ではなく，船積港に停泊している本船上に物品が置かれた時点で初めて危険が移転する扱い（FOB, CFR, CIF）になるため，物品を運送人に委ねた後，運送人が本船上に置く直前に物品を水没させたような場合でも売主が危険を負担する不合理な結果となる。したがって，インコタームズは本来の使用目的に沿った正しい規則を採用すべきである。また，輸出入申告も実態に合った実務に変える必要がある。

＊　CIF売買では「CIF仕向港の地名」（例：CIF London）のように仕向港が明示され，FOB売買では「FOB船積港の地名」（例：FOB Tokyo）のように船積港の地名が明示されるのが普通である。

なお，ウィーン売買条約（CISG）は，物品の引渡し時点や危険の移転時期を

【表1】インコタームズ（Incoterms®2020）の規則概要

	危険の移転時期（売主→買主）	売主と買主の費用負担
Ⅰ．すべての輸送手段に適した規則		
EXW（Ex Works）：工場渡し	指定場所（工場・倉庫等）で売主が買主の処分に委ねた時	買主が引取り可能な状態以降の費用は買主負担
FCA（Free Carrier）：運送人渡し	買主が指名した運送人等に売主が物品を引き渡した時	売主が輸出手続・通関を行うが，買主が運送契約を締結。運送人へ引渡し後の費用は買主負担
CPT（Carriage Paid To）：輸送費込み	FCAと同じ	FCAに加えて，買主ではなく売主が運送契約を締結
CIP（Carriage and Insuarance Paid To）：輸送費保険料込み	FCAと同じ	FCAに加えて，買主ではなく売主が運送契約と保険契約を締結
DAP（Delivered At Place）：仕向地持込み渡し	売主が指定仕向地に到着した輸送手段の上で，荷卸しの準備ができている状態で物品を買主の処分に委ねた時	売主は運送契約を締結し，輸出手続・通関も行うが，引渡し後の危険は買主負担（売主が荷卸しの危険・費用を負担しない時はDAP）
DPU（Delivered at Place Unloaded）：荷卸込み持込み渡し	指定仕向地（ターミナルや倉庫など）で売主が買主の処分に委ねた時	DAPに加えて売主が荷卸しの危険・費用を負担
DDP（Delivered Duty Paid）：関税込み持込み渡し	売主が指定仕向地に到着した輸送手段の上で，荷卸しの準備ができている状態で物品を買主の処分に委ねた時	買主ではなく売主が輸入手続・通関を行う場合はDAPでなくDDPを使用。
Ⅱ．海上・内陸水路輸送のための規則		
FAS（Free Alongside Ship）：船側渡し	売主が船積港で買主が指定する本船の船側（埠頭など）に物品を置いた時	売主は輸出手続・通関を行うが，引渡し後の運賃や費用は買主負担
FOB（Free On Board）：本船渡し	売主が船積港で買主が指定する本船上に物品を置いた時	売主は輸出手続・通関を行い，船積費用を負担するが，引渡し後の運賃や費用は買主負担
CFR（Cost and Freight）：運賃込み	FOBと同じ	FOBに加えて，売主が仕向港までの海上運賃を負担
CIF（Cost, Insurance, and Freight）：運賃保険料込み	FOBと同じ	FOBに加えて，売主が仕向港までの海上運賃と保険料を負担

最初の運送人に引き渡した時（CISG31条(a)および67条(1)）としており，インコタームズのFCAに近い。すると，契約準拠法をCISGとする契約においてインコタームズ2020のFOBに準拠した場合，CISGとインコタームズ（ここではFOB規定）のどちらが優先するか。答えは，インコタームズがCISGに優先する。すなわち，CISGは任意規定（CISG６条）であるため，インコタームズのFOB規定が優先し，引渡し時点・危険の移転時期は共に本船上に物品を置いた時となる。

4 英文契約書

(1) 英文契約書に特有の条項等

英文契約書は和文の契約書よりも長文になり，まさかの事態に備えた多数の条文を置く傾向にある。これは，米国が様々な異なる文化を持つ移民から成り立ち，文化人類学的にみれば言葉によるコミュニケーションの比重が高い「Low Contextな（文脈依存性の低い）」文化に属し，日本のように言葉以外のコミュニケーション（例：あ・うんの呼吸，腹芸等）の比重が高い「High Contextな（文脈依存性の高い）」文化とは異なるためとも考えられる。しかし，国際取引では当然文化的背景の異なる相手を対象に契約を結ぶため，リスクマネジメントの観点から詳細な契約書の方が望ましく，英文契約書に慣れることが重要である。そこで以下，英文契約書のごく基本的な点を理解しよう。

(2) 英文契約書の構造

英文契約書は契約類型に応じて数多くの雛型（サンプル）が出版されており，実際の契約書作成に当たっては，いくつかの雛型を元に加工して作成することが多い。したがって詳細はそれらに任せ，以下では基本的な構造について簡単に解説する。

① 契約書の題名（Title）

たとえば，製品売買契約（Product Sales Agreement）など。同種の契約書が複数ある場合には契約書番号を付することもある。

② 前文（Recitals）

まず，冒頭部分で当事者（Parties）や契約締結日等を書き込む。契約締結日は契約発効日であることが多いが，政府の許可等が契約発効の前提条件となる場合もある。その場合はその旨を明記することが望ましい。その後，**WITNESSETH**（証する）とした後で，当事者の説明や契約締結に至る経緯，契約の目的などを記す（省略される場合もある）。Whereasで始まる文章が並ぶことから**ホウェアラズ条項**（**Whereas Clause**）と呼ばれる。Whereas条項は契約文言の解釈に用いられるが，契約条項とは異なり，それ自体では法的効力を持たない。

【前文の例】：This Agreement is made as of the 1st day of April, 2017（the “Effective Date”）by and between X Supermarket Corporation, a corporation organized and existing under the laws of Japan, with its head office at 1-6-2, Nishiwaseda, Shinjuku-ku, Tokyo, Japan（“Seller”）, and Y Coffee Inc., a corporation organized and existing under the laws of the State of California, with its head office at 2900 McAllister Street, San Francisco, CA（“Buyer”）（collectively the “Parties” or individually a “Party”）,

WITNESSETH:

WHEREAS, Seller desires to sell the product stipulated in Article 2 hereof, and WHEREAS, Buyer desires to purchase such product from Seller for the purpose of ～; NOW, THEREFORE, in consideration of the promises and mutual covenants contained herein, it is mutually agreed between the Parties as follows:（以下，契約本文へ）

なお，末尾の文章でin consideration of～とあるが，これは「～を考慮して」ではなく「～を約因として」という意味である。**約因**（**consideration**）とは当事者間で対価の交換関係が成立することを求める日本法にはない英米法特有の概念で，契約の発効要件として求められる（詳細は後述）。したがって，契約書の前書部分で約因が満たされていることを確認の意味で書き込むのである。

③　定義規定（Definitions）

契約書で用いられる用語，たとえば製品（Product），契約価格（Contract Price），引渡し（Delivery）等のキーワードを定義する。

例："Delivery" means DDP Buyer's Factory as per Incoterms® 2020.

④　契約内容

もっとも基本的な要素として製品内容，支払金額・日時・手段，製品引渡しの内容，契約期間等を定める。さらに，契約発効の前提条件（例：政府の許認可の取得，金融機関による融資の承認，荷為替信用状の交付），契約解除，製品の品質保証，売主の責任制限，引渡し遅延時の損害賠償，危険負担等について定めるのが普通である。

＊債務には，特定の結果（例：仕事の完成）の到達義務（結果債務）と最善の努力義務（手段債務）があるが，システム開発や国際ローンの表明保証（第７章**2**(1)参照）のように必ずしも結果債務を果たし得ない場合は手段債務にとどめる方がベンダーや借手にとって有利である（一方，ユーザーや貸手にとっては結果債務の方が有利）。

結果債務か手段債務かの判断は契約文言に従って判断されるため，the best effortと明記したり，as far as I know, to the best of my knowledgeなどの限定語を付して手段債務であることを契約文言に盛り込むことが多い。

⑤　契約の一般条項（boiler plate clauses）

英文契約書に共通してよく見られる定型条項を**ボイラープレート条項**といい，以下のようなものがある。

ａ．完全合意条項（entire agreement clause：完結条項と訳すこともある）

作成された契約書が最終的かつ完全なものであり，契約書作成に至るまでに当事者間で交わされた口頭合意や書面合意（たとえば，予備的合意であるLOIやMOUなど）よりも契約書の内容が優先することを規定する条項を完全合意条項という。この条項がないと契約条件が確定せず，口頭合意を証拠に契約書が文言通りに解釈されないなど，法的に不安定な状況が生じ得る。たとえば，CISGを準拠法とした場合，この条項がなければ８条(2)(3)により，契約成立以前の証拠はもとより事後の行為に至るまで関連するすべての状況に考慮を払って合理解釈されるため，とても契約書の文言解釈は望めなくなる。CISGは任意規定であり（６条），契約書の内容が優先するため，契約書に完全合意条項を盛り込むことが重要なのである。これと密接に関連する米国の民事手続法上の原則が**パロルエビデンス・ルール**（parol evidence rule：**口頭証拠排除原則**と訳されるが，口頭証拠だけでなく文書証拠も排除される）である。これは，当事者が最終的に契約書を作成した場合に，当該契約書の内容と矛盾したり，その変更を来たす他の証拠を裁判所は考慮しないという法原則で，**完全合意条項**とよく似ている。米国では一応ルールが存在するものの，これが存在しない大陸法諸国との取引に役立てたり，ルールの適用要件を確実に満たす目的で，契約に完全合意条項を明文化し，法的安定性を確保してきた。

ｂ．通知（notice）条項

申込みや承諾などの通知について，通知の言語（例：英語）や方法（例：書面か口頭かEメールか），効力発生時期（例：発信主義か到達主義か）などを規定する。契約書で規定しなかった場合，準拠法の任意規定で規律される。CISGが準拠法とされた場合をみてみよう。まず，通知言語に関する直接の規定はないが，８条(2)の合理解釈により相手方が理解できない言語で通知すれば無効とされる可能性がある（CLOUT345事件）。通知方法については，11条にいう方式自由の原則に基づき，書面でも口頭でも有効で，相手方の同意があればEメールでも有効となる（CISG-AC意見書第１号）。しかし，契約締結後に契約を変更する場合，口頭で容易に変更されるのでは法的安定性を害するため，契約変更の通知は書面に限ることを明文化することが望ましい（CISG29条(2)参照）。また，承諾については書面でも口頭でも行為でも有効な通知となり得るが，沈黙はそれ自体では承諾とはならない（CISG18条）。なお，通知の効力発生時期については，申込み（CISG15条）や承諾（CISG18条）については到達主義を採用する（CISG29条の変更・終了についても到達主義と解し得る）が，それ以外の場合（例：買主による物品の不適合の通知〈CISG39条(1)〉）には，状況に応じて適切な方法をとった場合には，未達や到達遅延でも通知を行った当事者は通知したことを援用することができる（CISG27条）として発信主義を一応認めている。

ただし，27条は情報伝達のリスクを通知の受信者に負わせる規定ではあるが，通知一般の効力発生時期を定めた規定ではないので，通知の効力発生時期を①発信時とする学説や，②到達時を原則としつつ表示を紛失した場合に伝達に通常要する時間を考慮した仮定上の到達時とする学説など，学説は様々で統一的な見解はない。したがって，契約書の通知規定に明記することが望ましい。

c．契約譲渡（assignment）条項

契約上の地位（権利・義務）の譲渡を制限したり条件を付す条項で，たとえば，相手方の書面による承諾がなければできないと規定する。自由な契約譲渡を認めてしまうと，契約上の地位の譲渡を受けた新たな相手方が十分な契約履行能力を有していなかったり，所在地が変わることで追加コストを負担したり，相手方がライバル企業で自社の秘密情報が漏れてしまうといったリスクがある。したがって，販売代理店契約やシステム開発契約などでは契約譲渡制限が付されるのが一般的である。一方，シンジケート・ローンや証券化など，債権譲渡後の転々流通を前提とする契約では契約譲渡制限を外す方が望ましい場合もある。

d．不可抗力（force majeure）免責条項

天災や戦争のように契約当事者の合理的支配を超えた事象（不可抗力）が発生し，債務の履行ができなかったり債務の履行が遅延した場合に債務者が債務不履行責任や履行遅滞責任を負わない旨などを定める免責条項。一般に不可抗力事由は，地震・津波などの天災（Act of God），戦争，政府または政府機関の行為や法律・規制・命令の遵守（送金禁止など），疫病（COVID-19など）など網羅的に列挙される。契約に列挙されない不可抗力が裁判所で認められるケースは稀である（なお，CISGでは各国法ごとに内容が異なる不可抗力という用語を用いず，中立的な用語として障害〈impediment〉を用いる。CISG79条の障害免責参照）ため，免責が広範すぎて不利にならない合理的な範囲内でなるべく幅広く列挙するのが普通である。また，免責されても債務自体は消滅しないため，不可抗力が長期に及ぶ場合には契約を解除できる規定を設けることが望ましい。

e．事情変更（hardship：ハードシップ）条項

契約の履行が可能である点で不可抗力とは言えないが，契約締結時に予測できなかった著しい経済変動などの事象（ハードシップ。たとえば1973年のオイルショック）が生じたため，契約をそのまま履行させると一方の当事者が著しい不利益を被る場合に，契約を改訂する再交渉を義務付けたり，契約上の義務を緩和する条項。契約金額が多額で建設工期の長い契約によく用いられるほか，ユニドロワ国際商事契約原則2016の6.2.1条以下に規定がある。なお，英米法では，不可抗力や事情変更と類似の機能を果たす法概念として，フラストレー

ション（frustration：契約目的の達成不能）の法理がある。

f．合意裁判管轄条項

契約を巡って法的紛争が生じた場合に備えてあらかじめ裁判管轄（jurisdiction）を持つ裁判所について合意しておく条項。紛争解決を特定の裁判所に限定し，他の裁判所を排除する合意を専属的合意と呼び，本来の管轄のほかにある特定の裁判所に管轄を認める合意を付加的合意（または競合的合意）という。定評ある裁判所（例：金融や海運関係の裁判例が豊富なロンドンの裁判所）や地理的に不利でない裁判所を専属的に指定することは，当事者の法的予見可能性を高め，不要なコストを抑えるメリットがあり，専属的国際裁判管轄合意は各国法の下でも原則として尊重されている。日本でも消費者契約や労働関係等の特則を除き，当事者間の裁判管轄合意は書面（電磁的記録でも可）による場合であれば原則として認めている（民事訴訟法３条の７）。

また，管轄合意の書面は，当事者双方が署名していなくても良い（当事者の一方が作成した書面に特定の裁判所が明示され，当事者間合意の存在と内容が明白ならば足りる）ほか，日本の裁判権を排除し，特定の外国裁判所にのみ管轄権を与える専属的合意についても，日本が専属管轄を有しておらず，合意管轄裁判所が当該国法によれば管轄権を有していれば，著しく不合理で公序に反しない限り，当該合意は有効と解されている（チサダネ号事件最高裁判決〈最判昭和50年11月28日民集29巻10号1554頁〉）。

g．仲裁（arbitration）条項

将来の紛争解決に備えてあらかじめ特定の仲裁に付託することを合意する条項。国際取引では，当事者間の合意により訴訟に代えて第三者（仲裁人で構成する仲裁廷）に紛争解決を委ね，その判断に当事者が服する裁判外紛争処理制度である仲裁が用いられることも多い。仲裁は世界各国で法的効力を認められており，**仲裁合意は妨訴抗弁**（相手方が訴訟を提起した場合に訴訟要件が欠けていることを理由に訴えの却下を求める抗弁）として認められ（例：仲裁法14条１項），仲裁判断には判決と同一の効力が与えられる（例：仲裁法45条１項）。

仲裁には個別紛争ごとに仲裁手続を定める場合（アドホック仲裁）と常設の仲裁機関（例：ロンドン国際仲裁裁判所〈LCIA〉，国際商業会議所〈ICC〉，アメリカ仲裁協会〈AAA〉，中国国際経済貿易仲裁委員会〈CIETAC〉，日本商事仲裁協会

〈JCAA〉）に仲裁を依頼する場合（機関仲裁）があり，機関仲裁の方が多く用いられている。

仲裁と裁判は「法」（ただし，裁判とは異なり，仲裁では法律によらない「衡平と善」による仲裁も可能であり，ユニドロワ国際商事契約原則などの非国家法も準拠法に指定可能）に基づいて第三者（裁判は裁判官，仲裁は仲裁人）が当事者双方の主張の優劣を判断し，その判断（裁判は判決，仲裁は仲裁判断）が当事者を拘束する点は同じである。しかし，手続開始に当たり当事者の合意を不要とする裁判とは異なり仲裁では仲裁合意（契約書の仲裁条項はこれに該当する）を必要とし，商慣習や専門知識に乏しい裁判官や陪審員が判断を下す裁判とは異なり，仲裁では専門家等も仲裁人に加えることができ，公開を原則とする裁判に対し仲裁は非公開を原則とし，上訴を認める裁判に対し仲裁には上訴がなく，外国における仲裁判断の承認・執行は，日本を含む150カ国以上が加盟する**ニューヨーク条約**（1958年「外国仲裁判断の承認及び執行に関する条約」）やその他の二国間・多数国間条約の存在により判決に比べて確実性が高い（判決では，若干の二国間や多数国間の条約を除くとそうした条約が存在せず，各国法に任されている）。

また，各国の仲裁法の内容も国連国際商取引法委員会（UNCITRAL）の作成した**1985年国際商事仲裁モデル法**により調和が図られており，日本も1890年以来の民事訴訟法の仲裁規定を全面的に見直し，モデル法を基礎に2003年に**仲裁法**を制定した。一般に各国では**仲裁合意の独立性**（separability）を認め，何らかの理由で主たる契約が無効になっても（例：外為法や独占禁止法の違反）仲裁合意は当然には無効とならず仲裁合意自体が有効であれば仲裁に基づく紛争解決が可能である（たとえば，仲裁法13条６項）。また，仲裁合意の方式は書面による必要がある場合が多い（たとえば，ニューヨーク条約２条１項，仲裁法13条２項）。一方，仲裁による紛争解決をどの範囲で認めるか（仲裁可能性）については国によって異なり，アメリカでは特許法や反トラスト法の適用も仲裁によることが可能だが，日本では離婚等を除く当事者が和解可能な民事上の紛争（仲裁法13条１項）に限っている。

h．準拠法（governing law）条項

当該契約の法解釈に当たり，法的な予測可能性を高めるために当事者間で何

法を準拠法とするかをあらかじめ合意しておく条項である。当事者間の準拠法合意がなければ，法廷地の国際私法に基づき「**最密接関係地**」等の解釈で準拠法が決定される（例：日本の法適用通則法〈通則法〉８条）ため，法的な予測可能性を損ねる。一方，法廷地の公序に反する場合（例：通則法42条）や当該契約と密接に関係する法秩序を特別に適用する場合（**強行法規の特別連結**。例：通則法11条１項・12条１項）といった例外を除けば，契約準拠法の決定を当事者の意思に委ねる「**当事者自治の原則**」が世界各国で幅広く採用されている（例：通則法７条）ため，準拠法条項を置くことで当事者の望む準拠法を適用することができる（ただし，契約当事者以外の第三者との関係（例：倒産）は契約では規律できない）。

当事者間合意による準拠法の指定は，**黙示**でなされた場合でも当事者意思が確認できれば有効ではあるが，当事者意思が確認できず契約に最も密接に関係する場所を裁判官が職権で探求し解釈を行う客観的連結に従う可能性もあり，準拠法条項のように明示であることが望ましい。なお，ウィーン売買条約（CISG）は１条の要件を満たす場合は自動的に適用されるが，６条により任意規定であるため，契約の準拠法条項に，たとえば「契約準拠法を日本法（CISGを除く）とする」と書けば適用されない（仮に「契約準拠法を日本法とする」とのみ記した場合には，CISGはすでに日本法の一部であるからCISGの適用を排除できない。第１章の問題参照）。

ｉ．契約の分離可能性（severabilityまたはseparability）条項

契約の一部の条項が独占禁止法などの強行法規違反や政府の措置等（法令改正，司法判断，当局指導等）で無効とされた場合に，当該部分だけが無効であって他の部分の有効性には影響しないとする条項。契約条項の中には，契約締結時には有効であってもその後の法令改正等により無効となる場合や一方当事者の国では有効でも他方当事者の国では無効となる場合があるが，ある条項が無効だからといって，それが契約の本質部分でない限り契約全体が無効とされるのでは問題が生じる。そこで，このような規定が定型的に置かれることが多い。なお，前述のとおり，仲裁条項については仲裁合意の独立性（separability）がすでに法文化されている（仲裁法13条６項）。

ｊ．権利の不放棄（non waiver）条項

契約上は本来有している権利であっても，それを行使せずに放置していると権利放棄したものと看做されることがある。たとえば，一方当事者の債務不履行に対し，他方当事者が契約上は損害賠償や解除等の請求権を有するのに，些細な不履行なので見逃して放置することを長年続けていると，ウィーン売買条約の合理解釈（CISG 8 条(2)(3)）により上記請求権を放棄したものと解されるリスクがある。このため，明文で不放棄を書き込むのである。

k．その他

二つ以上の言語で契約書を作成する場合（たとえば，米国の売主の言語である英語と日本の買主の言語である日本語），その解釈について齟齬が生じた場合にいずれを優先するか（たとえば英語）を記す。また，末尾には契約を証明するための書面を作成し，署名する（次の「例」参照）。

【末尾の例】IN WITNESS WHEREOF, the Parties hereby execute this Agreement as of the date first above written.

SELLER	BUYER
By :____________	By :____________

Column 日本法の英訳

国際取引では日本法を正しく英訳する必要があるが，その際に役立つのが政府の日本法令外国語訳データベースシステム（http://www.japaneselawtranslation.go.jp/）で，とくに日本法令の英訳や法令用語日英標準対訳辞書が有用である。同辞書は柏木昇東京大学名誉教授を中心に筆者も参加して検討を重ねてきたもので，微妙な日本語のニュアンスを最もよく表す英語の訳語を呈示している。以下，いくつか具体例を挙げよう。

1　**法令の構成等に関する英訳例**：編（Part），章（Chapter），節（Section），款（Subsection），目（Division），条（Article），項（paragraph：小文字のみ），号（item：小文字のみ），イロハ（(a)（b）(c)），本文（main clause），ただし書（proviso），前段（first sentence），後段（second sentence），附則（supplementary provisions），別表（appended table），項（row），欄（column），別記様式（appended form）

2　法令の慣用的表現の英訳例：することを妨げない（does not preclude），するものとする（is to），ただし…はこの限りでない（; provided, however, that this does not apply to…），…について準用する（apply mutatis mutandis to…），…と解釈してはならない（must not be construed as…），みだりに（without reason），みなす（is deemed），やむを得ない事由（compelling reason），対抗できる（can be asserted against）

3　法令用語の英訳例：悪意で（in bad faith, knowingly），委任（mandate），請負（contract for work），確定日付（certified date），確定判決（final and binding judgment），瑕疵ある意思表示（defective manifestation of intention），担保（security, warranty〈瑕疵担保〉, collateral〈担保物〉），抵当権（mortgage），質権（pledge），時効（prescription），代位（subrogation），対抗要件（requirement for perfection），同時履行の抗弁権（defense of simultaneous performance）

---

(3)　英米法と大陸法

日本の法体系は，ドイツ，フランスなどと同様に**大陸法**に属しており，イギリス（スコットランドを除く）やアメリカ（ルイジアナ州を除く）などの英米法とは仕組みが違うとよく言われる。一般に**英米法**との対比でみた場合に大陸法には様々な相違があり，もっとも典型的な相違は英米法が判例法（コモンロー）中心なのに比べて大陸法は成文法が中心だと言われている。もっとも，大陸法でも**判例法**は重要で，英米法でも重要な**成文法**も多いなど，こうした相違は一応の傾向を示すに過ぎない。また，大陸法の中にも様々な類型があり，①ドイツ法の影響が強い法域（ドイツ，スイス，日本，韓国など），②フランス法の影響が強い法域（フランス，オランダ，イタリア，スペイン，スコットランド，ラテンアメリカ諸国，南アフリカ共和国，アメリカ・ルイジアナ州，カナダ・ケベック州など），③スカンジナビア法（北欧諸国），④社会主義法（中国など）など様々で，かつ他の法域の影響も強く，日本法もご存知のようにドイツ法を母法とはするもののフランス法の影響も強く，近年では英米法の影響が拡大している。

さて，国際取引の相手方の国が英米法である場合，日本法を学んだ我々はいかなる相違点について留意すべきであろうか。契約法について基礎事項を確認しよう。

まず，契約とは法的効力を持つ約束を指すが，では契約はどの時点で成立するか。日本法や大陸法，CISGでは契約は申込みと承諾によって成立するが，英米法では約因（consideration）がないと有効な契約にならないことが多い。すでに契約書前文の項で説明したように，約因とは，契約の当事者間でお互いに対価を与え合っている状態（お互いの対価が経済的に同等である必要はない）を指し，犠牲の交換関係などと説明されることもある。約因が求められるのは契約の成立時だけでなく，契約の修正・変更時にも必要となる（ただし，後述する米国UCCでは，契約の修正・変更が誠実に行われる限り新たな約因は不要である）。さて，約因のもたらす効果の典型例が無償贈与である。日本法上は無償贈与であっても有効に契約が成立するが，英米法の下では，贈与者から受贈者への価値の移転はあるものの，逆はないので，約因がないため法的効力のないたんなる約束に過ぎない。したがって，1,000万円の贈与の申込みに対して何も対価を支払わなければ法的効力はないが，普通のカナリア１羽でも提供すれば法的効力を持たせることができる。ただし，何を約因と解するかは単純ではない。たとえば，警察官に対して犯人を捕まえたら100万円支払うという約束をしても約因があるとは解されない。警察官が犯人を捕まえるのは警察官の職務であり，こうしたものは約因と解されない。しかし，訴えを取り下げたら50万円支払うといった合意は約因があるものとして取り扱われている。

もっとも，約因がなければ必ず法的強制力がないかというとそうではなく，**捺印証書**（deed）という形式で契約を結んだ場合や，**約束的禁反言の原則**（promissory estoppel：相手方の約束を信頼して行動した当事者を保護する英米法上の法理）が適用される場合（たとえば，高額の寄付話を信じて教会を建設してしまった場合）には，約因がなくても約束は法的効力を持つ。

つぎに，有効な契約に必要な方式についてみてみよう。日本法や大陸法，CISGでは，契約の方式自由の原則により，契約は書面でなくても口頭でも有効に成立する（ただし，日本の仲裁法13条２項の仲裁合意など，書面化を要する場合がまったくないわけではない）が，英米法では**詐欺防止法**（Statute of Frauds）という法理が存在し，より幅広く，土地売買，債務保証，履行期間が１年超の契約など一定の場合に書面化が要求されている。これは元々イギリスの詐欺防止法という成文法に由来し，英米法圏の様々な法律の条文に受け継がれている。たとえば，アメリカ統一商法典（UCC）2-201条では，5,000米ドル（2003年改正以前は500米ドル）以上の動産売買契約に詐欺防止法を適用している。

さらに，契約書を解釈する場合に，日本法や大陸法，CISGでは，裁判所があらゆる証拠を考慮して解釈するが，英米法では**明白な意味の原則**（plain meaning rule）に従い，契約の解釈上，書面の意味が一見明白な場合には裁判所が書面以外の証拠を考慮することを禁じる国があるほか，アメリカでは前述の**口頭証拠排除原則**（parol evidence rule）により，契約書面以外の証拠や言明は排除され得る。

また，主に不法行為に基づく損害賠償で加害者の行為が強い非難に値する場合に，将来の行為を抑止する目的で，裁判所や陪審の裁量により実際の損害の填補賠償に加えて上乗せ賠償を命じる**懲罰的損害賠償**（punitive damages）がある。アメリカに比べるとイギリスでは比較的抑制的に適用されている。日本には存在しない制度であり，懲罰的損害賠償を命じた米国の判決につき，日本の最高裁判所は懲罰的損害賠償部分の日本国内での承認・執行を公序違反（旧民事訴訟法200条３号〈現118条３号〉）を理由に認めなかった（最判平成９年７月11日民集51巻６号2573頁）。

(4)　アメリカ法の概要

日本の最大の貿易パートナーであるアメリカの法律は，英米法に属する上，単一国家ではなく連邦国家であることから州法と連邦法が存在する。そこで，基本的な法について概観しておこう。

①　連邦制に伴う連邦法と州法の存在

アメリカの法体系は連邦制を反映し，合衆国憲法に規定された連邦の権限を除けば州政府が強い独立権限を持つ。この結果，連邦単位の**連邦法**と各州単位の**州法**が二元的に存在する。たとえば，憲法や刑法は連邦法にも州法にも存在し，裁判所も各々連邦と州に存在する。また，連邦法にしか存在しない法分野（通商法，倒産法，知的財産法など）と州法にしか存在しない法分野（契約法，会社法，国際私法など）がある。連邦議会の立法権限は合衆国憲法８条で列挙されており，国際・州際通商の規制，破産，著作権・特許権等が挙げられている。ただし，連邦議会が権限を行使せず州議会が州法を制定する分野もあり，たとえば国際私法は連邦法の権限内でありながら州法で規律されている。また，州議会の立法権限は合衆国憲法10条で規定され，条約締結や貨幣鋳造等が禁じられているが，連邦法で規律されていない事項について幅広く立法できる。

一方，契約法（Contracts），不法行為法（Torts），財産法（Property），担保法（Security）などの民法・商法は連邦の権限に属さないので州法が適用される。ただし，契約法や不法行為法などの法の基本分野について法典がなく（カリフォルニア州などの例外を除く），州裁判所の判例法によるほか，法典がある分野でもその解釈はやはり州裁判所の先例が参照されるため，ルールが不明確で商取引の妨げになりかねない。そこで，1923年にアメリカの第一級の学識・実務経験者で構成するアメリカ法律協会（ALI：American Law Institute）が組成され，**リステイトメント**（**Restatement**）を作成している。リステイトメントとは，アメリカ各州の州法と判例法の現状を分析し，おおよその共通事項を法分野ごとに法典の形にして注釈をつけたものであり，社会の変化に合わせて数次にわたって改訂されてきた。民間団体の作成物なので法源そのものにはならないが，信頼の置ける二次資料として活用されている。

また，1952年以降，各州ごとに異なる民商法の統一化を図るモデル法として，ALIとアメリカ法曹協会（ABA：American Bar Association）で組織する統一州法委員会全国会議（NCCUSL）が**統一商事法典**（**UCC：Uniform Commercial Code**）を公表し，現在に至るまで数次の改訂を経てきた。UCCの主な内容は，第１編：総則（定義や解釈原則），第２編：物品売買，第２A編：リース，第３編：流通証券（手形小切手等），第４編：銀行預金・小切手取立て，第４A編：資金移動（銀行間の電子資金移動），第５編：信用状，第６編：バルクセール・バルクトランスファー（競売や資産流動化による資産の大量一括売買），第７編：倉庫証券，運送証券，その他の権原証券（物品の保管・寄託に関わる手続），第８編：投資証券（株式・社債など），第９編：担保取引（担保権の設定等）となっている。UCCはこれまでほとんどの州で州法として多く採用され，州法の内容の統一化に寄与してきた。たとえば，大陸法に属するルイジアナ州法でもUCC第２編は不採用だが他の規定は採用している。

②　アメリカ法の概観

a．契約法

前述した約因法理や詐欺防止法，口頭証拠排除原則等を除けば，契約法については日本法と似た構造になっている。第一に，契約成立の前提として意思表示の合致（**申込み**〈offer〉と**承諾**〈acceptance〉）が求められる。申込みは，被申込者に到達した時点で効力を発し（日本民法97条と同じ到達主義），承諾があるまでは原則としていつでも撤回できる。撤回ができない申込みには，コモンロー上のオプション契約（申込者が一定期間申込みを撤回しないことを約束する対価として，被申込者が何らかの約因を提供する契約で，被申込者はその期間内に承諾することが可能）がある。承諾は，申込者が承諾方法を指定した場合や申込みの方法と同じ方法で承諾した場合には，申込みの内容に承諾の意思表示を発信した時点で効力を発する（mailbox rule，発信主義）。それ以外の場合には到達主義となる。また，申込みの内容に修正を加えた意思表示は原則として承諾ではなく**反対申込み**（counter offer）となる。また，契約の履行に際しては，通常は完全な履行（literal performance）が求められるが，請負契約の場合は，誠実に履行した場合は微細な部分（たとえば，指定された部品の一部が調達できず代用品で代替）で契約書通りでなくても契約の履行が認められている（**実質的履行の法理**〈doctrine of substantial performance〉）。ただし，物品売買の場合はUCCにより完全な履行が求められ，物品に瑕疵がある場合は合理的期間内であれば売主に瑕疵を修補する権利がある（CISG48条も同様の権利〈追完権〉を規定する）。契約違反に対する救済には，日本法やCISGと同様に損害賠償や履行請求，瑕疵修補請求，契約解除等があるが，損害賠償のうち懲罰的損害賠償（前述）については日本法やCISGに存在しない。また，金銭による損害賠償では救済が不十分な場合には裁判所が債務者に履行を強制できるが，これを**特定履行**（specific performance）という。その他，差止命令（injunction），原状回復（restitution），契約解除（rescission）といった救済方法がある。

b．物品売買法

日本における民法と商法と似ているが，アメリカ法は契約法については一般にコモンローが適用され，UCCに規定が設けられている部分はUCCが適用される（物品売買は第2編に規定）。ただし，商法は商人に適用されるが，UCCは商人以外にも適用されるほか，商人だけに適用される特則も存在する。

UCCの下では，承諾は承諾の意思表示が合理的な方法でなされれば申込人の指定方法や申込みと同じ方法でなくても承諾の効果が発生し，コモンローよりも幅広く発信主義を認めている。また，既存の契約を変更する場合，コモンロー上は約因を必要とするところ，UCC上は変更が誠実になされれば新たな約因は不要となる（2-209条(1)）。さらに，コモンロー上の申込みは条件が明確・確実である必要があるが，UCC上は当事者間の契約締結の意思が明確で救済が合理的に可能ならば，契約時点では条件未定であっても契約の成立を認めている。

一方，商人の場合は，自ら署名した書面で3カ月以内の一定期間は申込みを撤回しないことを保証する**確定申込み**（firm offer）を行うと，オプション料等の約因を提供しなくても当該期間は撤回できない（2-205条）。また，商人が**注文書**による申込みを行った場合は，指定された物品を直ちに送るか，在庫が入り次第送る返事を行うことで承諾となる。両当事者が商人で，書式の闘い（battle of forms）等が行われて申込みに追加的な条件を加えたり変更して承諾した場合，UCCでは原則として反対申込みではなく有効な承諾として扱う（2-206条(3)）が，いったん成立した契約について，その内容は裁判所が両当事者の記録や合意内容，UCC条文に照らして定める（2-207条）。さらに，UCC上の詐欺防止法により高額（5,000ドル以上）の売買は詐欺防止法で書面化が求められる（2-201条(1)）が，両当事者共に商人である場合には，口頭合意の後に買主が署名した確認書を売主に送付し，売主が確認書の受領後10日以内に書面による異議を行わなければ，書面に拠らなくても法的効力が認められる（返書の原則）（2-201条(2)）。

Column　UCC第9編（動産担保取引）とUNCITRAL動産担保モデル法

企業が所有する動産や債権を活用して資金調達する手法をAsset-Based Lending（ABL）と呼び，アメリカを中心に発達した。ABLは，資金調達の担保に供し得る不動産等を持たず事業に必要な動産や売掛債権しか担保に回せない新興企業にとって大変便利である。このため実務の進展を受けた米国法が発達したほか，国連国際商取引法委員会（UNCITRAL）も，途上国の中小企業がABLを活用することで貧困撲滅に繋がるとして各国に動産・債権譲渡担保法の立法を促すべくモデル法を作成した。そこで，各々の概要をみてみよう。

1　UCC第９編の概要

UCCは第９編で動産担保取引を包括的に規定している。日本法と比べると，①対象目的物が広範で（物品，権原証券，動産抵当証書に対する担保権設定のほか，日本では債権に属する売掛債権や銀行預金勘定，損害賠償請求権等に係る担保権の設定合意も含む），②特定性要件が緩く（集合物や将来発生債権なども含む），③担保権設定の手続が簡素（動産の種類にもよるが，たとえば担保権の概要を記した貸付証書の登録で完成する）といった特徴を持つ。担保権は，①担保権者により対価が付与され，②担保権設定者が担保目的物の処分権を有し，③担保権設定者が担保目的物を記載した担保契約書に署名又は電子的方法で認証する，という３要件を満たせば成立し，担保権者が担保権設定者や無担保債権者に対抗できる。担保権相互の優劣は，詳細な定めがなければ完成時期の先後により定まるが，様々な場合に応じて詳細なルールが定められている。

2　UNCITRALモデル法の概要

一方，UNCITRALは2016年に動産担保モデル法を制定した。同法により動産担保を設定し得る目的物は「振替証券など一部を除き，商品，債権，銀行口座，流通証券・権原証券，非振替証券，知的財産権など全種類の有体財産と無体財産に設定された担保」（前文）で不動産は対象外である。債権は将来債権を，有体動産は集合物を含む。動産担保の設定は原則として書面の担保設定契約によって行い（６条），この書面には担保債権者と設定者を明示し，被担保債権，担保目的物を合理的に特定可能な程度で明示することを要する（９条）。動産担保の第三者対抗要件は登記で（18条），この登記は担保権を設定した債務者または担保債権者の単独申請を原則とし，設定者以外の者が登記をするには設定者の許可を要する。登記は担保の成立要件ではなく第三者対抗要件であり，担保権の優劣は原則として登記の先後による（29条）が，様々なケースに応じて詳細な規定がある。

3　モデル法に対するUCCの影響

モデル法は形式・内容の両面でUCCの強い影響を受けており，類似の規定が数多い（たとえば，動産担保の目的物はUCC９-102条とモデル法１条）。とくにモデル法が日本法にないUCCのプロシーズ概念（担保債権者はプロシーズに対しても担保権を主張することが可能。日本法の物上代位に類似する概念だが，機能が異なる）を採用する点が注目される。米国法のプロシーズは，①担保目的物の売買，賃貸，使用許諾，交換，その他処分によって得られたもの，②担保目的物の取立てによって得られたもの，③担保目的物から生じる権利，④担保目的物の滅失，使用不能から生じる請求権等，⑤担保目的物の滅失・毀損等から生じる保険金とされ（UCC 9-102条64項），モデル法も「売却その他の形式の譲渡，賃貸借，ライセンス供与または担保目的財産の回収，天然果実・法定果実，保険金，担保目的財産の瑕疵，損害または喪失から受領するものなど，担保目的財産の関係で受領するものをいい，プロシーズのプロシーズを含む」とする（モデル法２条dd）。一方，UCCは原則として担保債権者に担保権の私的な実行を認めるが，モデル法は裁判所等の司法機関に申し立てるか，申し立てずに実行すると規定するなど，若干の相違もみられる。

モデル法をそのまま日本法に導入することは難しいが，すでに複数の国で採用を検討中であり，日本法との相違を理解しておく必要があろう。

Column　為替操作を巡るIMF協定と米国法

IMF加盟国は，為替秩序の安定に向けてIMFや他の加盟国と協力する義務を負う（IMF協定４条１項）。とくに，他の加盟国に対して不公正な競争上の優位を得るために為替操作を行うことを回避する義務を負う（同項(iii)）が，為替操作を認定する具体的な要件は示されていない。

このため，2007年６月にIMF理事会は同項(iii)の概念を明確化したが，この基準では多くの場合に為替操作を認めることは難しい。たとえば，欧米や日本は不況時の金融緩和政策として量的緩和を実施してきた（たとえば，米国の2008～14年のQE１，２，３とその後のゼロ金利政策，日本の2013年以降のアベノミクス）が，量的緩和は通貨供給量増加を通じて結果的に自国通貨安とそれに伴う輸出増加を伴うため間接的な為替操作ともいえるが，上記基準には該当しない。

一方，中国や韓国，台湾が行う為替介入は，輸出増加を目的とする直接的な為替操作に近いとの疑念が持たれているが，これらの国々は為替介入実績を公表しないため，やはり客観的な証明は困難である。為替操作やその是非論は国際政治の交渉材料に利用されやすく，1985年には欧州や日本が米ドル高を是正する協調を強いられるプラザ合意が結ばれた。

最近でも，アベノミクスの開始当初，為替介入を頻繁に行う韓国が日本を為替操作国だとして盛んに批判した。しかし，日本は2011年以降，円高是正のための円売り介入を行っていない。また，米国トランプ大統領（当時）は就任早々，日本が資金供給で円安誘導してきたと批判し，日米物品貿易協定（TAG）交渉では通貨切下げを禁じる為替条項の導入を求めていた（実際に米加墨間の新NAFTAには為替条項が存在)。仮に日本を為替操作と認定できるならば，QEで大量の資金供給を行った当の米国は間違いなく世界最大の為替操作国であるが，この問題の解決はもはや法ではなく政治力学に委ねられている。

一方，米国は自国法（Trade Facilitation and Trade Enforcement Act of 2015）に基づき，1998年から毎年２回，米国財務省が提出する為替政策報告書を元に，米国議会が対米通商を有利にする目的で為替相場に介入し為替相場を不当に操作している国を為替操作国に認定し，米国と二国間協議をして通貨切上げを要求するか必要に応じて制裁関税をかける独自の政策を採用している。1994年以降は為替操作国に認定された国はないが，過去には中国・韓国・台湾が認定された。2017年４月に米国財務省が発表した為替監視リストでは，①対米黒字200億ドル以上，②経常黒字がGDPの３%以上，③過去１年間のネット為替介入額がGDPの２%以上の３要件のうち二つを満たす国として，中国・韓国・台湾・日本・ドイツ・スイスの６カ国が監視対象とされている（2018年４月にインドを新たに追加)。ただし，この為替規制は米国の利益のみに適ったもので，IMF協定の為替操作国認定に準用すべきものではない。

第3章 ウィーン売買条約

1980年に成立し，1988年に発効した「**国際物品売買契約に関する国際連合条約**」(United Nations Convention on Contracts for the International Sale of Goods, **ウィーン売買条約**，CISGという）は，加盟国数が日米独仏加豪伯露中韓など94カ国（2021年1月現在，発効日ベース）にのぼり，万民法型統一私法の中では成功例である。ただし，大企業はCISGの適用を個別排除して各国法を契約準拠法として用いるケースがほとんどであり，中小企業間の法的紛争でたまに登場する程度であるため，現段階では実務上の有用性は限定的と言われる。しかし，日本の債権法改正をはじめ，各国の立法の際の参考に供されており，その内容を理解しておくことは不可欠であろう。

日本民法と比べるとCISGは，①契約の成立に際して，大陸法や日本法と同様に申込みと承諾があれば有効に成立し，英米法のように約因の存在や書面による方式といった要件を必要としない点，②日本法にない法概念として，契約の法定解除の要件となる「**重大な契約違反**（fundamental breach)」（25条）や免責の要件である不可抗力に対応した「**障害**（impediment)」（79条）などが存在する点，③売買契約に関わる物権・債権など様々な範囲を規律する日本民法と比べると，CISGは物品売買契約の成立と売主買主の権利義務のみを規律し，契約の有効性や物権は規律対象外である点（4条）などに特徴がある。

欧米やアジアにおける日本の主要な貿易相手国が締約国となっており，日本も遅ればせながら2008年7月1日に加入書を寄託し，条約に加盟した。日本の加盟が遅れた理由は，産業界にはCISGに対する関心が低く，政府はバブル経済崩壊後の対応に追われて他の法整備まで手が回るまでに時間がかかったからだと言われている。主要国でCISGの締約国でない国はイギリスであるが，イギリスはアメリカ法と並んでグローバル・スタンダードとして機能する自国法を有するためCISGの加盟に消極論が根強かったが，加盟に向けての検討は続けている。現在，日本法といえば，日本の国内法である民法や商法に加えてCISGも含まれている。したがって，当事者が国際物品売買契約で「日本法」と準拠法指定した場合には，「日本法（ただしCISGを除く)」と適用排除を明示しない限りCISGが適用される。

Column　ウィーン売買条約の裁判例等の調べ方

ウィーン売買条約（CISG）が適用された参考事例（裁判・仲裁例）に関し，オンラインで無料で活用できるデータベースが存在するため，以下いくつか紹介したい。

① **CLOUT**（http://www.uncitral.org/uncitral/en/case_law.html）：国連国際商取引法委員会（UNCITRAL）が運営する権威あるデータベース。

英語で書かれたデータベースで判例番号がある点が使いやすい。まず，条文ごとに裁判例を解説したCISG Digestを読むと全体動向がつかめる。全世界から数百の判例の要約がデータベース化されており，執筆者によって出来不出来や正確性が異なるが，UNILEXやCISG－Online，Pace Universityなどの他のデータベースと併せて使えば相当程度裁判例の分析が可能になる。

② **UNILEX**（http://www.unilex.info/）：CISG研究の権威であるボネル教授らが運営するデータベース。

英語で書かれたデータベースで本条約に関する法文・裁判例・文献等が様々な情報から検索でき，使いやすい。惜しむらくは判例番号がない点であるが，判例要約データベースの出来としては，CLOUTよりも質が高い。

③ **Pace UniversityのCISG Database**（http://www.cisgw3.law.pace.edu）：もっとも詳細な情報が得られる信頼度の高いデータベース。2015年12月以降分は登録（無料）して利用。

CISG研究に関しては世界的に最も権威のあるペース大学のスタッフにより英語で書かれたデータベースで，本条約に関する関連法文，条文解説，裁判例，文献等が電子図書館という形で提供されており，非常に情報量が多くて有用である。また，CLOUTやCISG-Online等へのリンクも充実しているので，このデータベースを起点にリサーチするのが最も効率的である。

④ **CISG－Online**（http://www.cisg-online.org/home）：CISG研究の権威であるシュレヒトリーム教授，シュベンツァー教授らが運営するデータベース。なお，Schlechtriem, Schwenzer, Eds. Commentary on the UN Convention on the International Sale of Goods（CISG）Fourth Edition, Oxford（2016）は

世界的な研究書として名高い。

英語で書かれたデータベースで判例番号がある点が使いやすい。CLOUTよりも判例数が多く，UNILEX等と違って判例番号が付されている点で使い勝手が良い。

⑤ **CISG－AC**（http://www.cisgac.com/）：CISGに精通した学識者で構成され（日本からは曽野裕夫北大教授が参加），国際的な解釈の統一を促進するため，解釈意見を公表している。

---

1 CISGの適用範囲（第Ⅰ部第１章）

条約の適用範囲を定めるCISG第Ⅰ部第１章は，以下五つの特徴を有している。

(1) 特徴１：非締約国にも一定の場合に適用される

第一に，普通の条約であれば一般に締約国間のみに適用されるが，CISGでは締約国に適用される（１条(1)(a)）だけでなく，非締約国の当事者にも一定の条件（国際私法の準則によれば締約国の法の適用が導かれる場合）を満たせば適用される（同(b)）点で適用範囲が拡大している点に特徴がある。

【関連条文】

〈CISG〉

第１条【適用基準】

(1) この条約は，営業所が異なる国に所在する当事者間の物品売買契約について，次のいずれかの場合に適用する。

(a) これらの国がいずれも締約国である場合

(b) 国際私法の準則によれば締約国の法の適用が導かれる場合

＊ ここでいう「適用」とは，(a)については国際私法を介さず条約を直接適用することで国内外に異論はない。一方，(b)は直接適用で国際私法の準則は参照されるのみと国際的には理解されてきたが，近時，日本国内では国際私法の準則を適用ではなく参照する点が伝統的な国際私法の理解と異なることから(b)を間接適用と解する説も有力である（第１章1(2)＊参照）。

私見では，形式的には第１条柱書で(a)も(b)も締約国の義務として同様に直接適用することが文言上明白である一方，実質的には今さら日本だけが国際的な理解と異なる解釈を採用する実益に乏しい点に鑑み，直接適用説を支持する。

では，具体的にみてみよう。日本（締約国）企業東京本店Xが場所の異なる相手と国際物品売買取引を行う場合，日本の裁判所はCISGを適用するか否か。まず，相手方がフランス（CISG締約国）企業のニース本店Pならば，CISGを適用する（１条(1)(a)）。一方，イギリス（非締約国）企業のロンドン本店Qの場合，CISGを適用する可能性がある（同(b)）。たとえば，当事者に準拠法合意がなく，最密接関係地法がCISG締約国法になる場合に，法適用通則法８条１項を参照してCISGを適用する。一方，最密接関係地がCISG非締約国であればCISGは適用されない。

(2)　特徴２：国によって例外が認められている

第二に，前述の(b)の適用は，締約国が95条に基づく留保宣言（**95条宣言**）を行った場合（アメリカ，中国，シンガポール等）には，その宣言国は(b)に拘束されない。たとえばアメリカは自国法が事実上のグローバル・スタンダードであり，自国法に代えてCISGを優先適用することは受け容れがたかった。このため95条宣言を行い，(b)によるCISGの適用には拘束されない立場を採る。

【関連条文】

〈CISG〉

第95条【第１条(1)(b)に拘束されない旨の留保宣言】

いずれの国も，批准書，受諾書，承認書又は加入書の寄託の時に，第１条(1)(b)の規定に拘束されないことを宣言することができる。

具体的にみてみよう。日本（締約国）企業東京本店Xとイギリス（非締約国）企業のロンドン本店Yが国際物品売買取引を行う場合で，国際私法の準則を参照すると95条宣言を行うアメリカ（締約国）の国内法（たとえばカリフォルニア州商法典）を適用すべき場合に，締約国の裁判所は１条(1)(b)に従い，CISGを適用するのか否か。まず，アメリカの裁判所が判断した場合，自国が95条宣言を行っている以上，CISGではなくアメリカ国内法を適用する可能性が高い。つぎに，ドイツ（締約国）の裁判所が判断した場合，ドイツは95条宣言を行った締約国を１条⑴⒝における「締約国」とみなさない旨の解釈宣言を行っているため，やはりCISGではなくアメリカ国内法を適用する可能性が高い。一方，日本（締約国）の裁判所が判断した場合はどうか。日本は95条宣言をしておらず，ドイツのような解釈宣言も行っていない。したがって，①アメリカの95条宣言に拘束されず，１条⑴⒝に従ってCISGを適用する可能性もあれば，②アメリカの95条宣言を尊重し，ドイツのようにアメリカ国内法を適用する可能性もある。

⑶　特徴３：様々な適用除外がある

第三に，CISGが適用される「国際物品売買」が限定されており，様々な適用除外がある。少し細かくなるが順次説明しよう。

① 「営業所が異なる国に所在する当事者間」

まず，１条柱書により「営業所が異なる国に所在する当事者間」に適用され，そのことが契約等から明らかである必要がある（１条⑵）。そして，営業所が複数ある場合には最も密接な関係を有する営業所が適用対象となる（10条）。なお，当事者の国籍等は考慮されない（１条⑶）。

【関連条文】

〈CISG〉

第１条【適用基準】

⑴　この条約は，営業所が異なる国に所在する当事者間の物品売買契約について，次のいずれかの場合に適用する。（以下，略）

⑵　当事者の営業所が異なる国に所在するという事実は，その事実が，契約から認められない場合又は契約の締結時以前における当事者間のあらゆる取引関係から若しくは契約の締結時以前に当事者によって明らかにされた情報から認められない場合には，考慮しない。

⑶　当事者の国籍及び当事者又は契約の民事的又は商事的な性質は，この条約の適用を決定するに当たって考慮しない。

第10条【営業所】

この条約の適用上，(a)営業所とは，当事者が二以上の営業所を有する場合には，契約の締結時以前に当事者双方が知り，又は想定していた事情を考慮して，契約及びその履行に最も密接な関係を有する営業所をいう。(b)当事者が営業所を有しない場合には，その常居所を基準とする。

具体的にみてみよう。ある日本（締約国）企業の東京本店Xが同じ企業のフランス（締約国）のパリ支店Yおよびイギリス（非締約国）のロンドン支店Zとの間で国際物品売買を行う場合，CISGは適用されるだろうか。日本の同一企業同士である点は問題にならず（1条(3)），当事者は営業所の異なる事実を当然知っているので考慮対象となる（同条(2)）。この上で，1条(1)(b)の要件を満たさない前提で考えれば，もっとも密接な関係を有する営業所（10条）がYならばCISG適用，ZならばCISG不適用となる。

② 適用除外となる取引

オークション（競り売買）や有価証券，船舶，電気等の売買はCISGの適用除外であるほか，消費者取引の場合も一定の条件を満たす場合を除いて適用除外となる（2条）。一方，プラント輸出契約などの製作物供給契約や役務提供を伴う物品売買契約の場合には，条件によっては適用除外となる（3条），さらに，製造物責任のように人身損害を伴う場合の売主の責任にも適用されない（5条）。

【関連条文】

〈CISG〉

第2条【適用除外】

この条約は，次の売買については，適用しない。

(a) 個人用，家族用又は家庭用に購入された物品の売買。ただし，売主が契約の締結時以前に当該物品がそのような使用のために購入されたことを知らず，かつ，知っているべきでもなかった場合は，この限りでない。

(b) 競り売買

(c) 強制執行その他法令に基づく売買

(d) 有価証券，商業証券又は通貨の売買

(e) 船，船舶，エアクッション船又は航空機の売買

(f) 電気の売買

第3条【製作物供給契約，役務提供契約】

(1) 物品を製造し，又は生産して供給する契約は，売買とする。ただし，物品を注文した当事者がそのような製造又は生産に必要な材料の実質的な部分を供給することを引き受ける場合は，この限りでない。

(2) この条約は，物品を供給する当事者の義務の主要な部分が労働その他の役務の提供から成る契約については，適用しない。

第5条【人身損害についての適用除外】

この条約は，物品によって生じたあらゆる人の死亡又は身体の傷害に関する売主の責任については，適用しない。

具体的にみてみよう。日本（締約国）のバイオリン製造メーカーX（在東京）からドイツ（締約国）の楽器専門店Y（在ボン）がバイオリンを購入する場合，Xが当該バイオリンをYの個人用だと知っていればCISGは適用されないが，楽器専門店の販売用商品だと当然に理解していた場合には依然として適用がある（2条(a)）。一方，Xがバイオリンを製造する際，Yがドイツ唐檜等の必要な木材の大部分を供給してくれた場合にCISGは適用されないが，Xが必要な木材の大半を供給した場合にはCISGは適用される（3条(1)）。また，Xは自ら製造したバイオリンを使ってYの店舗でバイオリン教室を開催する契約を結んでおり，教室におけるレッスンの方が主要な役務である場合には，CISGは適用されない（同条(2)）。なお，不幸にしてXの製造したバイオリンの瑕疵により怪我人が出た場合，CISGはXの製造物責任には適用されない（5条）。

問題：日本法人A会社と甲国法人G会社は，甲国の港湾都市K市に化学プラントを建設する契約Pを締結し，これを受けて，K市にあるAのK支店は日本のB会社との間でAが建設する化学プラント用の機械MをBが製造し販売する製作物供給契約Qを締結した。MはK港でAのK支店に引渡された。A及びGは各々日本及び甲国に主たる営業所を持つ。Q契約には乙国法を準拠法とし，日本の裁判所を管轄裁判所とする合意がある。甲国はCISGの締約国だが，乙国は締約国ではない。さて，Mの瑕疵により化学プラントの完成が遅れ，AはGに損害賠償金を

支払った。この場合，BのAに対するQ契約上の責任の存否について日本の裁判所はCISGを適用すべきか（なお，CISG２条及び４条から６条までの規定は本設問に関係しないものとする）。CISGの１条，３条，10条を参照されたい（なお，司法試験では簡単化のために括弧書きを付したが，下記の特徴５の議論が関係する）。

〔2010年司法試験問題を簡略化・一部改変〕

(4)　特徴４：契約の有効性や物権はCISGの対象外

CISGが規律する事項は，売買契約の成立（第Ⅱ部）と売主・買主の権利義務（第Ⅲ部）についてのみであり（４条），契約・慣習の有効性や物品の所有権については，国際私法で定まる準拠法に従う。

【関連条文】

〈CISG〉

第４条【条約の規律する事項】

この条約は，売買契約の成立並びに売買契約から生ずる売主及び買主の権利及び義務についてのみ規律する。この条約は，この条約に別段の明文の規定がある場合を除くほか，特に次の事項については，規律しない。

(a)　契約若しくはその条項又は慣習の有効性

(b)　売却された物品の所有権について契約が有し得る効果

たとえば，売買契約中の免責約款の効力についてはCISGの適用はなく，関係する国内法で規律される。また，売買契約の売主は物品の所有権を移転する義務を負う（CISG30条）が，当該物品の所有権を規律するのはCISGではなく，国際私法の準則（通則法13条など）により動産の所在地法が適用されるのが一般的である。

(5)　特徴５：CISGは任意規定

CISGの規律は，12条（後述する契約の書面性）を除き，すべて任意規定である（６条）。このことは，①CISG全部を準拠法から適用排除する局面と，②CISGを準拠法とした上で個別条項の優先劣後関係を考える局面の双方で意味を持つ。

まず，準拠法からのCISG適用排除については，当事者間でCISGの一部または全部の適用排除に合意すれば，それが尊重される。では，契約準拠法をCISG以外の○○法と定めただけでとくにCISGの適用排除を明示しない場合，CISGは適用排除されたのか否か。CISGは任意規定ではあるが，直接適用される条約であるから，当事者が明示的に排除しなければ依然として適用はなされている。仮に○○法がCISG締約国法である日本法の場合，日本法の中身には日本民商法とCISGの両方を指すため，CISGの適用を確実に排除したい場合は，「日本法（ただしCISGを除く）」というように適用排除を明示しなければならないと考えるのが各国の裁判例の多数である（**第１章❷**⑴の問題参照）。一方，○○法がCISG非締約国法であるイギリス法の場合，当事者はCISGを黙示的に適用排除したものと考える説もある。

つぎに，契約でCISGを準拠法とした上でインコタームズ2020のCIF条件に準拠した場合，どちらが優先するか。これはインコタームズの方が**任意規定**であるCISGに優先する。したがって，たとえば，危険の移転時期は「最初の運送人に交付した時」（CISG67条⑴）ではなく「本船上に置いた時」（CIF）となる。その他，任意規定であるCISGとは異なる契約条項がある場合，契約条項の方がCISGに優先する。

【関連条文】

〈CISG〉

第６条【条約の適用排除，任意規定性】

当事者は，この条約の適用を排除することができるものとし，第12条の規定に従うことを条件として，この条約のいかなる規定も，その適用を制限し，又はその効力を変更することができる。

❷ CISGの総則（第Ⅰ部第２章）

CISGの総則においては，三つの解釈原則（７条・８条・９条）と契約の書面性に関する条文（11条・12条・13条および96条）の理解が重要である。各々みてみよう。

⑴　解釈原則その１：信義則と補充原則（７条）

CISGは統一私法であるから，CISG加盟国の裁判所は各々独自の解釈を行うのではなく，国際的な解釈を統一する必要性に配慮して解釈しなければならない（７条⑴）。一方，CISGの適用範囲は契約の成立と売主・買主の権利義務である（４条）が，その適用範囲内にはあるもののCISGで明示的な条文が置かれていない事項が存在する。たとえば，契約が成立した後に交わされる確認書の扱いや，利息請求権（78条）における利率などである。その場合にどのようにCISGを**補充**するか，であるが，①まずはCISGの基礎をなす**一般原則**（条文中に明示はされていないが，その背景にある考え方を指し，契約当事者間の相互協力義務などが挙げられる）に従って解決し，②そうした一般原則がない場合は法廷地の国際私法が指定する準拠法に従って解決する（７条⑵）。いきなり国際私法による準拠法で補充するのではなく，最初は一般原則に従う解決を探る点がCISGの特徴である。

【関連条文】

〈CISG〉

第７条【条約の解釈及び補充】

⑴　この条約の解釈に当たっては，その国際的な性質並びにその適用における統一及び国際取引における信義の遵守を促進する必要性を考慮する。

⑵　この条約が規律する事項に関する問題であって，この条約において明示的に解決されていないものについては，この条約の基礎を成す一般原則に従い，又はこのような原則がない場合には国際私法の準則により適用される法に従って解決する。

第78条【利息】

当事者の一方が代金その他の金銭を期限を過ぎて支払わない場合には，相手方は，第74条の規定に従って求めることができる損害賠償の請求を妨げられることなく，その金銭の利息を請求することができる。

ここで問題となるのが一般原則とは何かである。CISGを起草した国連国際商取引法委員会（UNCITRAL）は2007年にUNIDROIT国際商事契約原則を一般原則に読み込む解釈を推奨した。同原則は各国の法律専門家が国際商事契約のあるべき一般原則を定めたもので，国際的法統一文書を解釈・補充するために用いることができる（前文)。たとえば，CISGでは条約審議過程で成案化が見送られた確認書の扱いや書式の闘いについて，同原則には規定が置かれている（確認書は2016年版原則で２．１．12条，書式の闘いは同原則２．１．22条）ため，仮にこの説が採用されれば明確な解決に繋がる部分もある。しかし，詳細な規定を数多く揃え，一部に強行法規も含む同原則をCISGの中にすべて読み込むとすれば，CISGを契約準拠法とする当事者の予測可能性を大きく超えるため，未だ少数説にとどまっている。根幹部分を読み込む場合は肯定できよう。

⑵　解釈原則その２：意思解釈と合理解釈（８条）

法律行為の解釈に当たっては，まずは当事者の意図に従って解釈する意思解釈（８条⑴）を行い，当事者の意図が明らかでない場合には，相手方と同種の合理的な者が同様の状況下で有したであろう理解に従って合理解釈〈合理的意思解釈〉（同条⑵）し，合理解釈に当たっては，交渉経緯や当事者間で確立した慣行や慣習，さらには当事者の事後の行為を含むすべての関連状況に妥当な考慮を払う必要がある（同条⑶)。

【関連条文】

〈CISG〉

第８条【当事者の行為の解釈】

⑴　この条約の適用上，当事者の一方が行った言明その他の行為は，相手方が当該当事者の一方の意図を知り，又は知らないことはあり得なかった場合には，その意図に従って解釈する。

⑵　⑴の規定を適用することができない場合には，当事者の一方が行った言明その他の行為は，相手方と同種の合理的な者が同様の状況の下で有したであろう理解に従って解釈する。

⑶　当事者の意図又は合理的な者が有したであろう理解を決定するに当たっては，関連するすべての状況（交渉，当事者間で確立した慣行，慣習及び当事者の事後の行為を含む。）に妥当な考慮を払う。

具体的には，時価650億円の商品について，両当事者が価格を知っており，売主が誤って65億円で申し込み，買主が誤りを知りながら承諾した場合には，1項の**意思解釈**に従い，契約価格は650億円となる。

一方，当事者の意図が明らかでない場合，8条(2)(3)によって様々な**合理解釈**が図られる。たとえば，契約を巡る紛争があった場合，契約書以外の口頭証拠や文書証拠についても考慮されるため，契約書の内容が後で覆る可能性が出てくる（たとえばCLOUT No.222）。そうした事態を避け，契約当事者の法的予測可能性を高めるにはあらかじめ契約書に完全合意条項を明記しておく必要がある。また，相手方の理解できない言語で書かれた契約には契約の効力を認めないとした裁判例（CLOUT No.345）があるほか，契約書に書かれている権利であっても権利不行使が続けば，当事者間の交渉経緯や慣行，事後の行動等に照らして権利放棄とみなされるリスクがある。したがって，実務上は契約当事者の使用言語を明記したり，**権利不放棄条項**を加える対策が考えられている。

なお，申込みに対して異議を述べずに沈黙していた当事者には承諾があるものと認定して良いだろうか。日本の商法は諾否通知義務を怠った商人の場合に承諾ありとみなす（商法509条2項）が，CISGでは沈黙はそれ自体では承諾とはならない（18条(1)：ただし，18条(3)で行為による承諾は可能）。しかし，8条(2)(3)に基づいて，仲裁契約の承諾を当事者間の慣行によって認めて妨訴抗弁を認容した裁判例（CLOUT No.23）も存在する。このようにみてくると，8条は非常に影響の大きい条文であることが分かるであろう。

【関連条文】

〈商法〉

第509条【契約の申込みを受けた者の諾否通知義務】

1　商人が平常取引をする者からその営業の部類に属する契約の申込みを受けたときは，遅滞なく，契約の申込みに対する諾否の通知を発しなければならない。

2　商人が前項の通知を発することを怠ったときは，その商人は，同項の契約の申込みを承諾したものとみなす。

〈CISG〉

第18条【承諾の方法，承諾の効力発生時期，承諾期間】

> (1)　申込みに対する同意を示す相手方の言明その他の行為は，承諾とする。沈黙又はいかなる行為も行わないことは，それ自体では，承諾とならない。

(3)　解釈原則その３：慣習や当事者間の慣行の有効性（９条）

日本法では慣習は法律と同一の効力を有し（通則法３条），法律上の規定と当事者の意思（たとえば契約書の条項），慣習の相互の優先劣後関係は，「**商法の強行規定＞民法の強行規定＞当事者の意思＞商法の任意規定＞商慣習＞慣習＞民法の任意規定**」（民法92条，商法１条）となっている。また，慣習は慣習によらない旨の意思表示を当事者が示さない限りは慣習による意思を有するものと推定され（大審院判決大正３年10月27日民録20輯818頁，大審院判決大正10年６月２日民録27輯1038頁），法的効力を有する。

【関連条文】

> 〈法適用通則法〉
>
> 第３条【法律と同一の効力を有する慣習】
>
> 公の秩序又は善良の風俗に反しない慣習は，法令の規定により認められたもの又は法令に規定されていない事項に関するものに限り，法律と同一の効力を有する。
>
> 〈民法〉
>
> 第92条【任意規定と異なる慣習】
>
> 法令中の公の秩序に関しない規定と異なる慣習がある場合において，法律行為の当事者がその慣習による意思を有しているものと認められるときは，その慣習に従う。
>
> 〈商法〉
>
> 第１条【趣旨等】
>
> １　商人の営業，商行為その他商事については，他の法律に特別の定めがあるものを除くほか，この法律の定めるところによる。
>
> ２　商事に関し，この法律に定めがない事項については商慣習に従い，商慣習がないときは，民法（明治29年法律第89号）の定めるところによる。

これに対してCISGでは，①当事者が合意した慣習や当事者間で確立した慣行に拘束される（9条⑴）ほか，②国際取引の特定の取引分野の同種の契約を結ぶ者に広く知られ，通常遵守されている慣習で，当事者双方が知っているか知るべきであった場合には，その慣習に従わない旨の別段の合意がない限り，黙示的に契約に適用されたものとされる（同条⑵）。したがって，慣習や当事者間の慣行は法的効力を有して契約の解釈や補充に用いられ，その拘束力の発生根拠が当事者の意思に求められていることからCISGの規定に優先する。すなわち，優先劣後関係は「**当事者の意思＞慣習や当事者間の慣行＞任意規定（CISG規定）**」となる。

【関連条文】

〈CISG〉

第9条【慣習及び慣行】

⑴　当事者は，合意した慣習及び当事者間で確立した慣行に拘束される。

⑵　当事者は，別段の合意がない限り，当事者双方が知り，又は知っているべきであった慣習であって，国際取引において，関係する特定の取引分野において同種の契約をする者に広く知られ，かつ，それらの者により通常遵守されているものが，黙示的に当事者間の契約又はその成立に適用されることとしたものとする。

インコタームズや信用状統一規則の場合，通常は契約書に明示的に合意した上で契約内容の一部として取り込まれるが，契約書にIncotermsやUCP等と明記しない場合において9条⑵経由で慣習としての拘束力を認めた裁判例（CLOUT No.447，575など）がある。また，特定の取引分野だけで知られている慣習を適用した裁判例も多い（CLOUT No.425など）。なお，⑵を用いなくても，8条⑶を経由して慣習を適用することも可能である。

一方，当事者間で確立された慣行として拘束力を持つには，ある程度の期間にわたる継続的な取引関係が存在し，その下で同様の行為が繰り返し行われてきたことが必要である。期間の認定は事案により異なり一概には言えないが，たとえばCLOUT No.202では数カ月で認定している。なお，8条⑶と同様に，9条⑴においても，契約書に書かれている権利であってもその不行使が続けば，当事者間で確立した慣行に基づいて権利放棄とみなされるリスクがある。

⑷ 方式自由の原則とその例外

CISGでは日本民法と同様に**方式自由の原則**を採用し（11条），書面（13条で電報等も含む。Eメールも有効と解されている。CISG-AC意見書１号）によらずに口頭だけで合意した諾成契約にも法的効力を与えている。しかし，英米法における**詐欺防止法**（Statute of Frauds）のように一定の取引に書面契約を義務付ける国内法を採用する国もあることから，方式自由を留保する宣言（**96条宣言**）を行えば，関連規定の適用を免れる仕組みを用意した。たとえば中国はこの宣言を行っていたが，後に撤回した。現在はロシア等いくつかの国がこの宣言を行っている。

【関連条文】

〈CISG〉

第11条【方式の自由】

売買契約は，書面によって締結し，又は証明することを要しないものとし，方式について他のいかなる要件にも服さない。売買契約は，あらゆる方法（証人を含む。）によって証明することができる。

第12条【第96条に基づく留保宣言の効果】

売買契約，合意によるその変更若しくは終了又は申込み，承諾その他の意思表示を書面による方法以外の方法で行うことを認める前条，第29条又は第２部のいかなる規定も，当事者のいずれかが第96条の規定に基づく宣言を行った締約国に営業所を有する場合には，適用しない。当事者は，この条の規定の適用を制限し，又はその効力を変更することができない。

第13条【書面の定義】

この条約の適用上，「書面」には，電報及びテレックスを含む。

第96条【書面を不要とする規定を適用しない旨の留保宣言】

売買契約が書面によって締結され，又は証明されるべきことを自国の法令に定めている締約国は，売買契約，合意によるその変更若しくは終了又は申込み，承諾その他の意思表示を書面による方法以外の方法で行うことを認める第11条，第29条又は第2部のいかなる規定も，当事者のいずれかが当該締約国に営業所を有する場合には第12条の規定に従って適用しないことを，いつでも宣言することができる。

3　契約の成立（第Ⅱ部）

CISGでは，日本民法と同様に，申込みに対する承諾があれば，その時点で契約が有効に成立する（23条）。申込みや承諾の意思表示の到達時点は相手方の郵送先等に届けられた時点とされており（24条），受領者が内容を読んで了知できるまでは必要とされない。Eメールの場合，相手方が当該アドレスで受領することに同意していれば，相手方のサーバーに入った時点で到達とされる（CISG-AC意見書1号）。

なお，契約の成立だけでなく変更や終了についても第Ⅱ部の要件を満たすような当事者間の合意があれば有効に成立し（29条(1)），書面による契約変更を義務付ける契約条項がある場合はそれに従う（同条(2)）。

【関連条文】

〈CISG〉

第23条【契約の成立時期】

契約は，申込みに対する承諾がこの条約に基づいて効力を生ずる時に成立する。

第24条【到達の定義】

この部の規定の適用上，申込み，承諾の意思表示その他の意思表示が相手方に「到達した」時とは，申込み，承諾の意思表示その他の意思表示が，相手方に対して口頭で行われた時又は他の方法により相手方個人に対し，相手方の営業所若しくは郵便送付先に対し，若しくは相手方が営業所及び郵便送付先を有しない場合には相手方の常居所に対して届けられた時とする。

第29条【契約の変更又は終了】

(1)　契約は，当事者の合意のみによって変更し，又は終了させることができる。

> (2) 合意による変更又は終了を書面によって行うことを必要とする旨の条項を定めた書面による契約は，その他の方法による合意によって変更し，又は終了させることができない。ただし，当事者の一方は，相手方が自己の行動を信頼した限度において，その条項を主張することができない。

では，もう少し詳しくみてみよう。

(1) 申込み

申込みの要件は，①特定の者に向けられた意思表示であって（新聞広告やネット上の宣伝は申込みの誘引に過ぎない），②十分確定しており（数量価格未定でも決定方法が定められていれば問題ない），③拘束する意思が示されていることであり（14条），**口頭による申込み**も有効である。

【関連条文】

> 〈CISG〉
>
> 第14条【申込み】
>
> (1) 一人又は二人以上の特定の者に対してした契約を締結するための申入れは，それが十分に確定し，かつ，承諾があるときは拘束されるとの申入れをした者の意思が示されている場合には，申込みとなる。申入れは，物品を示し，並びに明示的又は黙示的に，その数量及び代金を定め，又はそれらの決定方法について規定している場合には，十分に確定しているものとする。
>
> (2) 一人又は二人以上の特定の者に対してした申入れ以外の申入れは，申入れをした者が反対の意思を明確に示す場合を除くほか，単に申込みの誘引とする。

一方，申込みの効力は到達した時点で発生（**到達主義**。15条。民法97条１項も到達主義を採用）し，**申込みの撤回**は承諾通知の発信以前であればいつでも可能である（16条）。英米法では約因がない場合に撤回が可能であるが，16条は英米法圏の国々に配慮して作成されたものである。したがってCISGでは，承諾期間を定めた申込みの撤回は撤回不能が推定されることはあってもつねに撤回不能とは言えない。なお，撤回できない申込みであっても，相手方から拒絶の通知が来た場合には申込みは失効する（17条）。これに対し日本民法では，承諾期間を定めた申込みの撤回は申込者が撤回する権利を留保した場合を除いてできず（2017年債権法改正後の新民法523条1項），承諾期間を定めない申込みであっても，対話者間の場合を除き，相当期間は撤回できない（新民法525条1項）。

【関連条文】

〈民法〉

第97条【意思表示の効力発生時期等】

1　意思表示は，その通知が相手方に到達した時からその効力を生ずる。

第523条【承諾の期間の定めのある申込み（新民法でただし書を追加）】

1　承諾の期間を定めてした申込みは，撤回することができない。ただし，申込者が撤回をする権利を留保したときは，この限りでない。

第525条【承諾の期間の定めのない申込み（新民法でただし書を追加）】

1　承諾の期間を定めないでした申込みは，申込者が承諾の通知を受けるのに相当な期間を経過するまでは，撤回することができない。ただし，申込者が撤回をする権利を留保したときは，この限りでない。

〈CISG〉

第15条【申込みの効力発生時期，申込みの取りやめ】

(1)　申込みは，相手方に到達した時にその効力を生ずる。

(2)　申込みは，撤回することができない場合であっても，その取りやめの通知が申込みの到達時以前に相手方に到達するときは，取りやめることができる。

第16条【申込みの撤回】

(1)　申込みは，契約が締結されるまでの間，相手方が承諾の通知を発する前に撤回の通知が当該相手方に到達する場合には，撤回することができる。

(2)　申込みは，次の場合には，撤回することができない。

(a)　申込みが，一定の承諾の期間を定めることによるか他の方法によるかを問わず，撤回することができないものであることを示している場

合

(b) 相手方が申込みを撤回することができないものであると信頼したことが合理的であり，かつ，当該相手方が当該申込みを信頼して行動した場合

第17条【拒絶による申込みの失効】

申込みは，撤回することができない場合であっても，拒絶の通知が申込者に到達した時にその効力を失う。

＊ 英米法と大陸法との調和を図った他の条文例として28条がある。これは，大陸法では債務を約束された形そのままで履行することを強制する救済方法が普通に認められてきたのに対し，英米法では金銭賠償が原則であって特定履行（specific performance）が限定的にのみ認められてきたことに鑑み，英米法圏の裁判所の裁量を確保した規定である。

⑵ 承　諾

承諾には言葉による承諾だけでなく，**行為による承諾**も認められている（18条⑴１文および⑶。行為による承諾を認めた事例として，たとえばCLOUTNo.417）が，**沈黙**や**不作為**はそれ自体では承諾とはならない（18条⑴２文）ものの，関連するすべての状況（８条⑶）や当事者間慣行に基づく行為（18条⑶）等を考慮した結果，合理的に承諾と解される場合（CLOUT No.23など）がある。一方，承諾の効力も到達時点で発生（**到達主義**）し，承諾期間の定めのある場合はその期間内に，定めのない場合は合理的期間内（口頭の場合は原則としてただちに承諾する必要）に申込者に到達しなければならない（18条⑵）。これに対し，日本民法でもCISGと同様に到達主義を採用し，期間内に通知が到達しなければ原則として契約は成立しない（民法523条２項）。債権法改正以前は，承諾期間の定めのない隔地者間の申込みに対する承諾は発信主義を例外的に採用する（旧民法526条１項）点がCISGとは異なっていたが，同規定は到達主義の原則に反し，通信手段が発達した現代では維持する理由がないため，新民法では削除された。

【関連条文】

〈民法〉

第523条【承諾の期間の定めのある申込み】

２　申込者が前項の申込みに対して同項の期間内に承諾の通知を受けなかったときは，その申込みは，その効力を失う。

〈CISG〉

第18条【承諾の方法，承諾の効力発生時期，承諾期間】

⑴　申込みに対する同意を示す相手方の言明その他の行為は，承諾とする。沈黙又はいかなる行為も行わないことは，それ自体では，承諾とならない。

⑵　申込みに対する承諾は，同意の表示が申込者に到達した時にその効力を生ずる。同意の表示が，申込者の定めた期間内に，又は期間の定めがない場合には取引の状況（申込者が用いた通信手段の迅速性を含む。）について妥当な考慮を払った合理的な期間内に申込者に到達しないときは，承諾は，その効力を生じない。口頭による申込みは，別段の事情がある場合を除くほか，直ちに承諾されなければならない。

⑶　申込みに基づき，又は当事者間で確立した慣行若しくは慣習により，相手方が申込者に通知することなく，物品の発送又は代金の支払等の行為を行うことにより同意を示すことができる場合には，承諾は，当該行為が行われた時にその効力を生ずる。ただし，当該行為が⑵に規定する期間内に行われた場合に限る。

なお，承諾に関して，承諾期間の計算方法（20条），遅延した承諾の取扱い（21条），承諾の取りやめ（22条）については別途規定がある。

【関連条文】

〈CISG〉

第20条【承諾期間の計算】

⑴　申込者が電報又は書簡に定める承諾の期間は，電報が発信のために提出された時から又は書簡に示された日付若しくはこのような日付が示されていない場合には封筒に示された日付から起算する。申込者が電話，

> テレックスその他の即時の通信の手段によって定める承諾の期間は，申込みが相手方に到達した時から起算する。
>
> 第21条【遅延した承諾，通信の遅延】
>
> (1) 遅延した承諾であっても，それが承諾としての効力を有することを申込者が遅滞なく相手方に対して口頭で知らせ，又はその旨の通知を発した場合には，承諾としての効力を有する。
>
> 第22条【承諾の取りやめ】
>
> 承諾は，その取りやめの通知が当該承諾の効力の生ずる時以前に申込者に到達する場合には，取りやめることができる。

(3) 書式の闘い

当事者意思を前提とする契約においては，申込みと承諾の内容は完全に一致するのが原則であり，申込みに変更を加えて承諾した場合は反対申込みとなる（民法528条，CISG19条(1)）。しかし，申込みと承諾の内容は目的物や代金，金額，数量等の実質的な部分では一致するものの，申込みに含まれていた価格変更条項が承諾では落ちているなど細部に変更がみられる場合にどのように処理すれば良いであろうか。些細な相違で契約がすべて不成立になるのでは取引の安全や円滑を害する恐れがあるため，申込み内容の実質的変更を含まない承諾であれば契約を成立させた方が望ましいとも考えられる。そこで，CISGでは，**実質的に変更**（materially alter）しない限り契約内容は申込み内容に変更を加えた内容で成立する（同条(2)）とした上で，代金，支払，物品の品質・数量，引渡しの場所・時期，責任限度，紛争解決に関する内容を**実質的変更**とみなす具体例として例示した（同条(3)）。

【関連条文】

> 〈CISG〉
>
> 第19条【変更を加えた承諾】
>
> (1) 申込みに対する承諾を意図する応答であって，追加，制限その他の変更を含むものは，当該申込みの拒絶であるとともに，反対申込みとなる。
>
> (2) 申込みに対する承諾を意図する応答は，追加的な又は異なる条件を含む場合であっても，当該条件が申込みの内容を実質的に変更しないとき

は，申込者が不当に遅滞することなくその相違について口頭で異議を述べ，又はその旨の通知を発した場合を除くほか，承諾となる。申込者がそのような異議を述べない場合には，契約の内容は，申込みの内容に承諾に含まれた変更を加えたものとする。

(3)　追加的な又は異なる条件であって，特に，代金，支払，物品の品質若しくは数量，引渡しの場所若しくは時期，当事者の一方の相手方に対する責任の限度又は紛争解決に関するものは，申込みの内容を実質的に変更するものとする。

定型契約書を使って売買契約書を作成する場合，自社に有利な約款を契約の前提条件として認めさせるため，契約書の裏面に前もって当該約款を記した取引条件協定書を裏面約款として印刷しておくことが頻繁に行われる。一方，相手方はこの裏面約款では不利なので，自らに有利な裏面約款に差し替えて逆に送り付ける場合が多い。

この結果，両当事者が自分に有利な裏面約款の成立を目指して書類をやり取りし合うことになる。この状況を「**書式の闘い**（Battle of Forms）」と呼び，どちらか片方が折れて相手方の書式に署名するならば問題ないが，どちらも折れずに書式が飛び交ったままの場合，どのように解決したら良いかについて，近時の売買法では様々なアプローチが試みられてきた。

【図１】書式の闘いの例（表面の内容は共通，裏面の内容は若干相違）

①申込み（約款：表面P，裏面Q）⇒
X ---------------------- Y
⇐②承諾？（約款：表面P，裏面R）

まず，伝統的には**ミラー・イメージ・ルール**（mirror image rule〈**鏡像原則**〉）と呼ばれる考え方が主流であった。すなわち，当事者意思の合致に重点を置いて申込みと承諾が完全に一致しなければ契約は不成立とするアプローチであり，英国や日本で採用されてきた。

つぎに，**ラスト・ショット・ルール**（last shot rule〈**最後の書式ルール**〉）と呼ばれる考え方が主流になった。これは2003年改正以前の米国統一商法典で採用されていた考え方で，取引の円滑や安全を考慮して実質的な相違がなければ契約を成立させることとしたもので，書式の闘いを正面から規定した条文ではないものの，1980年に成立したCISGも条文上はこちらに近い。ただし，CISGの裁判例をみると後述するノックアウト・ルールに依るものもあって統一されていない。ラスト・ショット・ルールを採用したCISGの裁判例にCLOUT No.232，ノックアウト・ルールを採用したCISGの裁判例にCISG-Online No.651がある。

最近では，**ノックアウト・ルール**（knock-out rule〈共通部分ルール〉）と呼ばれる考え方が主流で，取引の円滑や安全を考慮して実質的な相違がなければ契約を成立させるものの，ラスト・ショット・ルールでは書式の闘いを助長し，当事者意思の合致がない部分が契約内容に取り込まれる問題点があるため，複数の書式の共通部分を契約内容とするアプローチで，UNIDROIT国際商事契約原則2016年版２．１．22条で採用されている考え方である。2003年改正以後の米国統一商法典（UCC２-207条）もこれに近いと言われるが，むしろ裁判官に多くの裁量を許す扱いになっている。

ノックアウト・ルールは当事者意思の合致と取引の安全・円滑の両面でバランスの良い考え方ではあるが，万全ではない。共通部分を抽出する作業は煩雑になり得るし，極端なケースでは契約書の表面だけが残って裏面約款が完全に白紙となってしまい，裏面約款がカバーすべき内容をすべて準拠法の任意規定や商慣習等で補充することは困難なので，かえって実務が回らなくなるのではないかとする疑問も呈されている。

4　物品の売買（第Ⅲ部）

第Ⅲ部は「物品の売買」と題するが，要は売主・買主の権利義務を規定する。CISGの下では，日本の旧民法が伝統的に保持してきた瑕疵担保責任と契約責任の二元的な体系を採用せず，日本の新民法と同様に，契約違反概念で一元化する簡明な体系になっている。以下，条文に即して説明しよう。

(1)　契約の法定解除権（買主は49条，売主は64条）

CISGでは契約に基づく約定解除は様々に設定可能であるが，法定解除については，**「重大な契約違反」解除**と**「付加期間」解除**の二つに限られ（買主は

49条，売主は64条)，解除の方法は相手方への通知によって行い（26条)，その通知等が遅延した場合等でも解除を援用する権利は奪われない（27条)。

【関連条文】

〈CISG〉

第26条【解除の方法】

契約の解除の意思表示は，相手方に対する通知によって行われた場合に限り，その効力を有する。

第49条【買主の契約解除権】

(1)　買主は，次のいずれかの場合には，契約の解除の意思表示をすることができる。

(a)　契約又はこの条約に基づく売主の義務の不履行が重大な契約違反となる場合

(b)　引渡しがない場合において，買主が第47条(1)の規定に基づいて定めた付加期間内に売主が物品を引き渡さず，又は売主が当該付加期間内に引き渡さない旨の意思表示をしたとき

(2)　買主は，売主が物品を引き渡した場合には，次の期間内に契約の解除の意思表示をしない限り，このような意思表示をする権利を失う。

(a)　引渡しの遅滞については，買主が引渡しが行われたことを知った時から合理的な期間内

(b)　引渡しの遅滞を除く違反については，次の時から合理的な期間内

(i)　買主が当該違反を知り，又は知るべきであった時

(ii)　買主が第47条(1)の規定に基づいて定めた付加期間を経過した時又は売主が当該付加期間内に義務を履行しない旨の意思表示をした時

(iii)　売主が前条(2)の規定に基づいて示した期間を経過した時又は買主が履行を受け入れない旨の意思表示をした時

第64条【売主の契約解除権】

(1)　売主は，次のいずれかの場合には，契約の解除の意思表示をすることができる。

(a)　契約又はこの条約に基づく買主の義務の不履行が重大な契約違反となる場合

(b) 売主が前条(1)の規定に基づいて定めた付加期間内に買主が代金の支払義務若しくは物品の引渡しの受領義務を履行しない場合又は買主が当該付加期間内にそれらの義務を履行しない旨の意思表示をした場合

(2) 売主は，買主が代金を支払った場合には，次の時期に契約の解除の意思表示をしない限り，このような意思表示をする権利を失う。

(a) 買主による履行の遅滞については，売主が履行のあったことを知る前

(b) 履行の遅滞を除く買主による違反については，次の時から合理的な期間内

(i) 売主が当該違反を知り，又は知るべきであった時

(ii) 売主が前条(1)の規定に基づいて定めた付加期間を経過した時又は買主が当該付加期間内に義務を履行しない旨の意思表示をした時

そこで二つの法定解除について少し詳しく説明しよう。

① 「重大な契約違反」解除

当事者の一方が「重大な契約違反」を行った場合には即時に解除できる。**「重大な契約違反」**とは，契約締結時に当事者が予見可能であった範囲で，相手方の期待を実質的に奪うような不利益をもたらす契約違反を指す（25条）。

たとえば，作業運搬用にトラックを購入したがエンジンが壊れていて走行不可能な場合，エンジン故障はトラックを作業運搬に供する期待を実質的に奪うので，重大な契約違反となる。一方，ディスプレイ用に購入したスポーツカーのエンジンが壊れていて走行不可能な場合，買主の期待がディスプレイのみにあれば，重大な契約違反とはならない。

また，クリスマス・イブに行うイベント用に季節物のクリスマスツリーを購入したが，当該ツリーの引渡しがイベントに間に合わなかった場合，仮にツリー自体に瑕疵がなくても履行期が重要なので，重大な契約違反となる。ただし，履行期がそれほど重要ではなく，通常の履行遅滞に止まる場合には一般に重大な契約違反にはならない（CLOUT No.275）。一方，当該ツリーの引渡しがイベントに間に合ったにもかかわらず，買主が受領を断固拒否した場合には，買主には物品の受領義務がある（53条。後述）ので重大な契約違反となる。な

お，買主に重大な契約違反を認めた裁判例には，買主が倒産した場合（CLOUT No.308）や買主が信用状をタイムリーに開設しない場合（CLOUT No.631）がある。

なお，日本の債権法改正審議では，当初，催告解除制度を廃止して「重大な不履行」（「重大な契約違反」とほぼ同内容）による無催告解除制度に一本化する考え方が有力であったが，実務において催告解除制度が定着していることから，新民法は催告解除の原則を維持し（民法541条），無催告解除に関する規定（民法542条）を例外と位置付けた。

一方，「重大な契約違反」解除を主張する当事者が相手方に通知した場合，本来は即時に解除できるが，売主には，買主に不合理な費用や不便をかけずに契約不適合の部分を修補する**「追完権」**が認められているため（引渡期日前は37条，引渡期日後は48条），追完権を売主が行使した場合には，即時の解除は封じられる（たとえば，CLOUT No.152）。ただし，この場合の買主は別途，損害賠償請求を行うことができる。たとえば，先ほどの作業運搬用のトラックのエンジン故障について，売主が売主の費用で合理的期間内（たとえば1週間以内）に代替品を引き渡すかエンジン故障を修補する追完を主張した場合，買主は即時の解除はできないが，損害賠償は請求できる。

なお，CISGと違い，売主の権利ではなく義務としてであるが，日本でも新民法562条で買主の追完請求権が新設された。買主には，買主の選択により売主に対し，目的物の修補，代替物の引渡し又は不足分の引渡しの請求権が認められたが，つねに買主の選択した方法による追完を認めると，修補が可能で相当な場合でも代替品請求などが認められることになる。そこで，買主に不相当な負担を課さないことを条件に，売主は買主の選択した方法とは異なる方法により履行を追完できることとなった。買主は追完請求しても損害賠償や解除が請求できる（新民法564条）。

【関連条文】

〈CISG〉

第25条【重大な契約違反】

当事者の一方が行った契約違反は，相手方がその契約に基づいて期待することができたものを実質的に奪うような不利益を当該相手方に生じさせる場合には，重大なものとする。ただし，契約違反を行った当事者がそのような結果を予見せず，かつ，同様の状況の下において当該当事者と同種の合理的な者がそのような結果を予見しなかったであろう場合は，この限りでない。

第37条【引渡期日前の追完】

売主は，引渡しの期日前に物品を引き渡した場合には，買主に不合理な不便又は不合理な費用を生じさせないときに限り，その期日まで，欠けている部分を引き渡し，若しくは引き渡した物品の数量の不足分を補い，又は引き渡した不適合な物品の代替品を引き渡し，若しくは引き渡した物品の不適合を修補することができる。ただし，買主は，この条約に規定する損害賠償の請求をする権利を保持する。

第48条【売主の追完権】

(1) 次条の規定が適用される場合を除くほか，売主は，引渡しの期日後も，不合理に遅滞せず，かつ，買主に対して不合理な不便又は買主の支出した費用につき自己から償還を受けることについての不安を生じさせない場合には，自己の費用負担によりいかなる義務の不履行も追完することができる。ただし，買主は，この条約に規定する損害賠償の請求をする権利を保持する。

(2) 売主は，買主に対して履行を受け入れるか否かについて知らせることを要求した場合において，買主が合理的な期間内にその要求に応じないときは，当該要求において示した期間内に履行をすることができる。買主は，この期間中，売主による履行と両立しない救済を求めることができない。

(3) 一定の期間内に履行をする旨の売主の通知は，(2)に規定する買主の選択を知らせることの要求を含むものと推定する。

(4) (2)又は(3)に規定する売主の要求又は通知は，買主がそれらを受けない限り，その効力を生じない。

〈民法〉

第562条【買主の追完請求権】

1　引き渡された目的物が種類，品質又は数量に関して契約の内容に適合しないものであるときは，買主は，売主に対し，目的物の修補，代替物の引渡し又は不足分の引渡しによる履行の追完を請求することができる。ただし，売主は，買主に不相当な負担を課するものでないときは，買主が請求した方法と異なる方法による履行の追完をすることができる。

2　前項の不適合が買主の責めに帰すべき事由によるものであるときは，買主は，同項の規定による履行の追完の請求をすることができない。

第564条【買主の損害賠償請求及び解除権の行使】

前二条の規定は，第415条の規定による損害賠償の請求並びに第541条及び第542条の規定による解除権の行使を妨げない。

このように契約違反をされた当事者が主張する「**重大な契約違反**」**解除**よりも，契約違反を行った当事者が主張する「追完権」の方が優先するCISGの扱いは，いったん成立した契約をなるべく尊重する**契約尊重**（Favor Contractus）の考え方に基づく。

② 「付加期間」解除

一方，重大な契約違反ではないが，契約上の債務不履行の相手方に対し，債務履行のための合理的な「**付加期間**」（たとえば，２週間）を設定して期間内の履行を催告し，それでも履行されなかった場合に契約解除ができる（いわゆる「付加期間」解除）。買主につき47条，売主につき63条）。たとえば，花瓶を購入する売買契約で，買主が代金を支払ったにもかかわらず売主が花瓶を引き渡さない場合，買主は付加期間を設定して期間内の履行を催告し，それでも引渡しがなければ契約解除ができる。また，同じ売買契約で，売主が花瓶を引き渡したにもかかわらず買主が代金を支払わない場合，売主は付加期間を設定して期間内の支払いを求め，それでも支払いがないならば契約解除ができる。

それでは，自動車を購入する売買契約で買主が代金を支払ったにもかかわらず，売主がオートバイを引き渡した場合はどうか。契約の目的物がまったく違うのではあるが，CISGでは契約に適合していない場合でも引渡し自体はあったと考える点に注意が必要である。引渡しがあるので買主は「**付加期間**」**解除**ができず，「**重大な契約違反**」**解除**を主張することになる。

【関連条文】

〈CISG〉

第47条【履行のための付加期間の付与】

(1) 買主は，売主による義務の履行のために合理的な長さの付加期間を定めることができる。

(2) 買主は，(1)の規定に基づいて定めた付加期間内に履行をしない旨の通知を売主から受けた場合を除くほか，当該付加期間内は，契約違反についていかなる救済も求めることができない。ただし，買主は，これにより，履行の遅滞について損害賠償の請求をする権利を奪われない。

第63条【履行のための付加期間の付与】

(1) 売主は，買主による義務の履行のために合理的な長さの付加期間を定めることができる。

(2) 売主は，(1)の規定に基づいて定めた付加期間内に履行をしない旨の通知を買主から受けた場合を除くほか，当該付加期間内は，契約違反についていかなる救済も求めることができない。ただし，売主は，これにより，履行の遅滞について損害賠償の請求をする権利を奪われない。

③　契約解除の効果

契約が有効に解除されると，損害賠償を除き，当事者双方は契約に基づく義務を免れる（81条）。買主が物品を受領時と同じ状態で返還できない場合には，原則として契約解除権や代替品引渡し請求権を失う（82条）が，損害賠償請求権や代金減額請求権等は保持する（83条）。一方，売主は代金返還義務を負う場合には当該代金の利息支払い義務を負う（84条）。

【関連条文】

〈CISG〉

第81条【解除の効果】

(1) 当事者双方は，契約の解除により，損害を賠償する義務を除くほか，契約に基づく義務を免れる。契約の解除は，紛争解決のための契約条項又は契約の解除の結果生ずる当事者の権利及び義務を規律する他の契約条項に影響を及ぼさない。

(2)　契約の全部又は一部を履行した当事者は，相手方に対し，自己がその契約に従って供給し，又は支払ったものの返還を請求することができる。当事者双方が返還する義務を負う場合には，当事者双方は，それらの返還を同時に行わなければならない。

(2)　売主・買主の義務と危険の移転

売主の義務は，①**物品引渡し義務**（詳細は31～33条に規定），②物品の**所有権移転義務**（４条で所有権はCISGの適用範囲外のため詳細は規定されず，法廷地国際私法が指定する物権準拠法に従う）と，③船荷証券・航空運送状・原産地証明書・品質証明書など契約で要求される書類を交付する**書類交付義務**（詳細は34条に規定）の三つである（30条）。一方，買主の義務は，①**代金支払義務**（支払額・時期・場所等の詳細は54～59条参照）と，②**物品受領義務**（詳細は60条）の二つである。

【関連条文】

〈CISG〉

第30条【売主の義務】

売主は，契約及びこの条約に従い，物品を引き渡し，物品に関する書類を交付し，及び物品の所有権を移転しなければならない。

第31条【引渡しの場所及び引渡義務の内容】

売主が次の(a)から(c)までに規定する場所以外の特定の場所において物品を引き渡す義務を負わない場合には，売主の引渡しの義務は，次のことから成る。

(a)　売買契約が物品の運送を伴う場合には，買主に送付するために物品を最初の運送人に交付すること。

(b)　(a)に規定する場合以外の場合において，契約が特定物，特定の在庫から取り出される不特定物又は製造若しくは生産が行われる不特定物に関するものであり，かつ，物品が特定の場所に存在し，又は特定の場所で製造若しくは生産が行われることを当事者双方が契約の締結時に知っていたときは，その場所において物品を買主の処分にゆだねること。

(c) その他の場合には，売主が契約の締結時に営業所を有していた場所において物品を買主の処分にゆだねること。

第53条【買主の義務】

買主は，契約及びこの条約に従い，物品の代金を支払い，及び物品の引渡しを受領しなければならない。

第54条【代金支払義務】

代金を支払う買主の義務には，支払を可能とするため，契約又は法令に従って必要とされる措置をとるとともに手続を遵守することを含む。

第60条【引渡受領義務】

引渡しを受領する買主の義務は，次のことから成る。

(a) 売主による引渡しを可能とするために買主に合理的に期待することのできるすべての行為を行うこと。

(b) 物品を受け取ること。

ただし，履行期以前に相手方の債務の履行が不安視された場合には履行を停止することができ（71条），日本法にいう**不安の抗弁権**が立法化されている。また，「重大な契約違反」解除は，履行期前（72条）でも分割履行契約（73条）でも一定の要件下に可能である。

【関連条文】

〈CISG〉

第71条【履行の停止】

(1) 当事者の一方は，次のいずれかの理由によって相手方がその義務の実質的な部分を履行しないであろうという事情が契約の締結後に明らかになった場合には，自己の義務の履行を停止することができる。

(a) 相手方の履行をする能力又は相手方の信用力の著しい不足

(b) 契約の履行の準備又は契約の履行における相手方の行動

第72条【履行期前の契約解除】

(1) 当事者の一方は，相手方が重大な契約違反を行うであろうことが契約の履行期日前に明白である場合には，契約の解除の意思表示をすることができる。

さて，物品引渡しにおいて，危険が売主から買主に移転した後に物品が滅失・損傷した場合（売主の作為・不作為に依る場合を除く）には買主は支払義務を免れない（66条）。運送を伴う場合の**危険移転**については，67条以下に規定がある。

【関連条文】

〈CISG〉

第66条【危険移転の効果】

買主は，危険が自己に移転した後に生じた物品の滅失又は損傷により，代金を支払う義務を免れない。ただし，その滅失又は損傷が売主の作為又は不作為による場合は，この限りでない。

物品の運送を伴う売買契約においては，売主は物品を最初の運送人に交付した段階で引渡し義務が完了し（31条(a)），売主から買主に危険も移転する（67条1項）。これはインコタームズのFCA条件に近く，コンテナ輸送が主流の実務に即した内容である。実務ではコンテナ船においても依然としてFOBやCIF，CFRを用いることが多いが，CISGは任意規定であるため，インコタームズ2020に準拠する契約でこれらの条件を明示した場合にはそれに従い，売主は物品を本船上に置く段階まで引渡し義務が完了せず，危険も売主に止まる。この結果，コンテナヤードで運送人に物品を引き渡した売主は，運送人が物品を本船上に置くまでの支配可能性がないにもかかわらず責任を負い，危険を負担させられることになる。したがって，運送形態に応じて適切なインコタームズを使い分けることが重要である。

なお，日本の新民法も，売買契約は目的物の引渡し時点で目的物の滅失等についての危険が移転するとしている（567条）。

【関連条文】

〈CISG〉

第31条【引渡しの場所及び引渡義務の内容】

売主が次の(a)から(c)までに規定する場所以外の特定の場所において物品を引き渡す義務を負わない場合には，売主の引渡しの義務は，次のことから成る。

> (a) 売買契約が物品の運送を伴う場合には，買主に送付するために物品を最初の運送人に交付すること。（以下，略）
>
> 第67条【運送を伴う売買契約における危険の移転】
>
> (1) 売買契約が物品の運送を伴う場合において，売主が特定の場所において物品を交付する義務を負わないときは，危険は，売買契約に従って買主に送付するために物品を最初の運送人に交付した時に買主に移転する。売主が特定の場所において物品を運送人に交付する義務を負うときは，危険は，物品をその場所において運送人に交付する時まで買主に移転しない。売主が物品の処分を支配する書類を保持することが認められている事実は，危険の移転に影響を及ぼさない。
>
> (2) (1)の規定にかかわらず，危険は，荷印，船積書類，買主に対する通知又は他の方法のいずれによるかを問わず，物品が契約上の物品として明確に特定される時まで買主に移転しない。

(3) 物品の契約適合性

売主は，契約に定める数量・品質等の条件に適合した物品を引き渡す義務を負い（35条(1)），**契約適合性**がCISG35条で判断されるが，不適合を認めた例として，引き渡された毛布の量が契約上の数量よりも少ないケース（CLOUT No.282）などがある。

一方，物品の品質等の詳細が契約で定まっていない場合，35条(2)の各号が定める要件を満たす必要がある。まず，(a)の**通常使用目的への適合性**では，たとえば９％の水が混入したワインは不適合とされた（CLOUT No.170）。では，国ごとに文化・伝統や公法上の規制が異なる中，売主は買主の公法上の規制等に適合した物品を引き渡す義務を負うか否か。特別の公法上の規制等を売主が知っていることを期待することは難しいため，多数説は，特段の事情がない限り，買主の営業所所在地国や物品の使用・転売国の公法上の規制等に適合した物品を引き渡す義務を売主は負わないと解している。裁判例を見ると，売主が転売を推認できただけでは輸入国基準への適合性を要求するには不十分とした例（CLOUT No.123）がある一方，売主が買主と長期間の取引関係にあって過去の契約では買主所在地の法規制を遵守する合意をした実績がある場合に契約不適合を認めた例（CISG-online No.279）もある。つぎに，(b)の売主に知らされていた**特定目的への適合性**では，たとえば，一定量のビタミンAを含有する肌用化粧品を購入したいとの目的が売主に知らされ，売主の専門技術を買主が信頼していた場合に不適合を認めたケース（フィンランドHelsinki Court of First Instance1995年６月11日判決）がある。また，(c)の**見本・ひな形との同質性**は，売主が買主に対して見本等を示していた場合に適用されるが，買主が注文見本を示した場合でも，当事者が見本への適合を合意した場合に限って本号が適用されるとした裁判例（CLOUT No.175）がある。(d)の**収納・包装の適切性**では，売主が買主の所在地で販売されることを知りながら買主国の食品表示規制に違反する包装のチーズを引き渡した事案で，本号の要件を満たさず不適合とされた（CLOUT No.202）。

【関連条文】

〈CISG〉

第35条【物品の適合性】

(1)　売主は，契約に定める数量，品質及び種類に適合し，かつ，契約に定める方法で収納され，又は包装された物品を引き渡さなければならない。

(2)　当事者が別段の合意をした場合を除くほか，物品は，次の要件を満たさない限り，契約に適合しないものとする。

(a)　同種の物品が通常使用されるであろう目的に適したものであること。

(b)　契約の締結時に売主に対して明示的又は黙示的に知らされていた特定の目的に適したものであること。ただし，状況からみて，買主が売主の技能及び判断に依存せず，又は依存することが不合理であった場合は，この限りでない。

(c)　売主が買主に対して見本又はひな形として示した物品と同じ品質を有するものであること。

(d)　同種の物品にとって通常の方法により，又はこのような方法がない場合にはその物品の保存及び保護に適した方法により，収納され，又は包装されていること。

(3)　買主が契約の締結時に物品の不適合を知り，又は知らないことはあり得なかった場合には，売主は，当該物品の不適合について(2)の(a)から(d)

までの規定に係る責任を負わない。

契約適合性を判断する基準時は**危険の移転時**（36条⑴）である。危険の移転後に生じた不適合は売主の義務違反によって生じたものに限られ（同条⑵），たとえば，果物缶詰のFOB売買で不適切な包装が原因で運送中に品質が劣化した場合（CISG-online No.350）が挙げられる。

【関連条文】

〈CISG〉

第36条【不適合についての売主の責任】

⑴　売主は，契約及びこの条約に従い，危険が買主に移転した時に存在していた不適合について責任を負うものとし，当該不適合が危険の移転した時の後に明らかになった場合においても責任を負う。

⑵　売主は，⑴に規定する時の後に生じた不適合であって，自己の義務違反（物品が一定の期間通常の目的若しくは特定の目的に適し，又は特定の品質若しくは特性を保持するとの保証に対する違反を含む。）によって生じたものについても責任を負う。

なお，第三者の権利が絡む物品を引き渡す場合の売主の責任（41条，知的財産権につき42条，第三者の権利を知っていた場合につき43条・44条）については別途規定がある。

⑷　買主による物品検査・通知義務

買主による物品検査・通知義務とは，商取引の迅速結了主義の要請から，売主が引き渡した物品の契約不適合について買主は迅速に検査し，不適合を発見した場合には素早く通知しないと不適合に伴う買主の権利（契約解除，代金減額，損害賠償）を売主に対して主張できなくなるもので，日本の商法（526条）や民法（566条），CISG（38～40条）に規定がある。商法とCISGの条文を比較すると**表１**のようになる。

【表1】買主による物品検査・通知義務を巡る日本商法とCISGの比較

	日本商法	CISG
検査義務の内容	遅滞なく検査（526条1項）：違反しても救済なし	実行可能な限り短い期間内に検査（38条1項）：違反しても救済なし
運送・転送を伴う場合	規定なし。有力説（江頭憲治郎『商取引法〈第8版〉』（弘文堂，2018年）30-31頁参照）は仕向地到達後まで検査延期可能と解す	仕向地到達後まで検査を延期可能（同条2項・3項）
通知義務の内容	直ちに通知しないと請求権喪失（同条2項1文）	合理的期間内に不適合を通知しないと不適合を援用不可（39条1項）
失権期間	6カ月（同条2項2文）。通説および判例（最判昭和47年1月25日判時662号85頁）の理解に基づく	2年（39条2項）
売主悪意の時	請求権は喪失せず（同条3項）	不適合は援用可能（40条）

【関連条文】

〈商法〉

第526条【買主による目的物の検査及び通知】

1　商人間の売買において，買主は，その売買の目的物を受領したときは，遅滞なく，その物を検査しなければならない。

2　前項に規定する場合において，買主は，同項の規定による検査により売買の目的物が種類，品質又は数量に関して契約の内容に適合しないことを発見したときは，直ちに売主に対してその旨の通知を発しなければ，その不適合を理由とする履行の追完の請求，代金の減額の請求，損害賠償の請求及び契約の解除をすることができない。売買の目的物が種類又は品質に関して契約の内容に適合しないことを直ちに発見することのできない場合において，買主が6箇月以内にその不適合を発見したときも，同様とする。

3　前項の規定は，売買の目的物が種類，品質又は数量に関して契約の内容に適合しないことにつき売主が悪意であった場合には，適用しない。

〈CISG〉

第38条【買主による物品の検査】

(1) 買主は，状況に応じて実行可能な限り短い期間内に，物品を検査し，又は検査させなければならない。

(2) 契約が物品の運送を伴う場合には，検査は，物品が仕向地に到達した後まで延期することができる。

(3) 買主が自己による検査のための合理的な機会なしに物品の運送中に仕向地を変更し，又は物品を転送した場合において，売主が契約の締結時にそのような変更又は転送の可能性を知り，又は知っているべきであったときは，検査は，物品が新たな仕向地に到達した後まで延期することができる。

第39条【買主による不適合の通知】

(1) 買主は，物品の不適合を発見し，又は発見すべきであった時から合理的な期間内に売主に対して不適合の性質を特定した通知を行わない場合には，物品の不適合を援用する権利を失う。

(2) 買主は，いかなる場合にも，自己に物品が現実に交付された日から二年以内に売主に対して(1)に規定する通知を行わないときは，この期間制限と契約上の保証期間とが一致しない場合を除くほか，物品の不適合を援用する権利を失う。

第40条【売主の知っていた不適合】

物品の不適合が，売主が知り，又は知らないことはあり得なかった事実であって，売主が買主に対して明らかにしなかったものに関するものである場合には，売主は，前二条の規定に依拠することができない。

条文を見ながらつぎの問題を考えてみよう。条文通りに解釈すれば，日本商法の下ではすでに失権し，CISGの下では依然不適合を援用可能となる。

問題：日本の商社Xは，甲国の醸造所Y会社との間で，Yが製造する醸造酒を買い受けて代金を支払った。醸造酒が陸揚げされてXの下に届き，陸揚げ５カ月後にXから日本国内のスーパーZに転売されて，陸揚げから１年後に初めて検査が行われた。この結果，醸造酒全部に劣化が見られ，その原因がYの倉庫での保管状態にあることが判明した。XはYに対して損害賠償請求を考えているが，日本の商法が適用される場合とCISGが適用される場合とで結論は変わるだろうか。なお，醸造酒の保証期間等につき契約には何も示されておらず，Yは本件劣化について知らなかった前提で考えてみよう。

（2006年司法試験問題を簡略化・一部改変）

⑸　買主・売主の救済方法

売主の義務違反に対する買主の救済方法は，①**代替品引換請求**や**修補請求**を含む**履行請求**（46条），②**契約解除**（49条〈前述〉），③**代金減額**（50条）および④**損害賠償請求**（74条～77条。後述）である（45条）。売主の一部不履行（51条）や履行期前の引渡しや数量超過（52条）については別途規定がある。

なお，日本の新民法でも，買主の代金減額請求権の認められる範囲を拡げ（563条），CISGと同様に不適合の割合に応じて減額請求が可能とした（旧法は目的物の数量不足を対象としたが，新法は種類・品質など性状に不適合のある場合を含めた）。買主は代金減額請求をしても，損害賠償の請求や解除権の行使ができる（新民法564条）。

【関連条文】

〈CISG〉

第45条【買主の救済方法】

⑴　買主は，売主が契約又はこの条約に基づく義務を履行しない場合には，次のことを行うことができる。

　⒜　次条から第52条までに規定する権利を行使すること。

　⒝　第74条から第77条までの規定に従って損害賠償の請求をすること。

⑵　買主は，損害賠償の請求をする権利を，その他の救済を求める権利の行使によって奪われない。

⑶　買主が契約違反についての救済を求める場合には，裁判所又は仲裁廷は，売主に対して猶予期間を与えることができない。

第46条【履行請求権】

⑴　買主は，売主に対してその義務の履行を請求することができる。ただし，買主がその請求と両立しない救済を求めた場合は，この限りでない。

⑵ 買主は，物品が契約に適合しない場合には，代替品の引渡しを請求することができる。ただし，その不適合が重大な契約違反となり，かつ，その請求を第39条に規定する通知の際に又はその後の合理的な期間内に行う場合に限る。

⑶ 買主は，物品が契約に適合しない場合には，すべての状況に照らして不合理であるときを除くほか，売主に対し，その不適合を修補によって追完することを請求することができる。その請求は，第39条に規定する通知の際に又はその後の合理的な期間内に行わなければならない。

第50条【代金の減額】

物品が契約に適合しない場合には，代金が既に支払われたか否かを問わず，買主は，現実に引き渡された物品が引渡時において有した価値が契約に適合する物品であったとしたならば当該引渡時において有したであろう価値に対して有する割合と同じ割合により，代金を減額することができる。ただし，売主が第37条若しくは第48条の規定に基づきその義務の不履行を追完した場合又は買主がこれらの規定に基づく売主による履行を受け入れることを拒絶した場合には，買主は，代金を減額することができない。

第51条【一部不履行】

⑴ 売主が物品の一部のみを引き渡した場合又は引き渡した物品の一部のみが契約に適合する場合には，第46条から前条までの規定は，引渡しのない部分又は適合しない部分について適用する。

⑵ 買主は，完全な引渡し又は契約に適合した引渡しが行われないことが重大な契約違反となる場合に限り，その契約の全部を解除する旨の意思表示をすることができる。

第52条【引渡履行期前の引渡し，数量超過の引渡し】

⑴ 売主が定められた期日前に物品を引き渡す場合には，買主は，引渡しを受領し，又はその受領を拒絶することができる。

⑵ 売主が契約に定める数量を超過する物品を引き渡す場合には，買主は，超過する部分の引渡しを受領し，又はその受領を拒絶することができる。買主は，超過する部分の全部又は一部の引渡しを受領した場合には，そ

の部分について契約価格に応じて代金を支払わなければならない。

一方，買主の義務違反に対する売主の救済方法は，①**履行請求**（62条），②**契約解除**（64条〈前述〉），および③**損害賠償請求**（74条～77条。後述）である（61条）。なお，買主が物品の仕様を指定すべき場合であるのに買主がこれを行わない場合，売主が仕様を指定できる（65条）。

【関連条文】

〈CISG〉

第61条【売主の救済方法】

(1)　売主は，買主が契約又はこの条約に基づく義務を履行しない場合には，次のことを行うことができる。

(a)　次条から第65条までに規定する権利を行使すること。

(b)　第74条から第77条までの規定に従って損害賠償の請求をすること。

(2)　売主は，損害賠償の請求をする権利を，その他の救済を求める権利の行使によって奪われない。

(3)　売主が契約違反についての救済を求める場合には，裁判所又は仲裁廷は，買主に対して猶予期間を与えることができない。

第62条【履行請求権】

売主は，買主に対して代金の支払，引渡しの受領その他の買主の義務の履行を請求することができる。ただし，売主がその請求と両立しない救済を求めた場合は，この限りでない。

第65条【売主による仕様の指定】

(1)　買主が契約に従い物品の形状，寸法その他の特徴を指定すべき場合において，合意した期日に又は売主から要求を受けた時から合理的な期間内に買主がその指定を行わないときは，売主は，自己が有する他の権利の行使を妨げられることなく，自己の知ることができた買主の必要に応じて，自らその指定を行うことができる。

(2)　売主は，自ら(1)に規定する指定を行う場合には，買主に対してその詳細を知らせ，かつ，買主がそれと異なる指定を行うことができる合理的な期間を定めなければならない。買主がその通信を受けた後，その定められた期間内に異なる指定を行わない場合には，売主の行った指定は，拘束力を有する。

(6)　損害賠償

相手方に契約違反があった場合の**損害賠償**の範囲については，各国法により様々な相違がある（**表２**参照）が，CISGは契約違反により相手方が被った損失の全額（**全部賠償の原則**）である（74条）。したがって，契約違反に伴って支出を余儀なくされた費用（物品の保存費用や第三者への損害賠償等）が損害に含まれる。契約が解除され，買主が**代替取引**を行って代替品を購入した場合には契約価額との差額を請求でき（75条），代替取引を行わなかった場合には解除時の時価との差額を請求できる（76条）。また，契約違反した当事者の相手方には合理的な措置を講じて損害を**軽減**する義務を課しており，たとえば買主が代替取引を行えば軽減されるべきであった損失額については，損害賠償額からの減額を請求できる（77条）。

【表２】損害賠償の範囲に関する比較法

	日本（民法416条）	アメリカ（UCC２-715条）	CISG（74条）
判断時点	債務不履行時	契約締結時	契約締結時
損害賠償範囲	通常損害＋予見すべき特別損害	通常損害＋予見できた特別結果損害＋（悪質な場合に）懲罰的賠償責任	契約違反の結果生じ得る予見できたすべての損害（通常・特別損害を区別せず）

【関連条文】

〈CISG〉

第74条【損害賠償の範囲】

当事者の一方による契約違反についての損害賠償の額は，当該契約違反により相手方が被った損失（得るはずであった利益の喪失を含む。）に等しい額とする。そのような損害賠償の額は，契約違反を行った当事者が契約の締結時に知り，又は知っているべきであった事実及び事情に照らし，当該当事者が契約違反から生じ得る結果として契約の締結時に予見し，又は予見すべきであった損失の額を超えることができない。

第77条【損害の軽減】

契約違反を援用する当事者は，当該契約違反から生ずる損失（得るはずであった利益の喪失を含む。）を軽減するため，状況に応じて合理的な措置をとらなければならない。当該当事者がそのような措置をとらなかった場合には，契約違反を行った当事者は，軽減されるべきであった損失額を損害賠償の額から減額することを請求することができる。

(7)　障害免責

CISGは過失責任主義を採用していないが，戦争や自然災害など，債務者の支配を越えた事情から生じる債務不履行については，契約締結時には考慮し，結果を回避することが合理的に期待できないことを証明すれば，責任を免れる(79条)。これは不可抗力免責に近い規定であるが，不可抗力は国によってすでに様々な意味で使われているため，不可抗力という言葉を新たな造語である**障害**（impediment）で言い換えたものである。ただし，不可抗力免責が一般に認められにくいのと同様に，**障害免責**についてもこれを認めた裁判例は少ない。したがって，確実に免責の効果を得たいのであれば契約書に書き込むべきである。

【関連条文】

〈CISG〉

第79条【債務者の支配を越えた障害による不履行】

(1)　当事者は，自己の義務の不履行が自己の支配を越える障害によって生じたこと及び契約の締結時に当該障害を考慮することも，当該障害又はその結果を回避し，又は克服することも自己に合理的に期待することができなかったことを証明する場合には，その不履行について責任を負わない。

(2)　省略

(3)　この条に規定する免責は，(1)に規定する障害が存在する間，その効力を有する。

(4)　履行をすることができない当事者は，相手方に対し，(1)に規定する障害及びそれが自己の履行をする能力に及ぼす影響について通知しなければならない。当該当事者は，自己がその障害を知り，又は知るべきであった時から合理的な期間内に相手方がその通知を受けなかった場合には，それを受けなかったことによって生じた損害を賠償する責任を負う。

(5) この条の規定は，当事者が損害賠償の請求をする権利以外のこの条約に基づく権利を行使することを妨げない。

第80条【債権者の作為，不作為によって生じた不履行】

当事者の一方は，相手方の不履行が自己の作為又は不作為によって生じた限度において，相手方の不履行を援用することができない。

(8) 物品保存義務

買主が物品引渡しの受領遅滞や代金未払いの場合，売主は物品を保存するための合理的措置をとる義務を負い，その合理的費用を買主が支払うまで物品を保持できる（85条）。物品を受け取った買主も，物品を返品する場合等にやはり物品を保存するための合理的措置をとる義務を負い，その合理的費用を売主が支払うまで物品を保持できる（86条）。物品の保存は，相手方の費用負担で第三者の倉庫に寄託することもでき（87条），物品保存に係る費用の支払いを相手方が不合理に遅滞する場合には物品を売却することもできる（88条）。

【関連条文】

〈CISG〉

第85条【売主の物品保存義務】

買主が物品の引渡しの受領を遅滞した場合又は代金の支払と物品の引渡しとが同時に行われなければならず，かつ，買主がその代金を支払っていない場合において，売主がその物品を占有しているとき又は他の方法によりその処分を支配することができるときは，売主は，当該物品を保存するため，状況に応じて合理的な措置をとらなければならない。売主は，自己の支出した合理的な費用について買主から償還を受けるまで，当該物品を保持することができる。

第86条【買主の物品保存義務】

(1) 買主は，物品を受け取った場合において，当該物品を拒絶するために

> 契約又はこの条約に基づく権利を行使する意図を有するときは，当該物品を保存するため，状況に応じて合理的な措置をとらなければならない。買主は，自己の支出した合理的な費用について売主から償還を受けるまで，当該物品を保持することができる。

Column　国際取引の中心地①イギリス

イギリスは，イングランド（首都ロンドン），スコットランド（首都エジンバラ），ウェールズ（首都カーディフ），北アイルランド（首都ベルファスト）の４国の連合で構成される。イギリス全体の首都ロンドンは海運や金融，国際法務などの世界的な中心地である。

欧州連合（EU）に加盟していたイギリス（ただし，ユーロの通貨統合に参加せず独自通貨である英ポンドを維持）だが，EUの移民政策への反発等からEU脱退論が高まり，2016年の国民投票の結果，僅差で欧州連合（EU）からのイギリス脱退（Brexit：ブレグジット）を2019年３月末までに行うことが決まり，リスボン条約50条に基づく脱退交渉が行われた結果，延期を経て2020年の年初にEU離脱協定が成立した。その後，EUとイギリスとのFTA交渉が難航したが，2020年末に一応合意に至った。

一方，スコットランドは他の構成国が英米法に属する中で大陸法に属し，英語以外にも独自の言語を話し，英ポンド札以外にも独自のスコットランド紙幣を発行する。1707年以前は独立した王国でスコッチウィスキーが有名であるが，1960年代に北海油田が発見されて以降，これを支配下に置くことで所得増加を図る独立派の勢力が増した。2014年の国民投票では僅差でイギリスに残留したが，今なおBrexitに反対するEU残留派も多く，独立の機運が高い。

イギリスでは，多くの博物館（大英博物館など）や美術館（テートモダンなど）が無料で，世界最高級のオペラやミュージカル，音楽コンサートも大変廉価である。オックスフォード大学，ケンブリッジ大学，ロンドン大学等の世界的な大学も多く，抜群の蔵書数を誇る大英図書館は日本人旅行者でも閲覧室での利用証を発行できる（詳細はhttps://www.bl.uk/aboutus/quickinfo/intvisitors/japanese.pdf参照）。

かつては食事が不味いので有名であったが，急速にレベルアップし，今や欧州の中でも美味しい方に属する。ビジネスや旅行，留学等で訪問される際には是非堪能されたい。

問題：Ｘは建設資材の原材料となる商品Ｇ（他社も販売）を販売する日本の会社で，日本以外に営業所を有していない。ＹはＧを原材料とする建設資材Ｍの製造・販売を目的とする甲国法人の会社で，甲国以外に営業所を持たない。Ｙが製造するＭには一定以上の強度のＧが必要だが，Ｘが販売するＧの価格が低額だったので，ＹはＸにＧの見本を送付するよう求め，Ｘは見本を送付した。Ｙがその見本を使用してＹの工場で建設資材Ｍの試験製造を行ったところ問題がなかったので，ＹはＸから200トンのＧを１億円で購入する契約（この契約には準拠法条項や紛争解決条項は明示的にも黙示的にもない）を結んだ。その後，Ｙは甲国のＫ港でＧを受領し直ちに検査したところ，当該Ｇは見本と比べて強度が不足し，Ｍの製造に使用できないことが判明した。そこでＹは，Ｘに検査結果を示してＧが見本と同等品質でなかった旨を通知し，他社から見本と同じ強度の商品Ｇを200トン，１億6,000万円で購入した。Ｙはこの購入代金と契約代金との差額6,000万円の損害を被ったとしてＸに損害賠償を求め，契約代金全額の支払を拒んでいる。なお，甲国はCISGの締約国ではない。Ｙは，Ｘを被告として，Ｘの契約違反によって被った損害の賠償を求める訴えを日本の裁判所に提起した。本件契約には，準拠法が明示的にも黙示的にも定められていなかったとする。

〔問１〕この訴訟で裁判所は，Ｙの損害賠償請求について，CISG第１条の規定に基づきCISGを適用することとした。裁判所の判断の過程を説明しなさい（CISG第２～６条までの規定は論じなくて良い）。：１条⑴(b) で国際私法の準則＜最密接関係地，特徴的給付地＞に該当。

〔問２〕この訴訟で裁判所は，Ｙの損害賠償請求についてCISGを適用した上で，Ｘが引渡したＧが契約に適合しておらず，Ｘに契約上の義務の不履行があったことを理由にＹの請求を認めた。裁判所の判断の過程を説明しなさい（CISG第38～40条，第74～77条までの規定は論じなくて良い）。なお，ＹはＸに，Ｙが製造するＭには一定以上の強度のＧが必要であるといった特定の目的を一切伝えていなかった。：35条⑵(c) および⑶に該当。

（2020年司法試験問題を一部改変・簡略化）

第4章　国際運送・保険

本章では基本的な貿易の仕組みにおいて，売買を支える二大要素（運送・支払）のうち，運送について説明する。運送法はそれ自体が専門的な分野であり，その方面を志す方には専門講義の受講をお薦めするが，国際取引法では国際取引に携わるすべての方が知っておくべき運送の基本事項（仕組みと概要，法律の内容）を解説し，併せて国際貨物保険についても説明するのが世界的な傾向である。そこで，本講義では基礎事項に絞って解説する。なお，2016年に商法と国際海上物品運送法の一部改正案が国会に提出され，2018年5月に成立した（2019年4月から施行）。したがって以下，新法に基づいて解説する。

1　国際運送の仕組みと概要

島国である日本から国際運送を行う場合，物品輸送でみれば船舶を用いた**海上運送**が圧倒的に主流（輸出入合計の貿易量の99.6%〈2017年，トン数ベース〉が海上輸送）であり，少量で急ぎの荷物の輸送では航空機を用いた**航空運送**が用いられる。ここでいう船舶は，国際航海に従事する船舶（**外航船**：船積港または陸揚港が日本以外にある場合で国際海上物品運送法が適用される）で，国内航海に従事する船舶（**内航船**：商法が適用される）とは区別される。また，二つ以上の輸送形態を組み合わせた運送を**複合運送**と呼んでいる。たとえば，横浜から自動車部品を海上運送して中継地点のサンフランシスコに運び（国際海上運送），そこから航空機で最終目的地トロントまで運ぶ（国際航空運送）ような場合である。なお，旅客運送についても若干付言する。

一方，陸続きの国では鉄道やトラック等も用いられるが，この部分は本書では扱わない。以下，各々の運送について理解すべき基本的な仕組みについて簡単に説明しよう。

(1)　海上運送

①　定期船と不定期船

まず，海上運送に用いられる船舶には，運航スケジュールが決まっている**定**

期船（liner）とチャーターして運行される**不定期船**（tramper）があり，日本の定期船のほとんどは**コンテナ船**である。コンテナとは内部に物を詰めるための容器を指し，もっともよく使われるのが一般貨物用のドライコンテナで，その他，冷蔵，冷凍食品や薬品の輸送用のリーファーコンテナ，機械などの輸送用のオープントップコンテナなどがある。一方，不定期船は，自動車や液化石油ガス（LPG）など特定の貨物を運搬する場合が多い。

② 個品運送契約と傭船契約

つぎに，運送契約をみると，①運送人が荷送人から個々の物品の運送を引き受ける「**個品運送契約**」と，②船舶の全部または一部を貸し切って，そこに船積みされた物品の運送を引き受ける「**傭船契約**（charter party）」に大別される。

a. 個品運送契約と船荷証券

個品運送契約では，定期船によって運送され，運送人が荷送人の請求に基づいて１通または数通の**船荷証券**を遅滞なく発行し（新商法757条），その裏面に示された定型的な運送約款によって運送人と不特定多数の荷送人の間の大量の権利関係を画一的に処理する。しかし，経済的に強い立場にある運送人に一方的に有利にならないように，運送人と荷送人との利害を合理的に調整するため，1924年に船荷証券統一条約（ヘーグ・ルールズ，Hague Rules。なお，実務や商法学者は英語読みでヘーグ・ルールズと呼ぶ傾向にあり，国際法学者は原語読みでハーグ・ルールズと呼ぶ傾向にある。どちらでも通じるが，実務に進む読者の便宜から以下ヘーグと表記）が作成されて日本も批准し，併せて国内法である「**国際海上物品運送法**」（昭和32年法律172号，1992年法改正）を制定した（同法の内容は条約とほぼ同じであるが，条約よりも後述するように適用範囲が広い）。同法は**片面的強行規定**（荷送人に不利であれば条文に反する約款は無効だが，逆に有利ならば無効にならない性格の規定）として適用される（国際海運11条）。

なお，ヘーグ・ルールズは1968年と1979年に改訂され，改訂されたものを**ヘーグ・ヴィスビー・ルール（ズ）**（Hague Visby Rules）と呼ぶ（したがって条約名は船荷証券統一条約のまま。なお，日本語では単数表記も存在）。日本は1979年の改訂議定書を1993年に批准し，それに合わせて国際海上物品運送法の改正も行ったため，ヘーグ・ヴィスビー・ルールズを採用した状態にある（次頁のColumn参照）。なお，個品運送されるコンテナ貨物は，コンテナ１個に満載される大口貨物（FCL貨物：Full Container Load）とこれに満たない少量の貨物を他の貨物と併せて満載させる小口貨物（LCL貨物：Less than Container Load）に分けられる。荷主からの委託により，貨物を取次ぎ，混載・仕分け，保管，梱包，加工，通関業務，国内輸送の手配等を行う国際物流業者を**混載業者**または**コンソリデーター**もしくは**フォワーダー**（forwarder）と呼ぶ。

【関連条文】

〈国際海上物品運送法〉

第11条【特約禁止】

1　第3条から第5条まで若しくは第7条から前条まで又は商法第585条，第759条若しくは第760条の規定に反する特約で，荷送人，荷受人又は船荷証券所持人に不利益なものは，無効とする。運送品の保険契約によつて生ずる権利を運送人に譲渡する契約その他これに類似する契約も，また同様とする。

＊　フォワーダー（Forwarder）とは一般に，荷主から貨物を預かって他の業者の運送手段（船舶，航空機など）を利用して国際運送を引き受ける形態の貨物利用運送事業者を指し，航空輸送を得意とする場合にエア・フレイト・フォワーダー（またはフォワーダー），海上輸送を得意とする場合にNVOCC（非船舶運航業者，Non Vessel Operation Common Carrierの略，NVと略されることもある）とも呼ばれる。

Column　国際海上運送を巡るルールの乱立状態

世界をみると，①ヘーグ・ルール（ズ）（1924年船荷証券統一条約）の加入にとどまる国々（米国，トルコ，アルゼンチン，マレーシア等），②ヘーグ・ヴィスビー・ルール（ズ）（1924年船荷証券統一条約を時代にあわせて修正し，解釈上の問題点を除去する内容）の加入を果たした国々（日本，英仏等の欧州先進国），③ハンブルク・ルール（ズ）（Hamburg Rules：1978年国連海上物品運送条約。ヘーグ・ルールズ等は先進国に有利と考える途上国の発意で制定され，航海上の過失による法定免責を否定し，責任限度額をヘーグ・ヴィスビー・ルールズの25%増しにするなど運送人の責任を重くする内容）に加入する国々（エジプト，モロッコ，リベリア，チリ等），④いずれの条約にも加入していない国々（中国，台湾，韓国，ブラジル等）に分かれている。さらに，新しい動きとして「全部又は一部が海上運送による国際物品運送条約に関する国連条約」（ロッテルダム・ルール（ズ）：Rotterdam Rules）が国連国際商取引法委員会（UNCITRAL）で審議され，2008年12月に国連総会で採択された（20カ国以上の批准があれば条約が発効）。米国が署名済みで中国の加盟も予想されたが，2014年現在で署名が25カ国，批准は３カ国（スペイン，トーゴ，コンゴ）に止まり，日本は署名・批准のいずれもしていない。ロッテルダム・ルールズはコンテナ貨物の取扱いや電子船荷証券の規定を含む一方で，船荷証券について貿易取引の枠組みの変更を迫る内容だとする指摘もあり，国際海上物品運送法との関係でも種々な問題点が指摘されている。

---

b. 船荷証券の法的性質

船荷証券（B/L：Bill of Lading）は有価証券である。**有価証券**とは商法上の概念で一定の私法上の権利を表章する証券（紙）を指し，権利の発生，行使または移転の全部または一部に証券の占有を必要とする（通説）。このため船荷証券も証券の引渡しだけで運送品の引渡しと同一の効力が発生する。これを船荷証券の**物権的効力**と呼ぶ。

一方，船荷証券の所持人は，運送人に対して運送契約上の債務の履行を請求し，それが不履行となる場合は損害賠償を請求できる。これを船荷証券の**債権的効力**と呼ぶ。有価証券である船荷証券の性質を有価証券ではない運送状（後述）と比べた場合，**表１**のようになる。なお，2018年改正により，国際海上物品運送法の旧法６～９条に規定されていた船荷証券に関する規定は，商法本則757－760条に規定されることとなった。

【表１】船荷証券と運送状（海上/航空）の性質

性　質	船荷証券	運送状
①　船積地で運送人が貨物を引き受けたことを証する受領証	あり	あり
②　運送人と荷主の運送契約書ないし契約の証拠	あり	あり
③　荷卸し地で運送人に貨物の引渡請求ができる貨物引換証，およびその権利を記した権利証券	あり	なし
④　裏書きによって転売が可能となる流通証券	あり	なし

＊　船荷証券（B/L）の種類には，以下のものがある。

①　指図式船荷証券（Order B/L：荷受人〈consignee〉欄をTo Orderと記載〈荷主の裏書きで譲渡性が発生〉するかTo Order of Xと記載〈Xの裏書きで譲渡性が発生〉）と記名式船荷証券（Straight B/L：荷受人欄に荷受人名を記載）

②　故障付船荷証券（Foul B/L：船積みの際に貨物の梱包や数量に異常があり，故障のRemarksの付されたB/Lで，信用状取引では銀行は買取りに応じない）と無故障船荷証券（Clean B/L：故障の記載のないB/L）

③　船積船荷証券（Shipped B/L：運送品の船積みがあった旨を記載）と受取船荷証券（Received B/L：コンテナ貨物等の場合で，コンテナヤードでの運送品の受取りがある旨を記載。船積みの事実を証明していないため，信用状取引では信用状に明示がない限り銀行は買取りに応じない）

＊　船荷証券は記載事項が法定されている要式証券であるが，手形のような厳格な要式性は求められず，運送品や運送契約を特定できる程度の記載があれば，法定記載事項の一部が欠けていたり，法定記載事項以外の記載（免責約款，裁判管轄約款等）があっても有効と解されている。

c.　船荷証券の危機と不実記載

運送人は船荷証券の所持人に貨物を引き渡す義務を負い，貨物と引換えに船荷証券を回収しなくてはならない。高速コンテナ船等による物流の高速化に伴い，近隣地域（中国，韓国，台湾等）から出航後２～４日で本船が到着する（東京・ロサンゼルス間でも早いと10日で到着）結果，国際宅配便（Courier：クーリエ）で仕向地に搬送される船荷証券よりも貨物の方が早く到着してしまい，未だ決済できないので貨物の迅速な引取りができないケースが近年増加している（**船荷証券の危機**：B/L Crisis）。原則として船荷証券がないと貨物の引取りができないため，やむを得ず，①**保証渡し**（船荷証券の代わりに**保証状**〈**L/G：Letter of Guarantee**〉を船会社に差し入れて引き取る方法）や，②輸出者から輸入者への船荷証券の直送，③**サレンダード船荷証券**（Surrendered B/L：船会社が船荷証券を発行後，輸出者が白地裏書することで，船積地の船会社が船荷証券を回収。陸揚港では船荷証券の呈示なしに貨物引取りが可能になるが，法的位置付けが不明。日本とアジア地域で利用拡大），④**海上運送状**（SWB）の利用（欧州で利用拡大）で対応している。保証渡しでは，船会社所定の様式に受取人と銀行が連署して保証状が発行されるのが通例で，後に船荷証券が到着した段階で船会社に船荷証券を提出し保証状を解除する。

なお，船荷証券の記載が事実と異なる不実記載の場合，ヘーグ・ルールズや1992年改正前の国際海上物品運送法では不実記載について運送人が無過失を立証すれば運送人は善意の船荷証券所持人に対抗できた。しかし，船荷証券の流通性を高めるため，ヘーグ・ヴィスビー・ルールズやこれに対応する1992年の国際海上物品運送法の改正により，運送人の無過失の立証にかかわらず善意の船荷証券所持人には対抗できなくなった（船荷証券統一条約３条４項。なお，改正前は立証すれば対抗できた）。他方，船荷証券上に「運送品を外観上良好な状態で船積した」旨の記載がある場合，荷揚時に損傷が認められれば，特段の事情がない限り，損傷時期は運送人の運送品取扱中に生じたものと事実上推定される（最判昭和48年４月19日民集27巻３号527頁）。

【関連条文】

〈船荷証券統一条約：ヘーグ・ヴィスビー・ルールズ〉

第３条【運送人の責任・船荷証券の効力等】

4　Such a bill of lading shall be prima facie evidence of the receipt by the carrier of the goods as therein described in accordance with paragraph 3 (a), (b) and (c). However, proof to the contrary shall not be admissible when the bill of lading has been transferred to a third party acting in good faith.（ヘーグ・ルールズには下線部が存在せず）

d. 傭船契約

一方，傭船契約では，不定期船を用いて，自動車や石油・石炭などの原材料や小麦・大豆等の食糧など，大量の貨物を運送する場合が多い。**傭船契約**は，傭船する範囲（全部傭船か一部傭船か）や契約期間（航海傭船か期間傭船か）が様々であるが，特定の一航海を単位として船腹の全部または一部を貸し切る契約（**航海傭船契約**）がもっとも基本的な形態である。個品運送契約の場合とは異なり，**傭船契約**の当事者は一般に取引に精通し経済的にも対等な立場にあるので私的自治の原則が広く認められ（通常は民間のボルチック国際海運協議会〈BIMCO〉や日本海運集会所等が作成した標準契約書式を利用），**船荷証券**による個品運送契約に適用される免責特約の禁止は傭船契約には適用されない。すなわち，船荷証券統一条約は傭船契約に適用されず（５条），傭船契約も規律する国際海上物品運送法は，免責特約の禁止を適用除外としている（国際海運12条）。一方，比較的新しい運送形態として，①傭船者が一定の傭船期間中，船長その他の船員を配乗させた船舶を借り受けて自己の望む航路に自由に配船運航する一方，②船主は自ら配乗させた船長・船員を通じて引き続き船舶を支配管理する契約（定期傭船契約）が世界的に普及し，各国の法整備が追いつかない（日本は新商法704～707条で規定を新設）中，BIMCOが制定したBALTIME 1939等の標準契約書式が多用されている。

【関連条文】

〈国際海上物品運送法〉

第１条【適用範囲】

この法律（第16条を除く。）の規定は船舶による物品運送で船積港又は陸揚港が本邦外にあるものに，同条の規定は運送人及びその使用する者の不法行為による損害賠償の責任に適用する。

第12条【特約禁止の特例】

前条第１項の規定は，船舶の全部又は一部を運送契約の目的とする場合には，適用しない。ただし，運送人と船荷証券所持人との関係については，この限りでない。

〈船荷証券統一条約：ヘーグ・ヴィスビー・ルールズ第２文〉

> 第５条【責任加重・傭船契約関係】
> The provisions of these Rules shall not be applicable to charter parties, but if bills of lading are issued in the case of a ship under a charter party they shall comply with the terms of these Rules.（ヘーグ・ルールズは下線部が this Convention だが，内容は同一）

③　便宜置籍船

船舶には国籍（**船籍**）がある。たとえば日本では，船舶法に基づき，船舶の所有者（船主）が日本国民である場合，その船舶は登録により船舶国籍証書の交付を受けて日本船籍を取得できる。日本船籍を取得すれば，日本の国旗を掲揚でき，外国船に対する不開港場に寄港でき，沿岸貿易に従事できるが，これらは外国の船舶には認められていない特権である（後述column参照）。

一方，船舶が実質的な所有者の属する国とは異なる国に登録され，その国籍を取得する場合があるが，こうした船舶を**便宜置籍船**と呼ぶ。船主は，船を所有するだけのペーパーカンパニーを置籍国となる外国に設立することで船舶の所有や置籍で生じる税金を低く抑えられる。一方，乗員の国籍要件等の規制を緩和して外国船籍を誘致しようとする小国（パナマ，リベリア等）も多いため，世界中の多くの外航船の船会社は，国内規制を回避し，コストを削減して国際競争力を高めるために便宜置籍船を活用することが多い。

日本の場合，2017年時点で貿易量（輸出入合計）の99.6％（トン数ベース）を海上輸送が占めており，この海上貿易量のうち輸出の41.6％，輸入の66.5％（何れも積取比率）の輸送を2,458隻の日本商船隊（日本の外航海運企業が運航する2,000総トン以上の外航商船群）が担うが，このうち日本籍船は237隻，パナマ籍船が1,462隻であり，便宜置籍船が大部分を占めている。しかし，日本籍船は非常時の日本国民の物資輸送を担う点で経済安全保障の中核を担うため，日本籍船の利便性向上による割合の増加が政策的課題となっている（国土交通省『海事レポート2018』参照：毎年発行され，国土交通省HPより入手可能）。

Column　国際海上旅客運送とカボタージュ規制

最近，日本でも低運賃を売りにする国際クルーズ船による旅客運送が増えてきた。多くの国々で採用されているカボタージュ（cabotage）規制（国家安全保障や安定輸送・産業保護等の観点から自国の沿岸輸送を自国船に限定する規制）を日本も採用（船舶法３条，内航海運業法３条等）する結果，価格競争力のある外国の船会社が日本国内で運航できず，国内の海上旅客運賃が長い間高止まりしてきた。これに対し，国際旅客運送であればカボタージュ規制にかからないため，最近では外国の船会社により，ロシアのウラジオストクや韓国の釜山など近隣の外国都市を一つ国内航路に含めることで国際クルーズ船とし，運賃を安く提供する動きが広がっている。また，一部の国々に倣って，この機会にカボタージュ規制を見直すか否かの議論があるが，規制撤廃には国内の船会社の抵抗が根強い情勢にある。

国際旅客運送については日本では商法以外の法規範がなく，1987年に発効した「海上旅客運送及びその手荷物に関するアテネ条約」にも加入していない。このため，1991年に日本外航客船協会が制定し，数次の改訂を経た標準運送約款が多用されている。なお，旅客運送でも，定期船により個々の旅客の運送を目的とする契約と団体観光旅行等で船舶の全部または一部を貸し切る傭船契約がある。

⑵　航空運送

①　仕組み

航空貨物輸送には，①航空会社かその代理店に直接運送を委託する「**直送貨物**」（輸入地での通関手続と国内配送は別途手配する必要）と，②混載業者が介在する「**混載貨物**」（輸入地での通関手続等も含めて混載業者が行う）がある。また，航空機への荷物の積込み方法には，個々の貨物を直接積み込む「**バラ積み方式**」とパレットやコンテナ等を用いて貨物を積み付ける「**ULD**（Unit Load Devices）**搭載方式**」がある。

②　法的状況

国際航空運送に関しては，1929年に「国際航空運送についてのある規則の統一に関する条約」（**ワルソー条約**）が制定されて運送人の責任制限等が規定された後，航空運送の発達や経済情勢の変化に応じて賠償金限度額の引上げ等を行うためにいく度か改正議定書が出されて改正された。しかし，改正議定書ごとに締約国が異なり，適用関係が複雑になったため，1999年にワルソー条約と改正議定書を整理・統合した**モントリオール条約**（ワルソー条約と正式名は同じ）がモントリオールにおける外交会議で採択されて2003年に発効し，2019年11月現在，加盟国は日本，米国，中国，EU加盟国，韓国，マレーシア，ブラジル，カナダ，オーストラリアなど136のICAO加盟国とEUである。未だ批准していない近隣国に台湾があり，国内法の規定が及ぶが，その保障水準は条約よりも低い。

モントリオール条約は物品の航空輸送も旅客運送も両方とも規定するが，航空輸送の部分は後述するとして，ここでは旅客運送について重要点を確認する。モントリオール条約は旅客や航空会社の国籍とは無関係に，出発地と到着地が締約国であれば適用される（モントリオール条約１条）。このため，台湾行き片道航空券ではモントリオール条約の適用はないが，仮に往復航空券を持っていればモントリオール条約（無制限。旅客の死亡や傷害については12万8,821SDR1〈2,000万円弱〉までは無過失責任，それ以上は航空会社が無過失等を立証すれば免責される）が適用されて十分な補償を受けることができる（因みに，ワルソー条約ならば140万円程度，ヘーグ改定議定書でも280万円程度）。また，裁判管轄地もモントリオール条約によって拡張された。ワルソー条約・ヘーグ改訂議定書では，①運送人の住所地，②運送人の主たる営業所所在地，③運送人が契約を締結した営業所所在地，④到達地であったが，モントリオール条約ではこれらに加え，⑤旅客の死亡または傷害時に限り，事故当時旅客が主要かつ恒常的な居住地を有していた締約国の領域（モントリオール条約33条２項）が加わった。

【関連条文】

〈モントリオール条約〉

第１条【適用範囲】

1　この条約は，航空機により有償で行う旅客，手荷物又は貨物のすべての国際運送について適用し，航空運送企業が航空機により無償で行う国際運送についても同様に適用する。

2　この条約の適用上，「国際運送」とは，当事者間の約定により，運送の中断又は積替えがあるかないかを問わず，出発地及び到達地が，二の締約国の領域内にある運送又は一の締約国の領域内にあり，かつ，予定寄航地が他の国（この条約の締約国であるかないかを問わない。）の領域内にある運送をいう。一の締約国の領域内の二地点間の運送であって他の国の領域内に予定寄航地がないものは，この条約の適用上，国際運送とは認めない。

第33条【管轄】

1　損害賠償についての訴えは，原告の選択により，いずれか一の締約国の領域において，運送人の住所地，運送人の主たる営業所若しくはその契約を締結した営業所の所在地の裁判所又は到達地の裁判所のいずれかに提起しなければならない。

2　旅客の死亡又は傷害から生じた損害についての損害賠償の訴えは，1に規定する裁判所のほか，事故の発生の時に旅客が主要かつ恒常的な居住地を有していた締約国の領域における裁判所に提起することができる。ただし，関係する運送人が，自己の航空機により又は商業上の合意に基づき他の運送人が所有する航空機により当該締約国の領域との間で旅客の航空運送を行っており，及び当該関係する運送人が，自己又は商業上の合意の下にある他の運送人が賃借し又は所有する施設を利用して，当該締約国の領域内で旅客の航空運送業務を遂行している場合に限る。

Column　オープンスカイ協定とLCC

世界的な航空自由化への対応や海外需要の取込みを目的として，2010年以降，日本は欧米アジアの33カ国・地域（平成29年９月時点）との間で二国間のオープンスカイ協定（行政による制限を撤廃し，航空会社の裁量で路線・便数等を決められるようにする二国間合意）を締結し，国際航空ネットワークの充実を図ってきた。また，二国間だけでなく，相手国からさらに別の国へも営業運航を行う権利（以遠権）を認める場合もある（例：大韓航空のソウル⇔成田⇔ホノルル）。一方，従来の航空会社に加え，サービスを簡素にする代わりに運賃を安く抑える格安航空会社（LCC）も，訪日ビザ要件の緩和や免税措置，近隣アジア諸国の経済成長等を受けた訪日客（インバウンド）の急増を受けて，続々と日本路線・便に参入し，学生諸君の海外旅行の機会も増えている。

Column 民泊新法

緩やかに衰退しつつある日本経済の中で将来最も有望な産業の一つは観光業と言われている。従来は観光業に力を入れてこなかった日本だが，2007年に観光立国推進基本法を施行し，2008年には観光庁を創設して2013年以降は訪日外国人客数が急増した。訪日旅行や訪日客をインバウンドというが，インバウンドが日本各地の経済発展に貢献している。

一方，東京オリンピック開催を前に日本の大都市圏では，訪日客の増加にホテル供給が間に合わず，旅館業法の下で違法となる民泊（住宅の空き部屋やマンションの一室を利用して旅行者を宿泊させる行為）が横行してきた（ただし，従来も国家戦略特区における特区民泊や旅館業法の簡易宿所免許を取得した場合は適法）。一方，海外ではAirBnB等の民泊仲介サービスが急成長して日本にも進出していた。

そこで，政府も民泊解禁の必要性を認識するに至り，2017年に住宅宿泊事業法（民泊新法）が成立し，2018年６月から施行された。新法によれば民泊のホストは都道府県に届出することで年間180日（各自治体は180日以下に引き下げることも可能）を上限に合法的に民泊運用できるが，各地方自治体が追加規制を設けることもできる。民泊ホストに代わって物件を管理する住宅宿泊管理業者やAirBnBなどの住宅仲介業者にも官公庁への登録が義務付けられ，違法状態の改善や健全な発展が見込まれているが，規制が依然強固なため，民泊への新規参入はあまり進んでいない。

(3) 複合運送

① 仕組み

複合運送とは，同一の運送人が二つ以上の異なる輸送手段（たとえば，海上運送と航空運送の組み合わせ）を用いて貨物の引受けから引渡しまで一貫して行う運送を指し，「**国際複合一貫輸送**」ともいう。コンテナを利用した海上運送と陸上運送の複合一貫輸送（例：横浜から海上運送でサンフランシスコに海上運送し，トロントまで鉄道等で陸上輸送）がもっとも取扱量が多い。

海上運送と陸上運送の国際複合一貫輸送を行う**複合運送人**には，船会社と，自身では船舶を運航しない運送人であるNVOCC（Non-Vessel Operating Common Carrier）の二種類があり，どちらも**複合運送書類**として**船荷証券**（B/L：Bill of Lading）か**複合船荷証券**（Multimodal Transport B/L），あるいは**海上運送状**（SWB：Sea Waybill）を発行して複合一貫輸送を行う。高速コンテナ船の登場に伴う物流高速化に伴い，船荷証券の到着が貨物に間に合わない**船荷証券の危機**が発生する中，船荷証券に代えて海上運送状を発行するケースが増えている。

一方，海上運送と航空運送の複合運送人の場合，主に自身では船舶や航空機を持たないNVOCCが担っており，**フレイト・フォワーダー**（貨物混載業者）と呼ばれる複合運送人の選択により海上運送状か**航空運送状**（AWB：Air Waybill）か**複合船荷証券**が発行される。高速物流がもとより可能な航空機の場合は，船荷証券では貨物の到着に間にあわないのが当然であるため，航空運送状が発行されている。また，複合運送証券を直接規律する法規はなく，専ら複合運送約款に従う。複合運送のモデル約款は，たとえば**国際フレイト・フォワーダーズ協会連合**（**FIATA**）傘下の日本の国際フレイト・フォワーダーズ協会（JIFFA）のホームページからみることができる。

海上運送状や航空運送状といった運送状は荷送人から荷受人への貨物運送通知書に過ぎず，記名式なので譲渡可能ではなく，**有価証券**ではないので船荷証券が持つような権利証券性や流通証券性は持たない。しかし，荷受人が運送人に対して荷受人であることを証明すれば，運送状原本を運送人に提出しなくても貨物の引取りが可能であり，運送状を紛失した場合も保証状を発行する等の手続が不要なので，売主と買主の間に十分な信頼関係がある場合には合理的で迅速な処理が可能になるメリットがある。

②　法的状況

国際複合運送に関する条約はなく（1980年に成立した「物品の国際複合運送に関する国連条約」は複合運送人の責任が重過ぎて実務慣行とも合わないので発効の見通しが立たない状況），直接規律する各国の法規制もごく少数であることから，専ら運送人が作成する複合運送約款によって規律される。複合運送人は運送約款に基づいて荷主に対する運送責任を負い，船会社，道路運送業者，鉄道，航空会社等を下請運送人として使用する。その際，運送品の滅失・毀損が発生した運送区間（たとえば，海上運送か航空運送か）と複合運送人が負う責任との関係を巡っては二つの考え方に大別される。すなわち，①どの運送区間で発生したかにかかわらず単一の責任原則で定める「**ユニフォーム方式**」と，②滅失・毀損した運送区間が特定できる場合は，輸送手段ごとの下請運送人の運送約款と強制的に適用される国内法や国際条約（たとえば，日本から米国への片道航空運送中はモントリオール条約の責任原則）に従い，特定できない場合は別途契約で責任原則に従う「**ネットワーク方式**」が存在し，実務ではネットワーク方式が主に採用されている。ネットワーク方式は，全輸送区間共通の責任原則がないので荷主には分かりにくいというデメリットがあるが，下請運送人が複合運送人に対して負う運送責任と複合運送人が荷主に負う運送責任に乖離が生じることを防ぐメリットがある。

2 国際運送に関する法律の内容

国際海上運送に関する法源は，前出の条約（ヘーグ・ルールズなど）に加えて，ヘーグ・ヴィスビー・ルールズを採用した国内法である日本の国際海上物品運送法（1957年制定，1992年・2018年改正）が重要であり，英国のCarriage of Goods by Sea Act 1971（UK COGSA）やヘーグ・ルールズの採用に止まる米国のCarriage of Goods by Sea Act 1936（US COGSA）等の外国法も必要に応じて理解する必要がある。紙幅の関係で以下では国際海上物品運送法の規定の説明に留める。一方，国際航空運送に関しては，日本では国際海上物品運送法のような国内法を制定しておらず，条約が国際私法を介さずに直接適用される。そこで，モントリオール条約に絞って解説する。

(1) 国際海上物品運送法

① 適用範囲

国際海上物品運送法は，ヘーグ・ルールズ（船荷証券統一条約）の批准に伴い，1957年にその国内法として制定された後，1993年のヘーグ・ヴィスビー・ルールズ（船荷証券統一条約を改訂した1979年議定書）の批准に合わせて1992年に改正された。ただし，船荷証券統一条約が船荷証券による個品運送契約を対象とする（条約10条）のに対し，国際海上物品運送法は船荷証券によらない個品運送契約や傭船契約をも適用対象とする。これは日本の商法の方が条約よりも運送人の責任を重く規定するため，船荷証券発行の有無や個品運送契約か傭船契約かの相違によって運送人の責任に不均衡が生じることを避けるためである。ただし，運送人による免責特約の禁止は傭船契約の当事者間では適用されない（前出・国際海運12条）。また，2018年の商法改正により，国際海上物品運送法が定めていた船荷証券の規定を商法が取り込んだ結果，国際海上物品運送法は条文数が減り，商法の特則としての意味合いが強まった。

国際海上物品運送法は外航船による運送のみに適用される商法の特例法であり，商法が適用される内航船による運送には適用されない（国際海運１条）。適用関係を巡って，①運送人に義務・責任を課す条約の文言・趣旨・目的から考えて，条約規定を取り込んだ国際海上物品運送法（または船荷証券統一条約）は国際私法を介さずに適用されるべき（直接適用）とする考え方（**直接適用説**。有力説。たとえば，高桑昭『国際商取引法〔第３版〕』有斐閣（2011年）140頁参照）と，②条約の審議経過等からみて，国際私法の規定により当該運送契約の準拠法が日本法となる場合に適用される（間接適用）とする考え方（**間接適用説**）が対立しており，裁判例（東京高判昭和44年２月24日高民集22巻１号80頁等）や多数説は間接適用説を採用している。私見は多数説に同意する。仮に条約が直接適用すべき内容を持つとしても，それより適用範囲が広く，形式的には統一法（条約）ではない国内法である国際海上物品運送法を「条約の直接適用」の議論に当てはめるのは不自然であり，間接適用と解する以外にない。有力説の問題意識を活かすならば，国際海上物品運送法を公法的な「**絶対的強行法規**」と考えて，契約に対する優先適用を論じるべきであろう。絶対的強行法規とは，消費者保護規制など公益性の強い強行法規を指し，公法と同様に当事者の準拠法選択のいかんを問わず適用される。一方，そうでない強行法規は相対的強行法規と呼ばれ，国際私法により準拠法として指定されたときにのみ適用される。また，憲法98条２項の条約遵守義務との関係で，国際海上物品運送法よりも条約を優先して適用すべきと解する余地もあるが，規定内容がほぼ同じなので論じる実益は少ないと思われる。

②　海上運送人の注意義務

国際海上物品運送法は，運送人の義務に関して，①運送品の取扱いに関する**一般的な注意義務**（国際海運３条）と，②安全に航行するに堪え得る能力（**堪航能力**）を持つ船舶を提供する義務（国際海運５条）を定め，原則として運送人が無過失の立証責任を負う過失責任主義を採用している（国際海運３条の義務については４条１項，国際海運５条の義務については５条但書き）。

＊　積付け（つみつ）と積込み（つみこ）の相違について，積付けとは，形や大きさの不揃いな物をできるだけ空間ができないように工夫して載せること。これに対して積込みとは，形の揃った物を単純に載せることをいう。

【関連条文】

〈国際海上物品運送法〉

第３条【運送品に関する注意義務】

1　運送人は，自己又はその使用する者が運送品の受取，船積，積付，運送，保管，荷揚及び引渡につき注意を怠つたことにより生じた運送品の滅失，損傷又は延着について，損害賠償の責を負う。

第４条

1　運送人は，前条の注意が尽されたことを証明しなければ，同条の責を免かれることができない。

第５条【航海に堪える能力に関する注意義務】

運送人は，発航の当時次に掲げる事項を欠いたことにより生じた運送品の滅失，損傷又は延着について，損害賠償の責を負う。ただし，運送人が自己及びその使用する者がその当時当該事項について注意を怠らなかつたことを証明したときは，この限りでない。

一　船舶を航海に堪える状態に置くこと。

二　船員の乗組み，船舶の艤（ぎ）装及び需品の補給を適切に行うこと。

三　船倉，冷蔵室その他運送品を積み込む場所を運送品の受入，運送及び保存に適する状態に置くこと。

③　海上運送人の免責

運送人は，①天災・戦争等の場合には免責のための立証責任を免れ（国際海運４条２項），②運送人の直接管理下にある運送品取扱い上の過失（**商業上の過失**）のみに責任を負い，船長・海員・水先人その他運送人の使用者が航行や船舶取扱いに関する過失（**航海上の過失**）による損害には責任を負わず（国際海運３条２項），③自己の故意・過失に基づかない船舶の火災で生じた運送品の損害についても賠償責任を負わない（国際海運３条２項）。ただし，商業上の過失か航海上の過失かの判断が難しいケースもある。

天災等の場合に免責の立証責任を免れる規定は，従来は船荷証券に列挙されていた免責事由を証明責任の軽減事由として条文化したものである。航海上の過失に責任を負わない理由は，海上運送には危険が伴い軽微な航海上の過失が巨額の損害に繋がるリスクがある一方で，運送人には船長等の技能を信頼して航海を任せるほか術がなく，船長等には罰則や免許停止等の処分があるので損害発生を助長する恐れがないからである。また，運送人が自身の故意・過失の不在を立証すれば，船長・海員等の故意・過失による火災であっても免責される理由は，海上危険の典型例である船舶火災は軽微な過失でも巨大な損害に繋がる一方，荷主の損害は保険で塡補されるので運送人を免責しても荷主保護が図られるからである。

【関連条文】

〈国際海上物品運送法〉

第３条【運送品に関する注意義務】

２　前項の規定は，船長，海員，水先人その他運送人の使用する者の航行若しくは船舶の取扱に関する行為又は船舶における火災（運送人の故意又は過失に基くものを除く。）により生じた損害には，適用しない。

第４条

２　運送人は，次の事実があつたこと及び運送品に関する損害がその事実により通常生ずべきものであることを証明したときは，前項の規定にかかわらず，前条の責を免かれる。ただし，同条の注意が尽されたならばその損害を避けることができたにかかわらず，その注意が尽されなかつたことの証明があつたときは，この限りでない。

一　海上その他可航水域に特有の危険
二　天災
三　戦争，暴動又は内乱
四　海賊行為その他これに準ずる行為
五　裁判上の差押，検疫上の制限その他公権力による処分
六　荷送人若しくは運送品の所有者又はその使用する者の行為
七　同盟罷業，怠業，作業所閉鎖その他の争議行為
八　海上における人命若しくは財産の救助行為又はそのためにする離路若しくはその他の正当な理由に基く離路
九　運送品の特殊な性質又は隠れた欠陥
十　運送品の荷造又は記号の表示の不完全
十一　起重機その他これに準ずる施設の隠れた欠陥

④　**免責約款の禁止**

運送人が約款で免責範囲を広げて荷主等を不当に害することのないように，国際海上物品運送法は，運送人の義務に関する諸規定に反する特約で，荷送人，荷受人または船荷証券所持人に不利益なものは無効である（国際海運11条１項：前出）。一方，運送人に不利益なものは有効となる（国際海運11条２項）。ただし，**免責約款の禁止**は，運送品の船積み前や荷揚げ後の事実により生じる場合（国際海運11条３項），傭船契約の当事者間関係（国際海運12条：前出），特殊な運送（国際海運13条），生動物・甲板積みの運送（国際海運14条）には適用されない。

⑤　**損害賠償責任の限度，責任の消滅**

運送人の保護と損害賠償額に関する紛争防止を目的として，国際海上物品運送法では，①損害賠償額は運送品の荷揚地・荷揚時における市場価格を基準（国際海運８条）として，損害賠償額を定型化すると共に，運送品滅失等に係る逸失利益等の間接損害を賠償の対象から外し，②運送品に関する運送人の責任は，滅失・損傷・延着した運送品の包又は単位の数（コンテナの場合につき国際海運９条３項参照）につき一計算単位（IMF協定にいう１SDR〈特別引出権〉。国際海運２条４項）の666.67倍を乗じた金額と，損害を受けた総重量に１キロ当たり２SDRを乗じた金額，の二つを比べて多い方を損害賠償責任の限度額とし

ている（国際海運９条１項）。ただし，運送人の故意や無謀な行為に基づく場合は責任限度の規定は及ばない（国際海運10条）。また，運送品の種類や価額が荷送人から通告され，交付された船荷証券に記載されている場合にも及ばない（国際海運９条５項）。

なお，国際海上物品運送法は2018年に改正されたが，これは，運送人の責任限度額について，ヘーグ・ヴィスビー・ルールズについての諸外国の解釈に対応し，従来の運送品１包ごとに各別に責任限度額を定める方式を改め，運送品の全体につき責任限度額を改めることとしたものである。

一方，運送品に対する運送人の責任は，運送品が引き渡された日から１年以内に裁判上の請求がなされなければ消滅する（新商法585条１項）が，損害発生後であれば当事者間で合意すれば延長できる（新商法585条２項）。

なお，請求権競合を認める日本法の下では，運送契約に基づく運送人の契約違反責任だけでなく運送人の不法行為責任をも追及できるが，1992年改正前の国際海上物品運送法では，運送人の契約責任は様々な責任制限が認められる一方で，不法行為責任にはそうした制限がなく不都合が生じた（最判昭和44年10月17日判時575号71頁）。そこで，責任の減免に関する規定は運送人の不法行為責任にも準用する規定が新設された（国際海運16条第１項）。

【関連条文】

〈国際海上物品運送法〉

第８条【損害賠償の額】

1　運送品に関する損害賠償の額は，荷揚げされるべき地及び時における運送品の市場価格（取引所の相場のある物品については，その相場）によつて定める。ただし，市場価格がないときは，その地及び時における同種類で同一の品質の物品の正常な価格によつて定める。

第９条【責任の限度】

1　運送品に関する運送人の責任は，次に掲げる金額のうちいずれか多い金額を限度とする。

一　滅失，損傷又は延着に係る運送品の包又は単位の数に一計算単位の666.67倍を乗じて得た金額

二　前号の運送品の総重量について１キログラムにつき一計算単位の二

倍を乗じて得た金額

3　運送品がコンテナー，パレットその他これらに類する輸送用器具（以下この項において「コンテナー等」という。）を用いて運送される場合における第１項の規定の適用については，その運送品の包若しくは個品の数又は容積若しくは重量が船荷証券又は海上運送状に記載されているときを除き，コンテナー等の数を包又は単位の数とみなす。

5　前各項の規定は，運送品の種類及び価額が，運送の委託の際荷送人により通告され，かつ，船荷証券が交付されるときは，船荷証券に記載されている場合には，適用しない。

8　前２項の規定は，運送人に悪意があつた場合には，適用しない。

第10条【損害賠償の額及び責任の限度の特例】

運送人は，運送品に関する損害が，自己の故意により，又は損害の発生のおそれがあることを認識しながらした自己の無謀な行為により生じたものであるときは，第８条及び前条第１項から第４項までの規定にかかわらず，一切の損害を賠償する責任を負う。

問題：日本法人X会社は，乙国法人A会社から冷凍エビを輸入することとし，Aとの間で「Xが船舶を手配し，運送賃を支払う。Aが冷凍エビを詰めた約定の数量の箱を乙国の港で運送人に引き渡すことによって商品の引渡しとする。売買代金はXが日本の銀行に開設する信用状による決済とする」旨の約定で契約した。その後Xは，日本法人の海上運送業者Y会社に乙国の港から日本の港までの海上運送を依頼し，AはYが提供した冷凍貨物用のコンテナー１個に自ら冷凍エビを詰めた約定の数の箱を積み込んで施錠し，運送中の温度管理についてYに指示して当該コンテナーを乙国の港にあるYのコンテナー・ヤードで引き渡した。Yがコンテナーの船積後にAに交付した船荷証券上の運送品の種類，運送品の容積，重量，包・個品の数，運送品の記号を記載する欄には，当該コンテナーを特定する記号及び番号の記載と，その内容は冷凍エビを詰めた一定数の箱であるとの記載がある。日本の港での陸揚後，Xが船荷証券を呈示してYからコンテナーの引渡しを受け，直ちに検査したところ，コンテナー内の温度が適当でなかったため冷凍エビの鮮度が落ちており，Xは当該冷凍エビを市価の３割程度で売却せざるを得なかった。そこでXは，コンテナーの受取りから引渡しまでの間のYの措置が適切でなかったとしてYに対する損害賠償請求の訴えを日本の裁判所に提起した。

YがAに交付した船荷証券には「本件運送契約から生ずる運送人の責任についての争いは，日本のN市の裁判所において日本法によって解決する」との条項が記載されている。①XがYに対し，冷凍エビの商品価値の下落についての損害賠償責任を追及することができるのはどのような場合か。②XがYに対し，損害賠償責任を追及できる場合，冷凍エビに関する損害賠償の金額はどのようにして算定されるか。国際海上物品運送法３～10条を参照し，条文を当てはめてみよう。損害賠償額を算定する際の計算単位SDRは，主要５通貨（米ドル，ユーロ，中国元，日本円，英ポンド）の通貨バスケットで算出され，2017年６月末現在は１SDR≒1.4米ドルである。日々の相場はIMFのホームページ（http：//www.imf.org/external/np/fin/data/rms_sdrv.aspx）で確認できる。

〔2008年司法試験問題を簡略化・一部改変〕

(2)　モントリオール条約

①　適用範囲

2003年に発効した**モントリオール条約**は，ヘーグ・ルールやウィーン売買条約と同様に，国内航空運送には適用されず国際航空運送のみに適用される**万民法型統一私法**である。日本が手形法，小切手法として国内法化した場合のように，各々の統一条約が国内関係と国際関係の両方に適用される**世界統一私法**とは対比される。モントリオール条約は，①当事者の約定した出発地および到達地が二つの締約国にある運送だけでなく，②出発地および到達地が一つの締約国内にあり，かつ予定寄港地が他国（非締約国でも良い）にある運送にも適用される（条約１条：前出）。航空運送を含む複合運送の場合は，航空運送についてのみ適用される（条約38条）。

国際私法との関係では，モントリオール条約の適用範囲については，国際私法を介さずに条約が適用される（**直接適用**）のか，国際私法で定まる準拠法が条約となる場合に適用される（**間接適用**）のかが問題となる。条約の条文上は，当事者が別途準拠法を合意して条約規定を回避しても無効となる（条約49条，ワルソー条約32条も同内容）ため，条約上は直接適用と解され，判例上も直接適用を認めており（ワルソー条約につき最判昭和51年３月19日民集30巻２号128頁），学説も一様に直接適用と解している。一方，条約の適用範囲外の事項は間接適用となり，航空運送を含む複合運送で陸上運送中に盗難で運送品が紛失した事件では旧法例７条（当事者自治）で指定された運送契約の準拠法が適用された（東京地判昭和60年７月15日判時1211号120頁）。

一方，A国とB国の間に統一法（条約）が存在するものの国ごとに条約の条文解釈が異なる場合，法解釈に依るべき法は法廷地法か準拠法か。1955年ヘーグ議定書により改正される前の1929年旧ワルソー条約22条２項は運送人の責任制限を定めていたが，ここでいう運送人の解釈を巡り，当時は**契約運送人**（たとえば混載業者）のみを指し実行運送人を含まないと解する日本など大陸法諸国と，**実行運送人**（たとえば航空会社）を含むと解する米国など英米法諸国が対立する奇妙な状況にあった（後に，モントリオール条約40条で，実行運送人も自己が担当する部分の運送については契約運送人と共に条約上の責任を負担することで立法的に解決）。東京地判平成11年10月13日（判時1719号94頁：「統一私法と国際私法」国際私法判例百選〔第２版〕18参照）は，明文規定と条約の趣旨等に照らして，旧ワルソー条約を直接適用した上で，統一法なので他の批准国の解釈を参考にすることはあっても準拠法国の法解釈に従うこととは別次元だとして法廷地法（日本法）で解釈した。学説は，準拠法所属国の法解釈に従うべきとする説（石黒一憲『国際私法〔第２版〕』新世社（2007年）126頁）もあるが，学説の多数（たとえば，小塚荘一郎・ジュリスト1189号107頁）は本判決を支持しており，私見もこれに同意する。仮に準拠法所属国で解釈すれば，法廷地に比べて解釈の信頼性が劣り，外国法調査も困難を極め，解釈が対立する場合には外国法廷が終局的判断を下す不都合も生じ得る。一方，準拠法所属国ではなく法廷地法で解釈することは必ずしも法廷地以外の当事者に不利な結果に繋がるとは限らず，明示の準拠法指定がなく裁判官が職権で黙示の準拠法を探求する場合には法廷地法による解釈の方が当事者の予見可能性確保に資する場合が多い。

【関連条文・判例】

〈モントリオール条約〉

第１条【適用範囲】

１　この条約は，航空機により有償で行う旅客，手荷物又は貨物のすべての国際運送について適用し，航空運送企業が航空機により無償で行う国際運送についても同様に適用する。

2　この条約の適用上，「国際運送」とは，当事者間の約定により，運送の中断又は積替えがあるかないかを問わず，出発地及び到達地が，二の締約国の領域内にある運送又は一の締約国の領域内にあり，かつ，予定寄航地が他の国（この条約の締約国であるかないかを問わない。）の領域内にある運送をいう。一の締約国の領域内の二地点間の運送であって他の国の領域内に予定寄航地がないものは，この条約の適用上，国際運送とは認めない。

3　二以上の運送人が相次いで行う運送は，当事者が単一の取扱いとした場合には，単一の契約の形式によるか一連の契約の形式によるかを問わず，この条約の適用上，不可分の運送とみなす。その運送は，一又は一連の契約が同一の国の領域内ですべて履行されるものであるという理由のみによってその国際的な性質を失うものではない。

4　この条約は，第５章に定める条件に従い，同章に規定する運送についても適用する。

第49条【必要的な適用】

運送契約中の条項又は損害の発生前に行った特別な合意は，当事者が，これらにより適用する法令を決定し又は裁判管轄に関する規則を変更し，もってこの条約に定める規則に反することを意図する場合には，いずれも無効とする。

〈最高裁判所昭和51年３月19日判決〉

締約国であるアメリカ合衆国の領域にある地を出発地とし，同じく締約国である日本国の領域にある地を到達地とする航空機による貨物の国際運送契約であるから，その法律関係については，ワルソー条約が適用されることは明らかである（同条約１条）。

②　航空運送状

航空運送状（AWB）は，荷送人が原本３通を作成（実務上は航空貨物代理店が作成）して運送人に交付する（モントリオール条約７条１項）もので，その記載事項は法定され（モントリオール条約５条），実務上は**国際航空運送協会**（IATA）が作成した様式に準拠している。航空運送では運送状が流通する時間的余裕がないので，実務上流通性のある航空運送状は作成されていない。貨物受取証と同様に反証がない限り，契約締結，貨物の引受け，運送条件に関して証明力を持つ証拠証券であり（モントリオール条約11条１項），荷送人は記載事項や申告の正確性に責任を負う（モントリオール条約10条）。しかし，航空運送状が作成されない場合や記載事項に不備がある場合でも運送契約の存在や効力には影響は及ばず（モントリオール条約９条），船荷証券のように引換証券性を持つ有価証券ではないので，荷受人は航空運送状を呈示しなくても貨物が届いた時点で料金を精算し運送条件に従えば，運送品の引渡しを請求できる（モントリオール条約13条１項）。また，荷送人が航空運送状を担保とする為替手形を振り出して銀行に買取りを求める場合に，その一方で運送品を自由に処分できると支障が生じるため，航空運送状の提示がない場合には，運送人は，運送品の引渡しを求めるなどの荷送人の指示に従ってはならない（モントリオール条約12条３項）とする。さらに，航空運送状の電子化に対応すべく，運送人は荷送人の同意を得て航空運送状の交付に代えて運送記録を保存する手段を講じることが認められている（モントリオール条約４条２項）。

【関連条文】

〈モントリオール条約〉

第４条【貨物】

１　貨物の運送については，航空運送状が交付されるものとする。

２　運送についての記録を保存する他のいかなる手段も，航空運送状の交付に替えることができる。当該他の手段を用いる場合において，荷送人が要請するときは，運送人は，送り荷の識別及び当該他の手段によって保存される記録に含まれる情報の入手を可能にする貨物受取証を荷送人に交付する。

第５条【航空運送状又は貨物受取証の記載事項】

航空運送状又は貨物受取証には，次の事項の記載を含める。

(a)　出発地及び到達地

(b)　出発地及び到達地が一の締約国の領域内にあり，かつ，一又は二以上の予定寄航地が他の国の領域内にある場合には，当該予定寄航地のうち少なくとも一の予定寄航地

(c)　送り荷の重量

第７条【航空運送状についての説明】

１　航空運送状は，荷送人が原本三通を作成する。

第９条【書類の要件を満たしていない場合】

第４条から前条までの規定が遵守されなかった場合においても，運送契約の存在又は効力に影響を及ぼすものではなく，当該運送契約は，責任の制限に関する規定を含むこの条約の適用を受ける。

第10条【書類の明細についての責任】

１　荷送人は，航空運送状に自らにより又は自らのために記載された貨物に関する明細及び申告が正確であること並びに貨物受取証又は第４条２に規定する他の手段によって保存される記録への記載のため自らにより又は自らのために運送人に対して提示された貨物に関する明細及び申告が正確であることにつき，責任を負う。荷送人のためにこれらの明細及び申告の記載又は提示を行う者が運送人の代理人である場合にも，この１の規定を適用する。

第11条【書類の証明力】

１　航空運送状又は貨物受取証は，反証がない限り，これらに記載された契約の締結，貨物の引受け及び運送の条件に関して証明力を有する。

第12条【貨物を処分する権利】

３　運送人は，荷送人用の航空運送状又は荷送人に交付した貨物受取証の提示を要求することなく貨物の処分に関する荷送人の求めに応じた場合には，これにより当該航空運送状又は貨物受取証を合法的に所持する者に与えることがある損害について責任を負う。このことは，荷送人に対する運送人の求償を妨げるものではない。

第13条【貨物の引渡し】

> 1　荷送人が前条に基づく権利を行使した場合を除くほか，荷受人は，貨物が到達地に到達したときは，運送人に対し，料金を精算し及び運送の条件に従うことを条件として，貨物の引渡しを要求する権利を有する。

③　運送人の責任

運送人は，航空運送中の事故により貨物の破壊・滅失・毀損が発生した場合には損害賠償責任を負い，それは無過失責任となる（モントリオール条約18条1項）が，限定列挙された四つの免責事由（①貨物の固有の欠陥または性質，②運送人またはその使用人もしくは代理人以外の者によって行われた貨物の荷造りの欠陥，③戦争行為または武力紛争，④貨物の輸入，輸出または通過に関してとられた公的機関の措置に起因）のいずれかに該当することを運送人が証明すれば**免責**される（モントリオール条約18条2項）。運送人に対し，毀損の苦情を申し立てる場合は受取後一定期間内に行う必要があり（モントリオール条約31条），損害賠償の提起においても2年以内の除斥期間（モントリオール条約35条）に注意する必要がある。

運送品が延着した場合にも運送人は責任を負うが，無過失責任とすると無理な運航を行う危険があるので過失責任主義を採用し，運送人等が合理的措置を講じるか，そうした措置を講じることが不可能なことを運送人が証明すれば免責される（モントリオール条約19条）。

運送人の責任限度額（定期的に見直される）は，荷送人が特定の価額を申告した場合を除けば貨物1kg当たり22SDRである（モントリオール条約22条3項）。条約の制限は，契約責任を理由とせず不法行為責任を追及する場合（請求権競合）でも等しく及ぶ（モントリオール条約29条）。運送人が運送契約で法定以上の責任限度額を契約で定めることは可能（モントリオール条約25条）だが，法定以下の責任限度額を定めた場合には無効となる（モントリオール条約26条）。その他，使用人に対する請求（モントリオール条約30条），契約運送人と実行運送人（モントリオール条約40条・44条・48条）等の規定が設けられている。

【関連条文】

> 〈モントリオール条約〉

第18条【貨物の損害】

1　運送人は，貨物の破壊，滅失又はき損の場合における損害については，その損害の原因となった事故が航空運送中に生じたものであることのみを条件として，責任を負う。

2　運送人は，貨物の破壊，滅失又はき損が次の一又は二以上の原因から生じたものであることを証明する場合には，その範囲内で責任を免れる。

(a)　貨物の固有の欠陥又は性質

(b)　運送人又はその使用人若しくは代理人以外の者によって行われた貨物の荷造りの欠陥

(c)　戦争行為又は武力紛争

(d)　貨物の輸入，輸出又は通過に関してとられた公的機関の措置

第19条【延着】

運送人は，旅客，手荷物又は貨物の航空運送における延着から生じた損害について責任を負う。ただし，運送人は，運送人並びにその使用人及び代理人が損害を防止するために合理的に要求されるすべての措置をとったこと又はそのような措置をとることが不可能であったことを証明する場合には，延着から生じた損害について責任を負わない。

第22条【延着，手荷物及び貨物に関する責任の限度】

1　旅客の運送における第19条に規定する延着から生ずる損害の場合には，各旅客についての運送人の責任は，5,346特別引出権の額を限度とする。

2　手荷物の運送については，破壊，滅失，き損又は延着の場合における運送人の責任は，各旅客につき1,288特別引出権の額を限度とする。ただし，旅客が託送手荷物を運送人に引き渡すに当たって到達地における引渡しの時の価額として特定の価額を申告し，かつ，必要とされる追加の料金を支払った場合は，この限りでない。この場合には，運送人は，申告された価額が到達地における引渡しの時における旅客にとっての実際の価値を超えることを証明しない限り，申告された価額を限度とする額を支払う責任を負う。

3　貨物の運送については，破壊，滅失，き損又は延着の場合における運

送人の責任は，重量１キログラム当たり22特別引出権の額を限度とする。ただし，荷送人が荷を運送人に引き渡すに当たって到達地における引渡しの時の価額として特定の価額を申告し，かつ，必要とされる追加の料金を支払った場合は，この限りでない。この場合には，運送人は，申告された価額が到達地における引渡しの時における荷送人にとっての実際の価値を超えることを証明しない限り，申告された価額を限度とする額を支払う責任を負う。

第25条【責任の限度に関する約定】

運送人は，運送契約について，この条約に規定する責任の限度より高い額の責任の限度を適用すること又はいかなる責任の限度も適用しないことを定めることができる。

第26条【契約上の規定の無効】

契約上の規定であって，運送人の責任を免除し又はこの条約に規定する責任の限度より低い額の責任の限度を定めるものは，無効とする。ただし，当該契約は，このような規定の無効によって無効となるものではなく，引き続き，この条約の適用を受ける。

第29条【請求の根拠】

旅客，手荷物及び貨物の運送については，損害賠償についての訴えは，その訴えがこの条約に基づくものであるか，また，契約，不法行為その他の事由を理由とするものであるかを問わず，この条約に定める条件及び責任の限度に従うことによってのみ，かつ，訴えを提起する権利を有する者がいずれであるか及びこれらの者それぞれがいかなる権利を有するかという問題に影響を及ぼすことなく，提起することができる。このような訴えにおいては，懲罰的損害賠償その他の非補償的損害賠償を求めることはできない。

第31条【苦情の適時の通知】

２　き損があった場合には，引渡しを受ける権利を有する者は，き損の発見の後直ちに，遅くとも，託送手荷物についてはその受取の日から７日以内に，貨物についてはその受取の日から14日以内に，運送人に対して苦情を申し立てなければならない。延着から生じた損害の場合には，苦情は，遅くとも，引渡しを受ける権利を有する者により託送手荷物又は貨物の処分が可能となった日から21日以内に申し立てられなければならない。

4　2に定める期間内に苦情の申立てがない場合には，運送人による詐欺があった場合を除くほか，運送人に対するいかなる訴えも受理されない。

第33条【管轄】（再掲）

1　損害賠償についての訴えは，原告の選択により，いずれか一の締約国の領域において，運送人の住所地，運送人の主たる営業所若しくはその契約を締結した営業所の所在地の裁判所又は到達地の裁判所のいずれかに提起しなければならない。

第35条【訴えを提起する期限】

1　損害賠償を請求する権利は，到達地への到達の日，航空機が到達すべきであった日又は運送の中止の日から起算して2年の期間内に訴えが提起されない場合には，消滅する。

第49条【必要的な適用】

運送契約中の条項又は損害の発生前に行った特別な合意は，当事者が，これらにより適用する法令を決定し又は裁判管轄に関する規則を変更し，もってこの条約に定める規則に反することを意図する場合には，いずれも無効とする。

3　保険に関する概説

通常，国際取引における**保険**といえば，民間の保険会社が提供する保険（海上保険）が一般的であるが，民間の保険会社が負いきれない危険に対応する政府の保険（貿易保険）も存在する。そこで，以下，簡単に概説したい。

(1)　海上保険

①　**貨物海上保険契約**

国際運送には様々な危険を伴うため，危険から生じる損害を塡補する保険が発達してきた。国際取引で中心的な役割を果たす国際貨物運送では，航海に関する事故によって貨物に生じた損害を塡補する**貨物海上保険**がとくに重要で（なお，航海に関する事故により船舶に生じた損害を塡補する保険は船舶保険という），実務上は貨物海上保険の英文保険証券や英文保険約款が航空貨物にもほぼ転用されている。そこで，貨物海上保険について簡単に説明する。

貨物海上保険契約はもともと諾成契約であるが，実務上は契約関係を証明する証拠を残すために海上保険証券を発行するのが通例である。**海上保険証券**は，記載事項が法定される**要式証券**であるが，手形のように厳格な要件ではなく，法定事項の一部を欠いたり，法定事項以外の記載のある保険証券も有効である。船積書類として譲渡可能になるように指図式や無記名式で発行されることが多く，CIF売買の場合には，売主が自己名義で保険契約を締結し，船積完了時に海上保険証券への裏書譲渡により売主から買主に保険の権利が移転する。また，海上保険契約は保険会社が制定する保険約款によって規律される**附合契約**（契約の内容があらかじめ当事者の一方により決定され，他の当事者は事実上契約内容を決定する自由を持たない契約）であるが，附合契約の準拠法についても当事者自治の原則が適用される（最判昭和53年４月20日民集32巻３号616頁）。日本の実務では，イギリスで300年来用いられてきた**ロイズSG証券**（イギリス法系以外の大半の国々との取引に利用）か，イギリスでロイズSG証券を見直して1982年から用いている**ロイズ海上保険証券**（イギリス法系の国々との取引に使用）のいずれかの標準書式を用いており，イギリスの法律と慣習に従う旨の英法準拠約款が含まれている。

② 保険契約における用語

保険契約では，保険事故が発生した場合に損害を塡補する義務を負う者を**保険者**（例：保険会社）といい，自己の名で保険者と保険契約を締結し，保険料の支払義務を負う者を**保険契約者**という。保険契約で保険事故の発生する客体である**保険の目的**（例：運送貨物）に一定の利益を持ち，保険事故が発生した場合に保険者から損害の塡補を受ける権利が与えられている者を**被保険者**と呼ぶ。保険事故の発生により被保険者が被る恐れのある経済的利益を**被保険利益**と呼び，被保険者に被保険利益がない場合には保険契約は原則として無効である。被保険利益の評価額を**保険価額**と呼び，利得禁止の原則により損害を上回る塡補を受けることは認められないので，保険価額は保険事故によって支払われる保険金の最高限度額となる。国際売買では，通常は保険契約締結の際に当事者間で協定し，CIF価格の10％増しの保険価額（協定保険価額）を定めた**評価済み保険証券**（valued policy）を用いている。

保険契約で担保されるものを**担保危険**と呼ぶが，保険者は担保危険のうち，あらかじめ約定された塡補範囲内の損害のみを塡補する。被保険利益が全部消滅した場合の損害を**全損**，それ以外の損害を**分損**といい，分損には損害防止費用や救助料等の**費用損害**も含まれる。また，分損のうち，被害を受けた者のみが損害を負担する場合の損害を**単独海損**，船舶や積荷の共同の危険を回避するために行われた処分で損害が生じた場合（例：沈没回避のために積荷の一部を海上投棄）の損害を**共同海損**と呼ぶ。損害補塡条件は，塡補範囲の小さいものから順に，**全損のみ担保**（TLO：全損の場合の損害のみを塡補。ほとんど利用されず），**分損不担保**（FPA：全損，共同海損，費用損害は塡補するが，特定の事故によらない単独海損は塡補せず。木材等の原材料で利用。CIF売買における最低保険条件），**分損担保**（WA：特定の事故による単独海損も塡補するが，損害が所定の割合に達した場合にのみ塡補。一般の製品に用いる基本条件），**全危険担保**（all risks：貨物固有の欠陥や遅延による損害や戦争・ストライキを除き，すべての危険に対応）がある。保険期間については，当事者間で取り決めるが，ロンドン保険者協会が定めた代表的な保険条件である協会貨物約款によれば，原則として，保険証券に記載された仕出地の倉庫から搬出された時点から仕向地の最終倉庫に搬入された時点までである（倉庫間約款）。

③　保険代位

保険事故により被保険者が保険金を取得した場合，被保険者が持つある種の権利（例：全損が生じた場合の残存物に対する権利，第三者に対する損害賠償請求権）を認めると，焼け太りになってかえって被保険者が利得する可能性がある。このため，一定の要件下に，被保険者が持つある種の権利を保険者に移転させる**保険代位**の制度が各国で設けられている（例：保険法25条）。また，保険代位の準拠法については保険契約の準拠法によると日本では解されている。債務者その他第三者との関係では，代位される債権の準拠法も考慮すべきとする見解も有力であるが，多数説は消極的である。

問題：日本と甲国はモントリオール条約の締約国で，乙国はモントリオール条約や他の国際航空運送に関する条約のいずれの締約国でもない。農業用機械を製造販売する日本のX会社は，甲国法人A農場と機械Gの売買契約を履行するため，甲国法人Y航空会社（主たる営業所は甲国）の日本営業所（従たる営業所）で，Xを荷送人，Aを荷受人とし，日本から甲国までGを運送する航空運送契約を締結した。この運送契約には乙国裁判所を専属管轄裁判所とする条項，及び契約準拠法を乙国法とする条項が含まれていた。また，Xは本件運送契約の締結に当たり，甲国のZ保険会社と保険契約を締結し契約準拠法を甲国法とした。XはGの送付時にGが毀損していないことをYの従業員立会いの下で確認し，その旨をAに通知していた。Gが甲国に到着した翌日，AはGの毀損（機械の機能を失うほどの損害）を発見しXにその旨を通知した。参照条文：モントリオール条約1条，18条，26条，29条，33条，49条。設問に答えよ。

〔設問1〕XはYに対し，Gの毀損を原因とするモントリオール条約18条1項に基づく損害賠償請求を日本の裁判所に提起したとする。①Yは乙国裁判所を専属管轄裁判所とする条項の存在を指摘し，日本の裁判所には国際裁判管轄権がない旨主張した場合，Yの主張は認められるか。②本件訴えの提起の1か月前にYがXを被告として，甲国裁判所にGの毀損を原因とする条約18条1項に基づく債務の不存在確認を求める訴えを提起していた場合，日本の裁判所は本件訴えをどう処理すべきか。

〔設問2〕Zは保険契約に基づきXに保険金を支払った。Zは法律上の代位によりGの毀損を原因とする条約18条1項に基づく損害賠償請求権をXから取得したと主張して，Yに対して損害賠償金の支払を求める訴えを日本の裁判所に提起した。Zの主張の当否を判断する場合の準拠法を論じよ。

〔2017年司法試験を簡略化〕

(2) 貿易保険

貿易保険とは，対外取引において生ずる通常の保険によっては救済できない危険を保険する目的で，貿易保険法に基づき，日本政府が全額出資して設立した**株式会社日本貿易保険**（NEXI）が提供する保険である。海外との輸出・投資・融資を行う日本国内に居住し活動基盤が日本国内にある企業（日本法人・外国法人を問わない）を対象とし，①輸出先国が新たな規制を導入したため輸出や資金回収が不可能になるカントリーリスクのように，契約当事者の責任ではない不可抗力的なリスク（非常危険）と，②外国法人の破産による代金や貸付金が不払いになる信用リスクのように，海外の契約相手方の責任に帰せられるリスク（信用危険）に対応する（詳細はNEXIのHP参照）。

＊　貿易と密接にかかわる政府系機関には，NEXIやJETRO（前出）のほか，JBICがあるので簡単に説明しよう。

JBIC（国際協力銀行）は株式会社国際協力銀行法に基づく日本政府全額出資の特殊法人で，日本企業の海外展開支援のために，輸出金融，輸入金融等を行う輸出信用機関（ECA）である。ECAは日本以外にも各国に存在し，アメリカにおけるECAはEx-Im Bankである（詳細はJBICのHP参照）。

Column　国際取引の中心地②アメリカ

アメリカは50の州とワシントンDCより構成する連邦国家で，言わずと知れた世界一の経済・軍事大国で，日本とは同盟関係にある。第二次大戦後，冷戦終結に至るまでアメリカの一極支配が顕著であったが，中国等の台頭を受け，近年はその影響力にやや陰りが見えてきた。

2017年にトランプ大統領が就任すると，イスラム教徒の入国制限やパリ協定やイラン核問題最終合意（JCPOA）からの離脱等に加えて，①アメリカ自身が主導してきた環太平洋経済連携協定（TPP）から永久に離脱する大統領令に署名し，②北米自由貿易協定（NAFTA）の再交渉や撤廃を打ち出したり，中国・欧州・日本等に相次いで関税措置を繰り出すなど，従来の自由貿易方針よりもアメリカ・ファーストに基づく保護主義的な色彩を強めた。2021年にバイデン大統領が就任すると，より自由主義的になるとみられている。アメリカ法には英米法や連邦制の特徴だけでなく懲罰的賠償制度や証拠開示手続（ディスカバリー），域外適用など，独自の法理が多数あり，注意が必要である。

ニューヨークの金融街ウォールストリート付近には勇ましい雄牛の銅像（Charging Bull）があるが，これはアメリカのパワーの象徴として1989年以降設置された（因みに上海とアムステルダムにも同じ製作者の雄牛像がある）。首都ワシントンDCでは博物館（National Archives Museumなど）や美術館（National

Gallery of Artなど）が無料で，大英図書館と並ぶ規模のアメリカ議会図書館（https：//www.loc.gov/）も日本人旅行者でも閲覧室での利用証を発行できる。アメリカ国内には，ボストンのハーバード大学やMIT，ニューヨークのコロンビア大学やNYU，シカゴのシカゴ大学，サンフランシスコ近郊のUCバークレーやスタンフォード大学など，世界的な水準の大学がいくつも存在する。

また，日本に比べて安価で高品質なゴルフ場が随所にあり，ビジネスマンとしての社交術を高めるのに適している（筆者のハーバード留学時代の韓国人の学友は「勉学よりもゴルフを学びに来た」と公言していた）。

英国同様かつては食事が今一つだったが，今や世界中のグルメが楽しめる上，カリフォルニア産ワイン等は世界最高級の品質を誇り，ケイジャン料理やカリフォルニア料理などアメリカ料理自体も高度に発展しているので，ビジネスや旅行，留学等では是非堪能されたい。

第5章　国際支払

1　概　説

国際取引において物品の引渡しやサービスの供給に対する対価の弁済等（これを**決済**という）は，①**物々交換**や，②現金のような**金銭の支払**（通貨の給付），あるいは電子マネーや各種送金サービス，仮想通貨（日本の法令用語では暗号資産），デジタル通貨などによることも可能であるが，多くの場合は，③**送金決済**（全体の６～７割），④**荷為替信用状**（全体の２～３割）や**荷為替手形**を用いた決済であり，⑤最近は，ブロックチェーンを用いた決済を広がりつつある。その他，⑥複数の債権債務がある場合には**相殺**や**ネッティング**によることも多い。そこで，まずは国際支払に関する基礎的事項を確認しよう。

2　外国為替の仕組み

取引の代金支払や受取りは現金で決済することも可能だが，通常は金融機関等を通じた指図によって行う。この指図を日本国内で行う場合を国内為替（**内国為替**），日本と外国との間で行う場合を**外国為替**という。外国為替相場とは異なる通貨の交換比率を指し，①**基準相場**（米ドルに対する各国通貨の相場。例：１ドル＝113円），②**クロスレート**（米ドルに対する他国通貨の基準相場を投資元通貨からみた場合の呼び名），③裁定相場（基準相場とクロスレートから計算された為替相場。例：１ユーロ＝128円）がある。

外貨売買は銀行間で常時行われるが，一般顧客と銀行の間は銀行が午前10時頃の銀行間取引の為替相場（仲値：TTM）を参考にして対顧客相場（従来は，輸出者等向け電信買相場〈TTB〉はTTMマイナス１円，輸入者等向け電信売相場〈TTS〉はTTMプラス１円として各々１円の銀行手数料を入れて値付け。現在は銀行手数料の自由化により値引きも可能）を公表し，終日その相場が適用される（ただし，為替相場が大きく動く場合は取引額の抑制や停止を行う）。

外国為替の売買契約成立から成立後２営業日までに為替取引の引渡し・受取りが実行される相場を**直物相場**（じきもの）（spot）という。これに対して，直物相場以外で将来の特定日や特定期間内に為替取引を実行して決済する相場を**先物相場**（forward）という。そして，直物相場と先物相場の差を**スプレッド**と呼ぶ。

外国為替相場は変動するため，変動リスクを回避するには，①自国通貨（円）建てで契約する対策，②**円約款**（当初の売買契約は外貨建てで価格条件を設定しておき，一定率を超える円高・円安が発生したら価格を円建てとする契約）など，契約条件の設定で工夫する対策，③**リーズ・アンド・ラグズ**（leads & lags：外貨と円貨の交換相場を予測して，代金支払や受領，輸出入の契約締結等を早めたり遅めたりすること）による対策，④荷為替信用状取引の場合に生じる，売買契約成立から代金支払・受領までの数カ月の間に銀行から円貨や外貨の借入を行い，その運用収益を得る対策，⑤**デリバティブ**（先物為替予約，オプション，スワップ）による対策（**第9章**参照），⑥**為替マリー**（exchange marry：外貨の債権と債務を同時に発生させて為替リスクを回避する方法）による対策，⑦**通貨バスケット**（currency basket：国際取引の決済を多数の通貨で行うことで為替変動を相殺し合う方法）等がある。

3　決済とは

決済とは，商品の売買など経済活動に伴って生じる債権・債務を対価の支払をもって解消することを指す。なお，**電子決済**とは決済を電子的に行うことを指す。本来は経済用語であって法律用語としては存在してこなかったが，今や倒産法の一部にも用いられている。決済を実現する仕組み（**決済システム**）のあり方を巡る政策論に用いられてきたが，弁済や相殺等を含む支払単位の移転を総称する概念として捉えられている。金融界では，取消不能で無条件に決済が完了し，倒産法等の否認権行使のように遡及効をもって支払が取り消されることのない状況を**ファイナリティ**（**決済完了性**：finality）のある決済と呼び，決済システムの安全性を測る尺度として用いてきた。

＊　決済システムは，支払（ペイメント：payment，たとえば相手方口座への入金）から清算（クリアリング：clearing，金融機関間の債権債務の差引計算），最終決済（セトルメント：settlement，ファイナリティのある決済）へと至る仕組みとして理解されてきた。たとえば，全銀システムや日本証券クリアリング機構は清算機関（クリアリング・ハウス），日本銀行や証券保管振替機構は

最終決済機関である。清算機関での処理は未だファイナリティがない決済となる。

Column　法学・経済学・工学で異なるファイナリティ概念

ファイナリティという概念は専門によって意味合いが異なるので注意を要する。まず，法学では決済完了性ともいわれ，当事者間で決済が完了し，遡及効を持つ倒産法などにより法的には取消しや巻戻しが生じない状況を指す。一方，経済学では中央銀行の最終決済を指すことが多く，決済参加者間の決済が完了し，以後，経済的には巻戻しが生じない状況（中央銀行は支払不能に陥らないことが前提）を指す。

これに対し，技術者や工学では確率論に近い意味で使う。たとえば，仮想通貨（日本の法令用語では暗号資産）のビットコインが採用するブロックチェーン技術（従来の中央管理型台帳技術とは異なる分散型台帳技術のこと。コストの高い中央コンピュータが不要になり，複数の通常のコンピュータで取引をチェックし合うため，低コストで高いセキュリティを実現可能。現在世界各国が振興に努めるFinTech（フィンテック：ITを活用した金融サービス等の刷新の総称）の中心技術と目され，多方面への応用が期待されている）では，直前10分間の取引をブロックに格納し，匿名性を確保したまま暗号化された取引情報を参加者が確認し，問題なしと承認すれば以前のブロックにチェーン状に連ねる仕組みを採用する。この取引認証の際，POW（Proof of Work）と呼ばれる方法を採用し，膨大な演算パズルを競争で解かせる発掘作業（マイニング）を行って，最初に解いた者が新たなブロックを追加する権利と低額のビットコインでの報酬を得るが，技術専門家は，このブロックが何ブロック続けば書換え不能性が何%達成されるかを示す指標としてファイナリティを確率論的に用いている。

(1)　物々交換

物々交換とは，**バーター貿易**（barter trade）のように金銭を介さずに商品と商品を直接交換する取引であるが，貨幣経済の発達した現代でも用いられることがある。たとえば，非市場経済国や発展途上国では，信用が高く他通貨と交換が容易な国際決済通貨（**ハードカレンシー**：hard currency。硬貨ともいう。米ドル，ユーロ，英ポンド，日本円等）の保有高が少ない上，自国の通貨についても国外持出しを禁じている場合がある。そうした場合に売買取引とは無関係の非市場経済国の商品で外国輸入品の支払に充てることがあり（例：東欧に飛行機を輸出する業者がハムや革製品等を受け取る），**カウンタートレード**（counter-trade）と呼ばれている。近年，米国によるイランに対する金融制裁措置に対抗し，イランでは中国から購入する戦闘機等の武器の代金を石油で決済した点で物々交換が注目を浴びた。

⑵　金銭の支払

金銭債務の弁済提供の法的効果を生じるには，①各国が法律上，強制通用力を定める法定通貨（**法貨**：**legal tender**）であるか（例：日本円ならば，貨幣は通貨の単位及び貨幣の発行等に関する法律４条と７条，紙幣は日本銀行法46条２項で法定）と，②契約・約款により代物弁済（民法482条）または本旨弁済としての効力が与えられているか（例：銀行振込），③当該手段をもって弁済に充てることが慣習（法）として認められる必要がある。現在，法貨とされる現金通貨（紙幣・貨幣）よりも，それ以外の事実上の通用力を持っている上記②の経済学的な通貨（たとえば，マネーストック統計でＭ１，Ｍ２，Ｍ３のいずれにも含まれる銀行預金）の方が圧倒的に取引量は多い。貨幣法は現在，電子マネーやビットコイン等の仮想通貨（暗号資産），中国のデジタル人民元などの中央銀行デジタル通貨（CBDC）など（後述参照），様々な通貨の登場により世界的な揺れを生じている。

Column　お金をめぐる様々なお話

英ポンド札を入手したら，よく眺めてみよう。“I promise to pay the bearer on demand the sum of five［ten/twenty/fifty］pounds”と書かれている。因みに日本円やユーロ札には何も書かれていない。金本位制の時代のイギリスでは紙幣の額面相当の金貨と本当に交換することができた名残であるが，伝統的に英米法圏では紙幣が約束手形類似のものとして私法的に捉えられてきたのに対し，日本を含む大陸法圏では紙幣を強制通用力を規定する貨幣法が支配する特殊の動産として公法的に捉えてきたことの表れでもある。

法律によって強制通用力（法定通用力）を与えられたお金（法貨：legal tender）である紙幣や貨幣に対し，人々に受容されて事実上の通用力を得たお金に銀行預金，電子マネー，仮想通貨（暗号資産）等がある。法定通用力を持つ法貨であっても現実に事実上の通用力を得るとは限らず，たとえばカンボジアではリエルより米ドルの方が高い通用力を持つし，歴史的にはハイパーインフレで急速に法貨が価値を失った例は多い。日本銀行員は日本銀行券を「当社の商品」と呼ぶが，人気のない法貨は通用力を失うため，利便性や信頼性を高めて商品価値を高めることが中央銀行の責務なのである。イギリスでは通貨鋳造権は国王大権とされたし，現在の世界各国も通貨発行権を国家の重要権能の一つとしている。このため，法貨を弁済に充てた場合にその受領を拒否した債権者に対し，罰金刑などの刑事罰を持つ国々（ベルギー刑事法556. ４条，フランス刑事法R.642-３条など。ただし，実際の適用例は少ない）もあるくらいである。日本にも法貨を守るために紙幣類似証券取締法という古い法律が存在し，決済手段が元本金額以上の現金と交換可能な場合や不特定の相手と目的に対する支払に利用できる場合には規制がかかる。一方，電子マネーや仮想通貨（暗号資産）等の新しいお金については，利用者保護や資金洗浄（マネーロンダリング：犯罪等で得た資金を複数の金融機関等を経由させて出所不明にする行為）対策等を目的に資金決済法などの新法も制定されている。

お金の考察（貨幣論）は哲学や経済学では主要な研究領域であるが，法的貨幣論も様々な議論が可能である。

【参考文献】久保田隆「金銭とは何か～マネー固有の法に関する貨幣論～」金融法務事情1702号９頁以下（2004年）参照。

---

(3)　銀行等を介した資金移動

銀行を仲介とする代金の決済方法には送金方式と取立方式がある。**送金方式**とは，支払人の依頼に基づき，送金依頼を受けた銀行が受取人所在地の銀行に対して受取人への支払を指図し，その支払指図に基づいて受取人に支払が行われる，いわば支払人起動型の資金移動方法である。たとえば，銀行振込による送金や小切手による支払がこれに該当する。一方，**取立方式**とは，代金を受領する受取人の依頼に基づき，取立依頼を受けた銀行が支払人所在地の銀行に対して支払人からの取立を指図し，その取立指図に基づいて支払人から代金を取り寄せる，いわば受取人起動型の資金移動方法である。たとえば，銀行引落しによる電気・水道料金等の支払や荷為替手形（documentary bill）がこれに該当する。貿易決済では，買主の支払と売主の引渡しの同時履行を確保できる仕組みである荷為替手形や荷為替信用状の利用が従来は主流であったが，コストや時間がかかるので利用率が落ち込んでおり，最近では，信用格付けの普及や親子会社間取引の増加により，むしろ銀行振込による送金が主流となっている。

さて，日本では銀行の本来業務として，①預金等の受入れと資金の貸付け等を併せ行う営業と，②為替取引を行う営業を挙げ（銀行法２条２項・10条１項），銀行以外がこれらの本来業務を扱うことを禁止し（同法４条１項），違反すると処罰対象となる（同法61条１項）。**為替取引**は「顧客から，隔地者間で直接現金を輸送せずに資金を移動する仕組みを利用して資金を移動することを内容とする依頼を受けて，これを引き受けること，又はこれを引き受けて遂行すること」と広く解されている（最判平成13年３月12日刑集55巻２号97頁）。為替取引規制は主に，不法滞在の外国人が不法就労や犯罪で入手した資金を本国に送る目的で本人確認が不要な**地下銀行**（銀行等の免許を持たずに不正に海外送金する業者）を用いる行為を処罰する際に用いられてきた。一方，銀行以外も取り扱うことが可能な銀行の付随業務として，為替取引に外形的に類似する**収納代行**（同法10条２項９号）などが規定されており，コンビニ等の収納代行事業が長らく発展してきた。収納代行はそのままで一応合法ではあるが，収納代行が為替取引規制に抵触する可能性もゼロではないと考えられており，為替取引規制を完全にクリアするには，資金決済法に基づく登録や届出を行う必要がある。

さて，甲国人X（振込依頼人）が甲国の銀行Y（仕向銀行）に国際送金を依頼し，乙国の銀行P（被仕向銀行）に口座を持つ乙国人Q（受取人）に送金しようとしたところ，銀行Yから銀行Pへの送金に際して中継銀行として関与した丙国の銀行Rの倒産により送金された資金は消失したと仮定する。この場合，XはYに対して損害を求償できるだろうか。甲国が日本の場合，日本ではX・Y

間の送金契約は委任契約とされており，Yは善良なる管理者の注意義務（民法644条）を満たせば責任を負わない。しかし，Xにとって管理不可能なRの倒産という事情でXが損害を被るとすれば，Xの保護に欠ける可能性がある。このため，国連国際商取引法委員会（UNCITRAL）の国際振込モデル法やEU国際振込指令，米国統一商法典（UCC）４Ａ編では，送金ネットワーク全体でXに対する**資金返還保証責任**（マネーバック・ギャランティー）を負う制度を採用している。

⑷　電子マネー

電子マネーとは，通貨や金などの現実に流通している貨幣価値に裏付けられ，電子的な価値を保有し，決済手段として利用可能な情報を指す。たとえば，JR東日本が発行するSUICAでは，駅の切符売り場で日本円の支払と引換えに交通運賃等に使える電子マネーをICカード等に貯め込み，ソニーが開発した非接触型ICカード通信技術（読み取り端末機にかざすだけで料金精算等の情報のやり取りが可能で，偽造・変造等がしにくい技術）であるFelicaを用いて決済に利用できる。他の電子マネーとの相互利用が拡大した結果，鉄道・バス・ショッピング等，幅広く用いられている。なお，ICカードではなく磁気ストライプカードを発行する電子マネー（例：スターバックスカード）やカードを発行しない電子マネー（例：Webmoney）もある。

電子マネーのうち，一部（「前払式支払手段」）は2010年に施行された「資金決済に関する法律」（**資金決済法**）で規律されている。資金決済法に対象となる「前払式支払手段」は，①金額等の財産的価値が記載・記録され，②その記載・記録に紐付いたID番号等が発行され，③サービスを受ける金額・数量に応じた対価を利用者等が支払い，④サービスの代金支払等に使用でき，⑤有効期間が発行日から６カ月を超えるものであり（資金決済法３条・４条参照），適用事業者には届出（発行者から直接サービスを購入する自家型の場合）や登録（発行者だけでなくそれ以外の事業者からもサービスを購入できる第三者型の場合）のほか，資産保全義務等の義務が課される。なお，有効期間が6カ月以内のものやSUICA等の乗車券・入場券の性質を持つサービス，家電量販店のポイントサービス等は同法の対象外である。また，同法は銀行以外のエスクロ・サービス事業者や送金事業者にも適用される。

(5) 仮想通貨・デジタル通貨

一方，**仮想通貨**（日本の法令用語では暗号資産）とはオンライン上で決済取引を行うことができ，法貨のように特定国家による価値の保証を持たず，電子マネーのように法貨等の裏付けのない貨幣価値を指す。ビットコイン（bitcoin）は世界でもっとも取引量が多い仮想通貨であるが，電子マネーとは異なって発行体が存在せず，取引所（交換所）が存在するのみである。仮想通貨は匿名で取引できるので犯罪に用いられ易い上，仮想通貨の取引所に対するハッキング事件（2014年Mt.Gox事件，2018年コインチェック事件）も相次いだ一方，相場変動が大きいので投資先として根強い人気があり，ICO（Initial Coin Offering：仮想通貨を用いた資金調達）等の新しい金融取引や外国送金等で経済発展に資する可能性も高いことから，2015年のFATFガイダンス（取引所に登録制か免許制を課し，資金洗浄規制を課す内容）等の国際基準も踏まえつつ，2016年と2019年に資金決済法が改正され，取引所に登録制を課し，資金洗浄対策（本人確認義務等）や利用者保護（顧客資産の分別管理，セキュリティ対策等）等の規制が整備された。なお，STO（Security Token Offering：ブロックチェーン等で管理されたデジタル化された有価証券）についても金融商品取引法の規制が整備された。

これに対し，デジタル通貨とは発行体が存在し，法貨などの価値の裏付けを持つ貨幣価値を指し，仮想通貨よりも相場変動が抑えられるので支払手段に適している。たとえば，Facebookのディエム（旧リブラ）構想については，当初は幾つかの法定通貨を裏付けに発行する計画であったが，巨大企業が国家の通貨主権を脅かす危険性が国際的に危惧された結果，各国当局との対話を通して大幅な修正を迫られてきた。また，法定通貨を発行する各国中央銀行の方でも，ブロックチェーン等の技術を活かして中央銀行デジタル通貨（CBDC）を発行する計画を相次いで検討しており，中国のデジタル人民元，スウェーデンのeクローナ，カンボジアのバコン（現地通貨リエルと米ドルを発行し，基盤システムは日本企業ソラミツが提供）等があり，日本も導入は未定であるが，CBDCの実証実験を予定している。CBDCについては，資金洗浄や脱税対策，金融政策に資する可能性がある反面，民間の金融機能の衰退や国民のプライバシー侵害，国家の過剰管理を懸念する声もあり，慎重な制度設計が必要である。

Column　米国シルクロード事件

匿名で取引できる仮想通貨ビットコインが2009年に登場すると，これを資金洗浄に利用する事件が続発した（日本でも2017年１月に初めて立件された）。その中で最も有名な事件が米国シルクロード事件である。2011年に米国の20代の技術者Ulbricht（ハンドル名DPR）が違法取引サイトSilk Roadを開設したが，ここでは①ビットコインで匿名決済ができ，②Dark Web上に設置されるため通常の検索サイトでは辿れず，③通信元やIPアドレスを秘匿できるTor（トーア：米海軍が開発した機密通信技術）で利用可能となる。100万近いユーザー口座を得て，２年半で１兆円超の売上，手数料600億円超の荒稼ぎをしたが，米国FBIがスパイウェアを設置して世界中のネット空間を監視し（過度な域外適用の問題は前掲のColumn（68頁）参照），アイスランドにサーバーの一つを発見してDPRを捜索した。犯人のミスもあり，2013年10月にサンフランシスコの図書館で現行犯逮捕された。この事件が契機となり，米国では仮想通貨に対する資金洗浄当局（FinCEN）の目が厳しく，ニューヨーク州等は仮想通貨に免許制を採用している。このため，米国よりも緩い規制や登録制を課す欧州・日本に比べると，産業発展上不利だとする意見が米国内でみられる。

Column　日本の資金洗浄対策

日本の資金洗浄・テロ資金対策は，1988年採択の麻薬新条約，1989年に設立された金融活動作業部会（FATF：ファトフ）の国際基準（「40の勧告」，「８の特別勧告」）に対応する形で国内法（麻薬特例法，組織犯罪処罰法，犯罪収益移転防止法，テロ資金提供処罰法など）の法整備を進め，1998年以降先進国に設置が義務付けられた情報分析機関（FIU）を金融庁（2000～2007年）や警察庁（2007年～現在）が担ってきた。しかし，FATFのメンバー間の相互審査結果が芳しくなく，2003年発効の国際組織犯罪防止条約（2018年７月現在で189カ国・地域が批准）も国内の根強い反対で批准できずにいた。

そこで，国内の反対を押し切って2017年に組織犯罪処罰法を改正し，条約批准に必要ないわゆる「共謀罪」創設を果たし，同年７月に条約を受諾した。「共謀罪」の是非はさておき，この際に資金洗浄の前提犯罪（不法な収益を生み出す犯罪であって，その収益が資金洗浄の対象となるもの）として従来列挙されていなかった税法犯（所得税法・法人税法・消費税法違反）を加えたことは意義深い。

すなわち，日本では従来，資金洗浄の前提犯罪に税法犯を加えることは憲法上の供述拒否権の保障や税法上の守秘義務により不可能と解され，脱税目的で資金洗浄に加担しても組織犯罪処罰法（犯罪収益隠匿）違反に問われず（例：2003年の五菱会事件で指南役を務めた外資系銀行員は「脱税の認識はあっても犯罪収益との認識はなかった」として１・２審で無罪となり，東京高検も上告を断念した結果，2007年に無罪が確定），捜査能力に定評のある国税査察当局と警察当局が連携することができなかった。米国等大多数の国々では，税務当局と警察当局が連携して国家総動員体制で資金洗浄対策がなされている。また，「40の勧告」の改訂版では税法犯を前提犯罪に加えることが求められていた。今回，この点でやっと前進できた点は喜ばしい。

Column 金塊密輸事件

数年前，主に香港から韓国経由で日本に金塊を密輸し，日本の消費税をかすめ取る事件が増え，日本の税関検査体制や罰則の強化が叫ばれている。仕組みはこうだ。たとえば，まず犯罪者Xが買主の本人確認が緩い香港の貴金属店Pで金塊を１億円分買い付け，ソウルに飛行機で移動する。ソウルでは入国せずトランジットエリアで観光客を装う運び屋Y（約３万円で雇われた日中韓の市民等20名）と落ち合い，トイレで金塊１キロ（500万円相当）ずつを手渡す。Yは金塊を体内等に隠し持って日本に入国し，指定先に届ける。この時，税関に申告し消費税８％分（800万円：当時）を支払う義務がある（関税法，消費税法）が，義務を果たさず税関検査を通過しても大抵は無事入国できる。仮にYが摘発されても黒幕までは捜査が及びにくい上，韓国で摘発されれば金塊没収・最大１億円の罰金が科されるのに対し，日本で摘発されても金塊は没収されるとは限らず罰金も最大1,000万円と少ない。Yが届けた金塊は法人Z名義で日本の貴金属店Qに売られ，Qは消費税を上乗せした１億800万円で買い取る。暗黙の了解でQは金塊を香港に再輸出することが多いが，その際，消費税分800万円（当時）が日本から還付される。金塊には盗難等に備えた地金番号が刻印されるが，この番号から取引履歴を辿ることはできず，足がつかないように途中で溶解される場合も多い。したがって，犯罪者集団は税関の摘発例を除けば消費税分を確実に儲け，日本政府は税収を反社会勢力の資金源とされているのである。したがって，金塊密輸に対する罰則を韓国並み以上に厳格化することや税関のチェック体制の強化，金取引をICタグやブロックチェーン等で履歴管理すること等が必要である。また，2017年施行の組織犯罪処罰法改正で，資金洗浄の前提犯罪に消費税法違反が加わった（前述Column参照）結果，国内外の税関や税務当局と警察との協力が可能になり，日本の貴金属店に対する犯罪収益移転防止法上の「疑わしい取引」の報告義務も強化される。今後は国を挙げた取締り強化が求められる。

---

(6)　円貨と外貨の法的性格

国際取引の支払において通貨を直接受け渡すことは珍しく，銀行送金や手形・小切手による送金，荷為替手形による取立て，相殺，ネッティング等の方法によることが一般的である。しかし，銀行送金等による国際支払の法的性格を理解する上でも，通貨の法的性質，とくに円貨と外貨の私法上の取扱いについて把握することが重要になる。そこで以下，①代用給付権，②異種通貨間相殺における扱いについて簡単に説明しよう。

①　代用給付権

まず，**代用給付権**とは，外貨金銭債務について，内国債務者の保護や内国通貨流通の保護を目的として，債務者が外貨の給付に代えて内国通貨による給付を行う権利であり，UNIDROIT国際商事契約原則2016にも規定がある（6.1.9条）ほか，ドイツ法や日本民法403条にも規定されている。民法は，外貨金銭債務も円貨金銭債務と同様の扱いとする（民法402条）が，403条で債務者が債権者に対して外貨に代えて円貨で弁済できる代用給付権を規定する。なお，債務者だけでなく，債権者も債務者に対して外貨に代えて円貨で請求することができる（最判昭和50年７月15日民集29巻６号1029頁）。さて，民法403条の法的性格については，①従来は起草者意思に従って私法上の任意規定と捉え，抵触法的指定を経て適用されるものと考えられてきたが，②近時は公法上の規定と捉え直し，公法適用理論や強行法規の特別連結により適用されるとする有力説も出てきている（学説の整理につき，板谷優「外貨金銭債務の弁済と代用給付権：民法403条の抵触法的考察」金融研究４号（2003年12月）参照)。私法上の規定と考えた場合，代用給付権の有無や円貨への換算時点・為替相場の準拠法について，債務の準拠法とするか，履行地法とするかで学説はさらに分かれている。

問題：甲国への旅行サービスを行う日本の旅行会社Ｙ１が，全額出資する乙国の子会社Ｙ２を通じて甲国の会社Xとの間で，甲国内の旅行サービスや甲国通貨での立替払いを委託する業務委託契約を締結し，Ｙ２は甲国通貨による支払を甲国で履行することや，契約準拠法は日本法であることが定められた。なお，甲国法では代用給付権は認められていない。さて，Ｙ２会社が契約に基づく支払を怠ったため，XはＹ１とＹ２に甲国通貨での支払を求める訴えを日本の裁判所に提起した。この場合，Ｙ１は日本円で弁済する権利を有するか否か。

民法403条を私法上の任意規定と考えた場合の，債務者の円貨による代用給付権の有無は，債務の準拠法と考えれば日本法に従って代用給付権が認められ，履行地法と考えれば甲国法の定めにより代用給付権は認められない。一方，民法403条を公法上の規定と考えれば，当事者意思に関わりなく，法廷地である日本においては法廷地公法の適用や公法の属地的適用として処理され，代用給付権は認められる。

〔2016年司法試験問題を改変〕

【関連条文】

〈UNIDROIT国際商事契約原則2016年版〉

第6.1.9条【支払通貨】

(1) 金銭債務が支払地の通貨とは異なる通貨により表示されているときは，債務者は支払地の通貨で支払うことができる。ただし，以下の各号のいずれかに該当するときはこの限りではない。

(a) 支払地の通貨が自由な交換可能性を有しないとき。

(b) 当事者が，支払は金銭債務の表示されている通貨によってのみなされるべき旨合意していたとき。

⑵　金銭債務の表示されている通貨によって支払うことが債務者にとって不可能な場合，債権者は，第1項⒝に定めるときにおいても，支払地の通貨での支払を求めることができる。
⑶　支払地の通貨による支払は，弁済期において支払地で広く適用されている為替レートによりなされなければならない。
⑷　前項の規定にかかわらず，債務者が弁済期に支払わなかったときには，債権者は，弁済期または現実の支払時のいずれかにおいて広く適用されている為替レートによる支払を求めることができる。

〈民法〉
第402条【金銭債権】
1　債権の目的物が金銭であるときは，債務者は，その選択に従い，各種の通貨で弁済をすることができる。ただし，特定の種類の通貨の給付を債権の目的としたときは，この限りでない。
2　債権の目的物である特定の種類の通貨が弁済期に強制通用の効力を失っているときは，債務者は，他の通貨で弁済をしなければならない。
3　前2項の規定は，外国の通貨の給付を債権の目的とした場合について準用する。
第403条【代用給付権】
外国の通貨で債権額を指定したときは，債務者は，履行地における為替相場により，日本の通貨で弁済をすることができる。

② 異種通貨間相殺

契約自由の原則により円貨と外貨の間で約定相殺ができることは言うまでもないが，円貨と外貨の**異種通貨間相殺**の合意がない場合，法定相殺は可能であろうか。民法505条は対立債務の同種目的性を要件とする（1項）が，①円貨債務と外貨債務であっても通貨は通貨として同じ機能を果たすから同種目的性を満たすとする学説がある一方，②円貨債務と外貨債務では円貨はカネ（金銭債務）だが外貨はモノ（金銭以外の債務）であって同種目的性を満たさないとする学説（ドイツ等）もある。同種目的性を満たすとする説によれば，異種通貨間相殺は当然に可能であるが，満たさないとする説によっても，前述の代用給付権によって双方の債務を円貨建てに揃えることができるため，結局は異種通貨間相殺が可能である。すなわち，民法403条で債務者に円貨選択権があるほか，前述の最高裁判決（昭和50年７月15日）により債権者にも円貨選択権があるため，外貨債権が自働債権でも受働債権でも，債務者でも債権者でも，法定相殺をすることができる。

なお，日本の相殺法はドイツ法やフランス法を参考に実体法上の制度として制定されたが，イギリス法ではコモンロー裁判所の系列で発達した「制定法上の相殺」（支払不能前の相殺で手続法上の制度）とエクイティ裁判所の系列で発達した「衡平法上の相殺」（実体法上の制度）が混在する複雑な構造となっており，その影響が英米法諸国に及んでいる。

【関連条文】

〈民法〉

第505条【相殺の要件等】

1　二人が互いに同種の目的を有する債務を負担する場合において，双方の債務が弁済期にあるときは，各債務者は，その対当額について相殺によってその債務を免れることができる。ただし，債務の性質がこれを許さないときは，この限りでない。

⑺　ネッティング

相殺や交互計算（商法529～534条）とは別に，一定の当事者間の債権債務の決済に用いられる決済方法が**ネッティング**である。ネッティングとは，企業間の債権債務を集約して１本の純額（ネット）の債権債務に置き換える（ネットアウトする）もので，相殺類似の効果を持ち，取引金額を縮減することで銀行の為替手数料や相手方の支払不能に伴うリスクを減らすことができる。国際送金の銀行手数料が高止まりしていることから多国籍企業のグループ子会社間の取引で多用されるほか，銀行間の外国為替取引のように同種の反復取引を何本も抱える場合によく用いられる。二当事者間のネッティングを**バイラテラル・ネッティング**，三以上の複数当事者間のネッティングを**マルチラテラル・ネッティング**という。二当事者間の外国為替では，取引成立後，同一の履行期・通貨の取引をすべて即座にネットアウトして１本の取引に置き換え（**オブリゲーション・ネッティング**。日本では講学上の段階交互計算の一種とされる），取引相手方に倒産開始の一定事由（例：破産手続や再生手続の開始又は開始の申立て）が生じた場合には異なる履行期・通貨の取引をも含めて即座にネットアウトして１本の取引に置き換える（**一括清算**または**クローズアウト・ネッティング**）。取引相手方が倒産した時の債権回収手段として一括清算を行うと，倒産した取引相手方の債権者に分配されるべき財産（倒産財団）が減って倒産債権者の利益を害するため，倒産管財人が倒産法で認められた否認権を行使して一括清算を無効化する恐れがある。すなわち，一括清算は倒産管財人等の第三者との関係では法的有効性が確保できない。しかし，銀行間の取引で一括清算が無効化されると金融システム不安に繋がるため，1998年に「金融機関等が行う特定金融取引の一括清算に関する法律」（**一括清算法**）が制定され，一部の取引についてのみ，一括清算の倒産管財人を含む第三者に対する法的有効性を確保した。一方，三当事者間のマルチラテラル・ネッティングでは，取引当事者間の取引を中央清算機関（CCP：central counterparty）を必ず介在させて行うことにより，実質的にはCCPと取引当事者間のバイラテラル・ネッティングに置き換えることで法的有効性を確保するケースが多い（例：外為円決済制度）。CCPを伴わないマルチラテラル・ネッティングの場合，債権譲渡を伴う相殺と解されるリスクがあり，倒産管財人の否認権は相殺には及ばないものの債権譲渡には及ぶため，やはり否認されるリスクが残るからである。諸外国ではCCPを伴わないマルチラテラル・ネッティングの有効性を法定する例もあるが，日本ではそうした法律が存在しない。

4　貿易決済の方法

貿易の決済をどの方法を用いて行うか，についての取決めを**決済条件**（Payment Terms）という。決済条件には以下の種類がある。

(1)　送金決済

輸入者（買主）から輸出者（売主）に外国為替送金をすることを**送金決済**と呼ぶ。国内の銀行振込と同様に，買主が輸入地の銀行に送金依頼をし，銀行間で支払指図を行う結果，輸出地の銀行から売主が代金支払を受ける形で相手に送金できる簡便な方法で，その指図を郵便で行うものを**普通送金**（Mail Transfer, MT），電信で行うものを**電信送金**（Telegraphic Transfer, TT）と呼ぶ。なお，輸入者から輸出者に小切手を送る送金小切手（Demand Draft, DD）や，銀行の代わりに郵便局を通じて送金する郵便為替送金も同様の送金機能を果たすものである。

送金には，輸出者（売主）が商品を引き渡す前に輸入者（買主）が送金する**前払い**（Payment in Advance）と買主が商品を受け取った後で送金する**後払い**（Deferred Payment）があり，前払いは売主に有利で買主に不利，後払いは売主に不利で買主に有利な条件である。すなわち，売主にとっては商品を発送したのに代金が支払われない取りはぐれリスクや資金繰りの悪化リスクが前払いにはないが後払いには存在し，買主にとっては代金を支払ったのに商品が送られてこないリスクや資金繰りの悪化リスクが前払いには存在するが後払いにはない。このように売主と買主の有利不利が生じるため，何割かを前払いし，残りを後払いする**分割払い**（Payment by Installments）が行われることもある。いずれにせよ送金では，先に支払った買主が商品を受領し損ねたり，先に商品を引き渡した売主が代金を受け取れないリスクがあるため，売主・買主双方の債務を円滑に同時履行できる荷為替信用状取引の仕組みがリスク回避に優れた仕組みとして評価され，世界中の教科書で中心的なテーマとして取り上げられてきた。しかし，信用状は銀行に支払う手数料が高く，事務処理も煩雑なため，欧米先進国との取引では以前よりも利用頻度が低下した一方，海外子会社との取引拡大や信用格付情報の活用等によりリスクが以前よりも管理しやすくなったため，信用状よりも手数料が相対的に安い送金が主流となってきた。ただし，中国や中東等を相手とする取引では相手国が送金よりも信用状を多用している事情に鑑み，依然信用状も多く用いられている。なお，送金決済では，輸出者は船積書類を銀行経由とはせず，郵便やクーリエ便で輸入者に直送している。

さて，送金の方法には振込と振替がある。**振込**とは送金人が指図して金融機関に開設された預貯金口座に金銭を払い込む方法（たとえば，旅行会社への旅行代金の振込。いわば支払人起動型の取引）を指し，**振替**とは受取人が指図して預貯金口座から金銭を引き落とす方法（たとえば，公共料金の引落し。いわば受取人起動型の取引）を指す。振込の法的性質を巡っては商法で議論されるので深入りしないが，国際送金との関係で**マネーバック・ギャランティ**（資金返還保証責任）について簡単に復習しよう。国際送金では，振込依頼人から依頼を受けた銀行（**仕向銀行**）が振込先の銀行（**被仕向銀行**）に送金する際，仕向銀行が被仕向銀行と直接の取引関係がない場合に間に別の銀行（**中継銀行**）を仲介させることがある。すると，中継銀行の破産や為替決済システムの誤記帳が原因で振込金が喪失した際，その損失は振込依頼人が負担すべきか，仕向銀行が負担すべきか，いずれであろうか。振込依頼人は中継銀行の選定に関与しておらず，為替決済システムの構成員でもないため，政策的判断としては仕向銀行に負担させた方が合理的であるが，国によって扱いが異なる。日本では，振込依頼人と仕向銀行との関係，仕向銀行と被仕向銀行との関係は委任（民法643条）または準委任（民法656条）と解されており（通説），仕向銀行の責任は善管注意義務などに限られ，請負ではないので仕事の完成（適正な振込）を契約の目的とはしない結果，損失は振込依頼人が負担することになる（参考となる判例に最判平成6年1月20日金法1383号37頁）。しかし，こうした場合に仕向銀行が無過失責任を負うマネーバック・ギャランティ（資金返還保証責任）を定めた特別立法がUNCITRAL国際振込モデル法（1992年）や国際振込に関するEU指令（1997年）などで提案され，すでに欧米諸国では立法化されており（例：1999年ドイツ振込法），日本とは対照的である。

(2)　荷為替手形

送金方式のように売主と買主の有利不利が生じないようにするためには，買主の支払と売主の引渡しが同時履行される必要がある。そこで用いられてきたのが**荷為替手形**の決済である。荷為替手形とは，売主が振り出した為替手形（Bill of Exchange）に対して買主が代金を支払うか，もしくは将来の支払を約束（引受け）することと引換えに，商品そのものに代わる船荷証券（Bill of Lading, B/L）などの船積書類（Shipping Documents，荷為替手形の「荷」に相当）の引渡しを受ける支払の仕組みである。荷為替手形では売主が手数料を支払って銀行に介在してもらい，買主の支払に相当する為替手形の支払と売主の商品引渡しに相当する船積書類の引渡しを同時履行させている。

為替手形は，名宛人（支払人で買主）から受取人（売主の取引先である輸出地の銀行）に支払うよう振出人（売主）が指図するもので，輸入地の銀行（取立銀行）を経由して買主に送る。為替手形は到着遅延や紛失に備えて売主が２通作成し（組手形），船積書類と共に輸出地の銀行に持ち込むが，最初の為替手形で決済がなされるとつぎのものは無効になる。為替手形の法的記載事項は，①為替手形である旨の表示，②手形の振出日・振出地，③手形期限（たとえば一覧後30日払い〈At 30 days after sight〉），④一定金額を指定の受取人に支払うよう指示する委託文言，⑤受取人（輸出地銀行），⑥手形金額，⑦名宛人（Drawee：支払人で買主），⑧振出人（Drawer：売主）で，それ以外は任意記載事項となる。

為替手形には**取立扱い**（Collection）と**買取扱い**（Negotiation）があり，買主によほど信用がない限り，通常は取立扱いとなる。いずれの場合も銀行手数料がかかり，輸出手形買取／取立依頼書を輸出地銀行に提出する。取立扱いとは，輸出地銀行（仕向銀行と呼ぶ）が輸入地の取立銀行に買主から取り立てるように指図する扱いで，売主の代金受領は買主の支払後になる。これに対し，買取扱いとは，輸出地銀行（買取銀行と呼ぶ）が荷為替手形を買い取り，買主の支払よりも先に売主に代金を支払うもので，買取銀行は輸入地の取立銀行に買主から取り立てるように指図する扱いを指す。買取扱いの場合は買取銀行から輸出手形保険の付保を求められることが多い。ただし，買取扱いの場合でも，買主が支払拒否した場合には買取銀行から売主に為替手形と船積書類の買戻請求（償還請求）ができるため，売主は代金回収リスクを銀行に転嫁できるわけではない。

また，**船積書類**は取引契約内容で異なるが，主要書類として，①運送書類（船荷証券または運送状），②送り状，③保険証券，付属書類として，①梱包明細書，②検査証明書，③容積重量証明書，④原産地証明書を指すのが一般的である。

このうち運送書類には，**船荷証券**（B/L）と**運送状**（Waybill）の２種類がある。まず，船荷証券は輸入地で船積証券を船会社に呈示すると商品を受け取ることができる有価証券で，船会社から紛失に備えて通常は３通発行される。３通のうち１通で商品が引き渡されれば，残り２通は引渡しに関する効力を失う。

輸出した貨物を船荷証券よりも早く輸入地に着いた場合に，買主から売主に直接，船荷証券を直送するよう依頼されることがあるが，これに応じると，後述する信用状決済を伴うケースでは銀行が荷為替手形の引受けを拒むリスクがあり，安易に応じてはならない。また船荷証券の発行時点が商品が輸出港で受領される時ならば受取式，船に積まれた時点ならば船積式と呼ぶ。船荷証券は海上運送で発行されるが，航空運送では発行されない。一方，運送状は，有価証券ではなく，商品の引取りの際に提示する必要はない。商品が輸出地で受領された時点（受領式）で運送人から１通発行され，海上運送の場合は**海上運送状**（Sea Waybill, SWB），航空運送の場合は**航空運送状**（Air Waybill, AWB）と呼ぶ。なお，複合運送の場合は，複合運送人が海運会社の場合は通常の船荷証券を代用することも多いが，航空会社やNVOCC（自らは国際運送手段を持たず，他社を手配して運送させる会社）の場合は複合運送証券（Combined Transport B/L）が用いられる。複合運送証券は受取式で複合運送人から発行され，輸入地で複合運送人に提示すると貨物を受け取ることができる。

つぎに，**送り状**（**インボイス，invoice**）とは，輸出者（売主）が通常５通程度作成するもので，①輸入者（買主）や銀行に対して，出荷案内書や出荷した貨物の内容明細や梱包明細，商品代金請求書としての役目を果たす商業送り状（Commercial Invoice），②輸出国・輸入国の税関に対する申告書の役割を持つ税関送り状（Customs Invoice），③中南米や東南アジア等の一部の国に輸出する場合に必要となるもので，輸入国における脱税防止やダンピング阻止のため，輸出国駐在の輸入国領事が内容を証明する領事送り状（Consular Invoice）があり，要件を満たしていれば相互に兼用可能である。

一方，**保険証券**（Insurance Policy）とは，貨物保険を付保した保険会社が発行する書類で，インコタームズのCIF, CIP条件やD類型の場合に船積書類として通常２通を送付する。梱包明細書（Packing List, P/L）とは，売主が作成する輸出貨物の内容明細を記載した書類で包装明細書とも呼ばれ，送り状に記載しきれない内容を補完し，通常は３～５通を送付する。**検査証明書**（Certificate of Inspection）や容積重量証明書（Certificate and list of Measurement and Weight）は契約条件で要求されている場合に検査機関に発行してもらい，通常は１通送る。**原産地証明書**（Certificate of Origin, C/O）は輸入国で低い関税の適用を受けられる場合や輸入制限対象外であることを税関に証明する必要がある場合に輸出国の官公庁や商工会議所等に発行してもらい，通常は２通送る。

買主が輸入地の銀行から船積書類の引渡しを受ける方法は，為替手形に対して，①買主が支払を行うことで引渡しを受ける**支払渡し条件**（Documents against Payment, D/P）と，②買主が将来の支払を約束（**引受け**：Acceptance）することで引渡しを受ける**引受渡し条件**（Documents against Acceptance, D/A）の二つがある。売主から見た場合，D/P手形決済は代金回収リスクがなく資金繰りも楽になるのに対し，D/A手形決済だと買主が約束を守らずに最終的に支払われない可能性が残るので代金回収リスクがあり後払いの分だけ資金繰りが厳しくなる。一方，買主から見ると，D/A手形決済の方が支払に猶予期間がある分，資金繰りが楽になる。

(3) 信用状決済

荷為替手形は送金決済に比べて代金回収リスクを低減できるものの，買主が支払をするまで売主が代金回収できないので資金繰りが厳しくなる。仮に輸出地の銀行が荷為替手形を売主から買い取る（買取扱い）ならば，売主にとっては早く代金回収できるので資金繰りが楽になるが，輸出地銀行からすれば買主の信用状況が不明で他に支払保証がない限り通常は取立扱いとせざるを得ないため，売主は買主の支払後まで代金受領ができない。そこで，荷為替手形決済に輸入地の銀行が買主の支払保証を付す**信用状**（Letter of Credit, L/C）決済（**荷為替信用状決済**）が発達した。すなわち，買主は輸入地の銀行に手数料を支払って，その銀行が買主の支払保証を行う書類である信用状を輸出者（売主）に対して発行（開設）してもらうのである。信用状には契約に沿った商品の**船積条件**（**L/C条件**）が記されているが，売主は輸出地銀行に荷為替手形を持ち込み，L/C条件どおりに船積みしたことを船積書類を提示して証明し，為替手形を振り出すことで，輸出地銀行に買取銀行として為替手形を買い取ってもらう（**買取扱い**）ことで代金を速やかに受け取ることができる。一方，買主は輸入地の銀行から呈示された為替手形に基づいて支払を行えば**船積書類**を入手でき，船荷証券が含まれる場合はそれと引換えに船会社から商品を受け取ることができる。

荷為替信用状は実務慣行の中で生成・発展し，第一次大戦後に急増した。すると，各国の取引慣行を明文化して統一する必要が生じた。そこで，1933年に**国際商業会議所**（ICC）が「荷為替信用状に関する統一規則及び慣例（UCP：Uniform Customs and Practices for Documentary Credits）」（**信用状統一規則**）を採択し，数字の改訂を経て世界中の銀行が採用するに至った。2020年現在，最新の信用状統一規則は2007年から実施された**UCP600**である。

Column　信用状の歴史

ここで扱う荷為替信用状の起源を巡っては，19世紀半ばか20世紀初頭に旧式信用状が荷為替信用状に取って変わり，その後英米を中心に発達したと考えられている。では，旧式信用状とは何か。これは現在の旅行信用状に類似したもので，その起源に定説はなく，紀元前3000年の古代バビロニア文明に求める説，紀元前250年頃の古代エジプト文明に求める説，紀元前４世紀のギリシア時代とする説などがある。また，1200年代頃には，アジアと欧州を繋ぐ貿易でアラブ商人が活躍し，信用状や船荷証券の仕組みを発達させていたとする説もあり，マルコ・ポーロの東方遠征により中国から欧州に旧式信用状が伝わったとする説もある。14世紀には欧州で旧式信用状が用いられており，17世紀までに欧州で一般化した。その後，産業革命を通じて，信用状の仕組みはイギリスを中心に発展し，19世紀にはイギリスの銀行が信用状発行を事実上独占していた。今ではやや古臭い香りのする信用状も，歴史を通じて東西文明の懸け橋として長らく機能してきたのである。

まず荷為替信用状取引の仕組みを理解することとしよう。単純な設例として，売主と買主が国際売買契約を結び，貿易取引条件としてCIF（インコタームズ2020），運送方法は海上運送，代金の支払方法として**荷為替信用状**（Letter of Credit: L/C）を選択した場合の取引の仕組みをみてみよう。CIF条件なので，運賃や保険料は売主が負担することになる。

図１で，アメリカの売主Xから日本の買主Yが商品を輸入する売買契約（CIF，L/C決済が契約条件）を結んだとする（①）。すると，まず買主Yが取引

【図1】荷為替信用状（CIF売買・L/C決済）の取引フロー

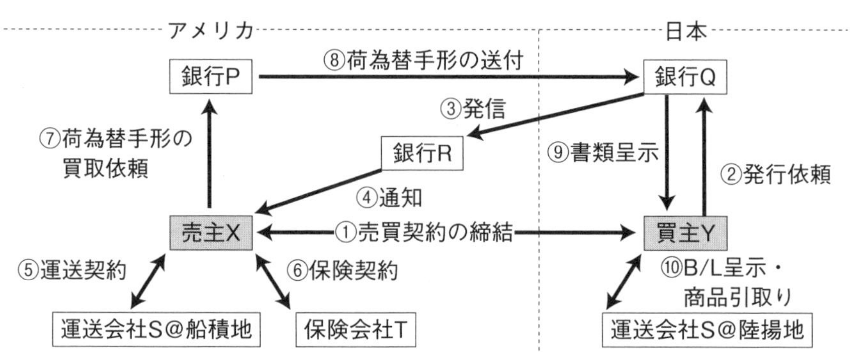

銀行Qに信用状の発行（開設）を依頼する（②）。信用状は銀行Qが買主Yの支払保証を行う機能を果たすもので，信用状の開設は売主の引渡しよりも先に行うべき先給付義務とされている。依頼を受けた銀行Qは，買主Yの信用状態や取引内容等に関して与信審査を行い，審査に合格すれば信用状開設契約を締結する（日本では「信用状取引約定書」に合意した上で，個々の信用状条件を記載し**信用状統一規則**に準拠する旨を定めた「信用状発行依頼書」を銀行に提出）。そして，手数料を徴収して信用状を発行し（この結果，Qは信用状**発行銀行**と呼ばれる），売主所在地の銀行Rに郵便または電信で信用状を発信する（③）。信用状を受け取った銀行Rは，信用状が偽造でないかをチェックした上，速やかに売主Xに信用状を通知する（この結果，Rは信用状**通知銀行**と呼ばれる）（④）。この時，銀行Rが銀行Qの信用補完を行うために支払の約束を付け加える場合があるが，その時はRを**確認銀行**と呼ぶ。また，銀行Pと銀行Rは同一銀行の場合もある。

信用状を受け取る売主X（この結果，Xは**受益者**とも呼ばれる）は，信用状と売買契約の内容が矛盾しないことを確認したら（仮に相違点があれば買主Yに速やかに信用状の条件変更（アメンド）を請求して解決する），運送会社Sに依頼して商品を船舶に積み込む（船積〔ふなづみ〕）際にSが発行する**船荷証券**（B/L：Bill of Lading）などの運送書類を受け取る（⑤）。B/Lは，権利の所在を表す債権的効力を持つ証書であるだけでなく，B/Lの引渡しが商品自体の引渡しとなる物権的効力を持つ有価証券である。また，CIF条件で売主が保険料を負担するため，保険会社Tとの間で保険契約を結び**保険証券**を受け取る（⑥）。売主Xは運送書類や保険証に商業送り状等を加えた書類である**船積書類**を為替手形に添付した**荷為替手形**を振り出して銀行Pに買取りを依頼する（⑦）。この荷為替手形には銀行Qの発行した信用状による支払保証があるため，銀行Pは安心してこれを買い取る（この結果，Pは**買取銀行**とも呼ばれる）。ゆえに売主Xは売買代金を受領できる（図1とは異なり，仮に売主が日本で支払を受ける場合，日本独自の商慣習〈後述Column参照〉も考慮する必要がある）。なお，信用状通知銀行と買取銀行は同一の銀行が兼ねる場合が多いが，荷為替手形の買取りが特定の銀行に指定される場合（Restricted L/C）には両者は必ずしも一致しない。銀行Pは船積書類が信用状条件（**L/C条件**）と一致していることを点検して銀行Qに送付して代金を請求して支払を受ける（⑧）。銀行Qは荷為替手形を買主Yに呈示し，Yは輸入者の償還義務に従って為替手形の支払と引換えにB/Lなどの船積書類を入手する（⑨）。買主Yは陸揚港にいる運送会社SにB/Lを呈示して商品を引き取る（⑩）。これで，買主は確実に商品を受け取ることができる仕組みとなっている。

さて，船積書類がL/C条件と不一致の場合を**ディスクレ**（Discrepancy）と呼び，ディスクレがあると銀行より買取りが拒否される。ディスクレの主な理由には，①商品の記載がL/C条件や送り状と不一致，②船荷証券や運送状が留保（Remarks）付き，③手形金額が信用状金額を超過，④船積みされた商品がL/C条件よりも少ない，⑤分割積み禁止の契約やL/C条件なのに分割積みを実施，⑥船積日が契約やL/C条件よりも遅い，⑦売主の船積書類呈示がL/C上の呈示期限や有効期限よりも遅い，⑧売主の船荷証券呈示が船荷証券発行後21日を超過，などがある。また，ディスクレの有無の詳細はUCPやICCが別途公表する「国際標準銀行実務（ISBP）」に定めがあり，たとえば受益者の住所が異なる場合はディスクレに該当しない（UCP14条j）。一方，ディスクレとなった場合の対処法は，①**アメンド**（Amendment，買主に連絡してL/C条件を変更してもらう方法），②**ケーブル・ネゴ**（Cable Negotiation，買取銀行経由で買主や発行銀行にディスクレ内容を連絡し，ディスクレがあっても代金支払の承諾を依頼する方法），③**L/Gネゴ**（売主が「輸入地で支払拒否があった場合には為替手形を売主が買い戻す」旨の保証状（Letter of Guarantee, L/G）を差し入れて手形の買取りをしてもらう方法），④**取立扱い**（輸出地銀行では手形買取りを行わず，輸入地に船積書類を送った上で買取りの可否を判断してもらう方法）がある。

信用状付き為替手形の場合，為替手形の名宛人は買主ではなく信用状発行銀行となる。また，名宛人の請求先である信用状の発行依頼人（買主）や信用状番号，発行日を記載する（任意記載事項）。

信用状決済は，L/C発行手数料が結構高く（保証金額の0.1％程度），買主に信用がないと銀行が応じてくれないほか，銀行の買主に対する与信審査にも時間がかかり，さらには，些細な書類のミスがあっても取引が滞る点で使い勝手が悪く，年々取扱量が低下し，全体の２～３割程度しか使われていない。グループ企業間や取引実績のある取引先については代金回収リスクが少ないので送金決済を用い，信用状決済を用いるケースは多くは中東や中南米等の途上国や新興国向けの取引であったり，初めての取引先で買主の信用状況が不明な場合などに限られている。一方，信用状における取引手数料や書類整備コストを抑え，「船荷証券の危機」（運送についての第４章を参照）に対応して決済時間を短縮するため，SWIFT（Society for Worldwide Interbank Financial Telecommunication）が，TSU-BPO（Trade Service Utility-Bank Payment Obligations）と呼ばれる貿易決済の電子化サービスを開発し，2013年から運用が開始されたほか，2020年からはブロックチェーンを用いた貿易金融の実用化も始まった。

Column　信用状と日本独自の商慣習

信用状付荷為替手形の買取り・支払は，発行銀行の信用に基づき呈示書類と信用状条件の一致を条件に行われるのが信用状統一規則（UCP）に基づく国際ルールである。しかし，日本ではUCPに準拠して取引が行われるものの，銀行に買取り・支払を依頼する顧客の信用に基づく独自の商慣習が発達し，呈示書類と信用状条件の一致があっても受益者に買戻能力がなければ荷為替手形の買取り・支払をせず，買戻能力があれば不一致でも買取り・支払をする扱いをしている。また，発行銀行が支払拒絶した場合は，拒絶理由の如何を問わず，①売主は，買取銀行から請求があれば外国向け為替手形取引約定書15条により直ちに荷為替手形を買い戻す義務を負い，②売主から買い取った銀行も，再買取銀行から請求があれば直ちに荷為替手形を買い戻す義務を商慣習により負う（大阪地裁平成２年２月８日判決）。したがって，買主が信用状発行に伴う手数料を支払ったにもかかわらず，信用状なしの荷為替手形で買取りを選択した場合（序章■(3)，本節(2)参照）と同様に，売主は銀行に債務を負ったままの状態になる。債務を負わないためには，売主は信用状確認やフォーフェイティングの特約を結ぶ必要がある。

しかし，UCPに基づく国際統一処理で合意し，適用除外や修正は信用状に明記しなければ全当事者を拘束する（UCP１条）はずが，日本独自の商慣習や約定によって修正されるのは，海外に比べて日本市場が特に異質でもない以上，合理的理由に乏しいのではないか。こうした疑問はもっともであるが，既に実務は定着し，学説も手形割引の判例法理との整合性からこれを支持する説の方が有力である。もっとも，最近では，高い手数料や事務コストが嫌気されて信用状の利用率が世界的に低下しており，日本独自の商慣習も変容していく可能性がある。

【参考文献】久保田隆「56：信用状に基づく荷為替手形の買戻義務」商法（総則・商行為）判例百選第６版，有斐閣（2019年）

Column スタンドバイ信用状

スタンドバイ信用状は，①貿易取引の決済手段として利用する場合と，②海外進出先子会社が資金借入れを行う場合に用いられる。なお，スタンドバイ信用状についても，荷為替信用状と同様に，信用状の二大原則（独立・抽象性の原則，書類取引の原則）が適用される。

まず，貿易取引の決済手段として用いる場合をみてみよう。買主（輸入者，債務者）の債務不履行に備えて買主が信用状の発行依頼をする点は荷為替信用状と同じだが，買主の支払不能・遅延時に信用状の発行銀行に支払請求する（荷為替手形を振り出して発行銀行に持ち込む形をとる）のは売主（輸出者，債権者）となるほか，取引限度額・有効期間を定めて，その範囲内の取引ならば取引の度に信用状を開設する必要がなくなる。この結果，信用状の利用回数が多い会社であれば信用状開設の費用や手間を省ける一方，個別取引の船積時期や数量については強制力が及ばないので指定された条件で船積みされないリスクもある。

つぎに，海外進出先子会社が資金借入れを行う場合である。日本法人Xが海外に現地法人Yを設立したとしよう。Yは現地の銀行乙から融資を受けたいが，設立後間もなく信用がないことから融資を受けられない場合，融資を受けるにはどうしたら良いか。その一つの方法は，Xが日本の取引先銀行甲に対し，借入れをしたい銀行（乙）を受益者とし，乙がYに融資を実行することを内容とするスタンドバイ信用状の発行を依頼することである。乙は，このスタンドバイ信用状を元にYに対する融資を実行する。仮に融資期限内にYから借入金の返済がない場合には，その事実を称した書類（船積書類は不要）を信用状の期限内にスタンドバイ信用状の発行銀行（甲）に呈示すれば，甲から支払を受けられる。

5 荷為替信用状を巡る法律関係

荷為替信用状を巡る法律問題には様々あるが，発行依頼人（買主）と受益者（売主），発行銀行との関係に絞って簡単に説明しよう。

(1) 荷為替信用状の準拠法・国際裁判管轄

当事者による準拠法の指定があればそれに従う。売主・買主間の信用状開設義務の準拠法は売買契約の条項に含まれることが多く，その場合は売買契約の準拠法と一致する。買主と発行銀行との関係は信用状開設契約の準拠法によるが，そこで準拠法が明示的に指定されることは一般にないため，もっとも密接に関係する地の法（最密接関係地法）が適用される（通則法８条）。この最密接関係地法の解釈を巡っては，発行銀行の営業所所在地法とする説や信用状で指定された支払地法とする説などがある。発行銀行と受益者の間の法律関係の準拠法は，通則法７条の法律行為に該当し，発行銀行による準拠法の指定がない場合は**信用状発行銀行の営業所所在地法**または**信用状で指定された支払地法**となろう。

一方，日本の裁判所の国際裁判管轄権は，信用状債務が「契約上の債務」で「当該債務の履行地が日本国内にあるとき」に認められる（民事訴訟法３条の３第１号）。旧民事訴訟法下で**義務履行地**を根拠に日本の国際裁判管轄権を認めた裁判例に，東京地判平成24年３月12日金融商事判例1438号30頁（控訴審東京高判平成24年９月26日金融商事判例1438号20頁）がある。

⑵　信用状の開設時期

売買契約で代金支払を荷為替信用状によって行う合意をした場合，売主の目的物引渡しに先行する**先給付義務**として，買主は信用状を開設する義務を負うことになる。したがって，信用状の開設時期については売買契約で定めておくのが普通である。しかし，開設時期について定めを置かず，合意がない時はいつまでに信用状を開設すべきか。遅くとも**船積期間**経過以前に開設しなければならないとする裁判例（神戸地判昭和37年11月10日下民集13巻11号2293頁）があるが，船積期間の間に売主の目的物引渡しが行われるのだから，これでは信用状開設が引渡しに先行することにならない。したがって，信用状開設を先給付義務とする趣旨から，買主は船積期間の開始日前に信用状を開設する義務を負うと解すべきとする学説が有力である。

一方，信用状開設義務に買主が違反した場合は契約解除できるか。この場合は代金支払義務違反なので契約の解除理由になり得る。たとえば，ウィーン売買条約が準拠法の場合に，契約に従って船積前に信用状を開設することを怠った買主に対して，代金支払義務の重大な契約違反を認めた事案（CLOUT No.631）がある。また，日本法が準拠法の場合で，CIF売買であれば当然に確定期売買（商法525条）となるわけではないが，契約の性質や当事者の意思表示から確定期売買と認定し，契約解除を認めた裁判例（東京地判平成２年４月25日判時1368号123頁）がある。

他方，信用状を開設したものの，信用状の発行銀行が信用状債務の履行を拒絶した場合には，売主は直接，買主に対して代金債務の履行を請求できる。

なお，信用状には**取消可能信用状**（受益者に対する事前の通知なしに発行銀行が取消しや信用状条件の変更が可能な信用状）と**取消不能信用状**（信用状が発行されて受益者に通知された後は，受益者と発行銀行・確認銀行の同意なしに一方的に取消しや条件変更ができない信用状）があったが，取消可能信用状はほとんど実務上は利用されなかったため，2007年版の**信用状統一規則**以降は，信用状は，取消不能の表示の有無にかかわらず，すべて取消不能とされた（信用状統一規則２条)。

⑶ 信用状の二大原則

信用状統一規則には，**信用状の二大原則**と呼ばれる法原則が記されている。それは「独立・抽象性の原則」と「書類取引の原則」である。以下，各々の原則について説明しよう。

① 独立・抽象性の原則

発行銀行が受益者に対して負担する信用状債務は，信用状発行の原因となった売買契約その他の契約関係からは独立した別個の債務とされる（信用状統一規則４条)。この原則を信用状債務の**独立・抽象性の原則**（独立〈autonomy〉の原則ともいう）と呼ぶ。信用状の迅速・円滑な取引を図る趣旨で，信用状を原因関係から切断するわけである。したがって，たとえば，発行依頼人が倒産したり，売買契約に定めた品質と相違する物品を受領したような場合に，これを発行銀行は信用状債務の支払を免れる抗弁として用いることはできず，信用状条件と文面上一致する書類が呈示された場合には支払わなければならない。ただし，重大な詐欺（fraud）の場合（例：書類偽造等）には信用状の利用促進よりも詐欺防止の方が公益に適うため，独立・抽象性の原則に一定の歯止めが必要になる。このため，英米法では「**詐欺の抗弁**」が認められている（たとえばUCC第５編109条参照)。日本法の下でも受益者による独立・抽象性の原則の悪用が権利の濫用（民法１条３項）になる場合に，詐欺を裏付ける明白な証拠があれば，支払拒否や支払差止めができると解されている。

【関連条文】

〈信用状統一規則〉

第４条【信用状と契約】

ａ．信用状は，その性質上，信用状の基礎となることのできる売買契約その他の契約とは別個の取引である。たとえ契約へのなんらかの言及が信用状に含まれている場合であっても，銀行は，このような契約とは無関係であり，またこのような契約によりなんら拘束されない。したがって，信用状に基づきオナー（honour）すること，買い取ることまたはその他の債務を履行することの銀行の約束（undertaking）は，発行依頼人と発行銀行または受益者との関係の結果として生じる発行依頼人の請求または抗弁（claims or defences）には左右されない。

②　書類取引の原則

信用状取引は迅速・安全に行う必要から，書類（船荷証券，保険証券，商業送り状など）の記載のみに依拠した書類取引とされており（信用状統一規則5条），**書類取引の原則**と呼ばれる。書類取引の原則に従い，銀行は呈示された書類が信用状条件と文面上一致するか否かを形式的に点検する義務を負い，その内容を実質的に調査する義務は負わない（信用状統一規則14条・34条）が，その反面，形式的な書類審査なので書類が信用状条件に厳密に一致していることが求められる（信用状条件の**厳格一致**〈strict compliance〉**の原則**ともいう）。ただし，前述のUCPやISBPの規定で不一致が容認される場合（例：受益者の住所相違）もある。なお，発行銀行や確認銀行は書類を受け取った翌日から最長5銀行営業日以内に書類を点検し，それを引き取るか拒絶するかを決める必要があり（信用状統一規則14条），書類を拒絶する場合には拒絶の根拠となる不一致を明示して上記5銀行営業日以内に書類を送付した銀行か受益者に通告することが求められている（信用状統一規則16条）。

【関連条文】

〈信用状統一規則〉

第5条【書類と物品，サービスまたは履行】

銀行は，書類（document）を取り扱うのであり，その書類が関係することのできる物品（goods），サービス（services）または履行（performance）を扱うのではない。

第14条【書類点検の標準規定】

a．指定に基づき行為する指定銀行，もしあれば確認銀行，および発行銀行は，書類が外見上充足した呈示となっていると見られるか否かを，書類のみに基づき決定するために，呈示を点検しなければならない。

e．商業送り状以外の書類においては，もし記載されている場合には，物品，サービスまたは履行の記述（description of the goods, services or performance）は，信用状におけるその記述と食い違わない一般的用語によって（in general terms not conflicting with …）記載されることができる。

h．信用状がある条件を含んでいるが，その条件を充足することを示す書類を規定していない場合は，銀行は，このような条件は記載されていないものと見なして，その条件を無視する。

第6章　国際取引の紛争解決

1　様々な紛争解決手段の特徴

国際取引には紛争がつきものだが，その解決手段には，民事訴訟，仲裁，ADR，交渉，危機管理など様々なものがある。以下，全体を概観した後，法的処理である民事訴訟と仲裁について解説する。

(1)　民事訴訟

まず，**民事訴訟**とは，すでにお馴染みのように，公的機関である裁判所が強制的に民事紛争を解決する制度である。裁判所が受理すれば，訴訟相手がたとえ望まない場合であっても強制的に裁判を開始でき，職業裁判官が法律に基づいて下した判決は当事者に対して強制力を持ち，裁判所の属する国内であれば，判決を強制執行するシステムも完備されている。しかし，国内取引とは異なり，国際取引に民事訴訟を用いる場合には国際取引を専門に扱う国際裁判機関は存在しないので，どこかの国の国内裁判所が代わりに扱わざるを得ない。この結果，様々な課題が生じる。

第一に，各国の法制が異なる結果，①ある国で裁判所から給付判決を受けても，その判決に基づいて別の国で強制執行ができる（外国判決の承認・執行）ための要件が異なるほか，②ある国の裁判所が当該事件に管轄権を持つ（国際裁判管轄権）ための要件も異なる。

第二に，訴訟手続や使用言語の相違から様々な実務上の障害も起こり得る。二国間・多数国間条約で各国法を統一・調整する試みは一部にみられる（例：国際航空運送分野）が，未だ各国法の相違を克服するには程遠い。

国際金融取引の分野では伝統的に民事訴訟が活用されてきた。多くの国では準拠法や管轄裁判所に関する当事者間合意は尊重されるため，契約であらかじめ準拠法や合意管轄裁判所を合意しておくことが通例である。詳細は，Ⅱ応用編に譲るが，金融中心地で大手弁護士事務所もあるニューヨークやロンドンの法律や裁判所を指定することが多いほか，強制執行の便宜を考慮して合意管轄裁判所を複数指定し，資産の所在地等の裁判所を加えることも一般的である。

Column シンガポール国際商事裁判所（SICC）

国際法務のアジアにおけるハブを目指すシンガポールは，2015年にシンガポール国際商事裁判所（SICC）を開設した。SICCでは，シンガポールに関連性のない事件も審理でき，シンガポールに営業所を持たない別の国同士に所在する当事者が国際取引紛争をSICCに提訴することを書面で合意した場合に手続を開始でき，SICCの判決はシンガポールの上訴裁判所に上訴できる。SICCの裁判官にはシンガポールだけでなく外国の裁判所の裁判官もなることができ，訴訟代理人にはシンガポールの法曹資格を持たない外国弁護士を立てることもできる。ただし，SIACのような仲裁機関ではないためニューヨーク条約は利用できず，国境を越えた判決執行には訴訟と同じく不確実性が残る。

(2) 仲裁・ADR

民事訴訟には上記の如く課題があるため，それに代えて，裁判所以外の第三者に紛争解決を委ねる**裁判外紛争解決手続**（ADR：Alternative Dispute Resolution）が発達してきた。ADRには仲裁，調停，斡旋など，様々なものがある。いずれも第三者が介在し，①**仲裁**の場合は当事者間の仲裁合意により仲裁手続が開始され，仲裁人が法律に基づく仲裁判断を下し，仲裁判断には強制力があり，判決と同じ効力が与えられるが（ただし，特定の法律に拠らない「衡平と善」による仲裁も存在する〈たとえば，日本の仲裁法36条３項参照〉），②**調停**や**斡旋**の場合は，調停人や斡旋人が当事者間の和解等を促進し（必ずしも法律に基づく必要はない），解決案を示すことがあっても当事者はこれに従う義務はなく，強制力がない。一方，③強制力のある仲裁（arbitration）と強制力のない調停（mediation）を組み合わせて状況に応じて両者を行き来することで，鋭く対立しあう当事者間の紛争解決を円滑に行う仕組みとして**Med-Arb**（メダーブと読む）や**Arb-Med**（アーブメドと読む）と呼ばれる混合手続もある。

【表１】訴訟・仲裁・調停の比較

	入口（手続の開始）	出口（判断は当事者を拘束するか）
訴訟	強制（合意がなくても手続開始）	強制（判決は当事者を拘束）
仲裁	非強制（仲裁合意があれば開始）	強制（仲裁判断は当事者を拘束）
調停	非強制（合意がなければ開始せず）	非強制（調停案に従う義務なし）

訴訟に比べた仲裁のメリットとしては，①適切に仲裁人を選定すれば中立性が保障でき，国際商慣習や契約準拠法に関する信頼度の高い判断を仰ぐことができ，②専門知識を持つ者を仲裁人に加えることで専門的観点からの紛争解決も可能（例：科学技術に関する仲裁事件の仲裁人３人のうち１人を技術専門家から選び，残りを法律家から選出）であるほか，②手続を訴訟よりも柔軟に定められるので迅速かつ安価に紛争解決でき，③仲裁手続は非公開なので紛争内容等を秘密にすることが可能，④日本を含む世界150カ国以上が加盟する1958年「外国仲裁判断の承認及び執行に関する条約」（**ニューヨーク条約**）が存在するため，外国における仲裁判断の承認・執行は判決よりも確実性が高い，と指摘されてきた。実際，国際取引では一般に国際商事仲裁が積極的に活用されており，アメリカ仲裁協会（AAA），ロンドン国際仲裁裁判所（LCIA），国際商業会議所（ICC）の国際仲裁裁判所など，常設の仲裁機関が多く利用されている。もっとも，訴訟でも中立性の低い国（一般に途上国）があれば高い国（日本など）もあり，専門家が訴訟手続に関与する仕組み（例：知的財産訴訟などの専門委員制度）や非公開の裁判もある。また，訴訟でも訴訟期間の短縮化が進む一方で仲裁でも迅速・安価では済まない場合も多い。さらに，ニューヨーク条約に加盟する国でも，条約５条を根拠に外国仲裁判断の承認・執行を拒否した事例（例：中国。条約５条は原則として手続審査で実体審査を伴わないが，中国では地方法院が実体審査にまで踏み込んで承認・執行拒否する例がある）も散見される。

＊　前述のごとく，国際商事仲裁には，AAAなどの常設の仲裁機関が各々採用する仲裁規則（独自のものやUNCITRAL仲裁規則等）に基づいて実施する機関仲裁（制度的仲裁）のほか，個別紛争ごとに当事者が仲裁契約を締結して紛争解決を仲裁人に委託するアドホック仲裁（個別的仲裁）がある。

＊ 仲裁や調停等をオンライン上で行う Online ADR（ODR）が米国やシンガポール，韓国などで紛争処理に当たっている。

＊ アジアでも，シンガポールや香港の国際仲裁センターが多く用いられるほか，裁判所の中立性に懸念が持たれている中国では中国国際経済貿易仲裁委員会（CIETAC）がよく用いられている。日本にも日本商事仲裁協会や日本海運集会所が常設の仲裁機関として存在するが，予算・人員面での制約や裁判所に対する信頼度の高さ等から，取扱件数はそれほど多くなっていない。このため日本政府は2017年に国際商事仲裁を専門に扱う施設の設置を決め，関連法の整備や人材育成などで支援することとなった（下記Column参照）。

Column 日本における仲裁の出遅れと今後

日本企業の海外での仲裁事例は多いが，日本での仲裁実績は少ない。欧米（年間数百件以上を処理）はもとより近隣諸国と比べても，日本の商事仲裁は未発達（年間20件程度を処理）だが，政府はようやく重い腰を上げた。2017年，政府は「骨太の方針」に国際商事仲裁を専門に扱う施設の設置（都内にビデオ会議室等を備えた施設を設置し，仲裁経験のある弁護士や企業が運営）や関連法の整備等（人材育成支援等）を盛り込み，国際競争力向上に向けて官民一体で乗り出した。2018年以降，複数の施設が営業している。仲裁人は日本では少ないが，海外では報酬の高い業務として知られ，Vis Moot（国際学生模擬仲裁大会。毎年３月頃に香港とウィーンで実施される。CISGと仲裁の論点を英語で弁論）が国際的な仲裁人への登竜門の一つになっている。筆者のゼミでは毎年学部２年生に全員弁論出場させてきたが，この機会にVis Mootに参加してはいかがだろうか。なお，国際商取引学会が主催する日本大会（英語だけでなく日本語でも参加可能）もある。

【関連条文】

〈ニューヨーク条約〉

第５条【承認及び執行の拒否事由】

1　判断の承認及び執行は，判断が不利益に援用される当事者の請求により，承認及び執行が求められた国の権限のある機関に対しその当事者が次の証拠を提出する場合に限り，拒否することができる。

(a)　第２条に掲げる合意の当事者が，その当事者に適用される法令により無能力者であったこと又は前記の合意が，当事者がその準拠法として指定した法令により若しくはその指定がなかったときは判断がされた国の法令により有効でないこと。

(b)　判断が不利益に援用される当事者が，仲裁人の選定若しくは仲裁手続について適当な通告を受けなかったこと又はその他の理由により防禦することが不可能であったこと。

(c)　判断が，仲裁付託の条項に定められていない紛争若しくはその条項の範囲内にない紛争に関するものであること又は仲裁付託の範囲をこえる事項に関する判定を含むこと。ただし，仲裁に付託された事項に関する判定が付託されなかった事項に関する判定から分離することができる場合には，仲裁に付託された事項に関する判定を含む判断の部分は，承認し，かつ，執行することができるものとする。

(d)　仲裁機関の構成又は仲裁手続が，当事者の合意に従っていなかったこと又は，そのような合意がなかったときは，仲裁が行われた国の法令に従っていなかったこと。

(e)　判断が，まだ当事者を拘束するものとなるに至っていないこと又は，その判断がされた国若しくはその判断の基礎となった法令の属する国の権限のある機関により，取り消されたか若しくは停止されたこと。

2　仲裁判断の承認及び執行は，承認及び執行が求められた国の権限のある機関が次のことを認める場合においても，拒否することができる。

(a)　紛争の対象である事項がその国の法令により仲裁による解決が不可能なものであること。

(b)　判断の承認及び執行がその国の公の秩序に反すること。

⑶ 交　渉

訴訟や仲裁は法的な紛争処理方法だが，大多数の紛争解決は裁判所や仲裁機関の世話にはならず，当事者間の話し合いや**交渉**によって解決する。交渉能力の優劣には当然個人差があるが，交渉を上手に行う上で誰もが身に付けるべき知識については，法学や心理学，異文化間コミュニケーションなど，様々な学問分野から検討されてきた。

まず，法学からのアプローチの代表例に，1970年代に始まり世界中のビジネススクールやロースクールに広まった**ハーバード流交渉術**がある（代表的な書物にR. Fisher, W. Ury, *Getting to Yes*：*Negotiating Agreement Without Giving In*, Penguin Group, 1981，日本語訳は金山宣夫・浅井和子訳『ハーバード流交渉術』三笠書房（1989年））。ここでは「駆引き型交渉術」（例：つねに強気で相手を攻めたり，つねに弱気で相手の主張を丸呑みする交渉）を改めてヒトと問題を分離し，交渉当事者双方の利益の所在を確認し，共に受入可能な中立的な原則（法律や業界ガイドラインなど）に基づいて利益の分配問題を友好的に解決し，共存共栄を目指す「原則立脚型交渉」を推奨する。

具体的には，交渉に当たる当事者は，まず，①相手の話に十分耳を傾けて利害対立の所在を正確に把握し（例：ママレード事例：ハーバード流交渉術の有名な寓話で概要は以下。一つのオレンジを巡って姉と弟が対立し，どちらも丸ごとオレンジ１個を欲しがって譲らない。しかし，よく話を聞いてみると，姉はオレンジの皮を利用してママレードを作りたいが，弟はオレンジの実を食べたい，ということで，利害対立は現実には存在しなかった），立場に囚われずつねに利害に焦点を合わせる。つぎに，②問題解決の手がかりとなる中立的な原則（例：法律，業界ガイドライン）について合意し，共に協力して問題解決に当たる。また，③柔軟な交渉が可能になるようになるべく多くの解決案を用意しておき，④行き過ぎた譲歩を迫られないようにあらかじめ譲歩の最終ラインや交渉が不調に陥った際の滑り止め策である**BATNA（Best Alternative To a Negotiated Agreement：バトナ）**を準備する。交渉に当たっては，BATNAや合意可能な範囲を探って柔軟かつ適切な解決を目指して交渉する。その際，合意可能な領域（ZOPA）がある場合は容易に合意できようが，それがない場合にも論点を複数化する統合型交渉（例：価格は譲歩するが，納期や支払方法で要求を通す）により合意が可能である。もちろんBATNA次第では交渉決裂が最良であることもあり得る。

理性に基づいた冷静な交渉原理なので，具体的な模擬事案に即して演習する形で大学講義で多く取り入れられているが，交渉の実践においては，理性よりも情熱の強弱が交渉の成否を左右するとする批判もあり，ハーバード流交渉術側からの再反論（R. Fisher, D, Shapiro, *Beyond Reason: Using Emotions As You Negotiate*, Random House Business Books, 2006：日本語訳は印南一路訳『新ハーバード流交渉術：論理と感情をどう生かすか』講談社（2006年））も出版されている。

つぎに，心理学からのアプローチの例を挙げよう。人間心理を応用して本命の要求を通す交渉アプローチに，①他人から一貫性のある人間と見られたい人間心理を活用して，最初は簡単な要求（例：途上国の恵まれない子供の育英基金に少額の寄付を依頼）からスタートし，段階的に要求レベルを上げ（例：寄付の趣旨に理解ある貴方に寄付金増額を依頼）ていく方法（Foot-in-the-Door Technique）や，②相手に借りができるとお返ししなければならない（返報性）と考える人間心理を活用し，まず過大な要求を提示し（例：上記基金に200万円の寄付を依頼），相手に断られたら，譲歩したかに見せかけて本命の要求（例：20万円の寄付を依頼）を出す方法（Door-in-the-Face Technique）がある。交渉相手の心理に影響を与えるアプローチにはビジネス上のニーズから様々なものがある（書店に多数置かれているので読まれると良い）が，相手方や状況によっても左右され，必ず予定通りに機能するとは限らない。

一方，異文化間コミュニケーションからのアプローチの例として，米国文化人類学者Edward T. Hallが唱えた２分類がある。すなわち，①実際に言葉で表現された内容よりも，言葉以外で相手に理解される内容の方が豊かな伝達方式を持つ文化（もっとも極端な例は日本語）をハイコンテキスト文化（High Context Culture），②言葉に表現された内容のみが情報としての意味を持ち，言葉にしていない内容は伝わらない伝達方式を持つ文化（もっとも極端な例はドイツ語）をローコンテキスト文化（Low Context Culture）と呼んで分類する。この相違は法律を学ぶ我々にとっても重要で，一般にハイコンテキスト文化に属する日本や中国の契約書が簡素なのに対し，ローコンテキスト文化に属するドイツや米国の契約書は詳細である。しかし，国際取引では，ハイコンテキスト文化に属する日本人も，ローコンテキスト文化に合わせて契約書に言語ですべて記すことで，情報伝達の齟齬を防ぐ必要性が高い。異文化間交渉に当たっては，他にも取引相手の異なる文化を理解して贈答品や会話の仕方等を工夫する必要がある。

(4)　危機管理

地震やコンピュータ障害への対応，社員による不正行為の発覚など，企業や個人は様々な危機に直面するが，その対応を誤れば会社の倒産など破局的な事態を招きかねない。そこで，会社のリーダーや紛争の当事者が危機をうまく乗り切るために，①危機が生じる前の事前策（リスクマネジメント：Risk Management）として，危機を予知し，予防するほか，危機発生に備えてあらかじめ準備し（例：地震対策の事業継続計画〈BCP：Business Continuity Plan〉の策定），②危機が生じた時点では事後策（クライシスマネジメント：Crisis Management）として，被害状況を正確に把握した上で被害を最小限に食い止めて二次被害を防止し，危機を収束させる（成功例にタイレノール事件，失敗例に東芝クレーマー事件）。これら一連の対策を総称して**危機管理**と呼ぶ。元々は武力紛争の拡大を抑制する外交政策として発達したが（キューバ危機時に核戦争を回避したケネディ米大統領（当時）の政策が危機管理の手本とされることが多い。その内容は，政治学者Graham T. Allisonの著書『決定の本質（Essence of Decision)』や映画『13 Days』で扱われており，参考になる），現在は内部統制やコンプライアンス（法令等遵守）と並んで企業経営の重要事項の一つとなった。顧客クレーム対応など一定類型の危機管理については，対応マニュアルも多く出版されており参考になる。しかし，個々の会社によって危機の性格が異なるので，よく検討して自社にカスタマイズしたものを作成する必要がある。また，平時とは異なり，危機時には迅速な意思決定が必要になるため，通常の意思決定手続とは別の危機管理責任者に全権を委任して対応する体制を採用する企業もある。

Column　危機管理の成功例と失敗例

成功例：タイレノール事件（今では危機管理の手本とされる毒物混入事件)。1982年，米国の12歳の少女がジョンソン・エンド・ジョンソン（JNJ）社の解熱鎮痛剤タイレノール（Tylenol）を服用したところ，何者かが混入させたシアン化合物によって死亡し，同様の事件が数件起きた。JNJ社は迅速に対応し，12万5,000回のTV放映，新聞の一面広告，専用フリーダイヤル設置等で製品の回収と注意を呼び掛け，１億米ドル以上のコストをかけて3,100万本を回収。10週間後には，毒物混入を防ぐために新たに開発した「３重シール破壊防止パッケージ」（Tylenol Gelcaps）を店頭に並べたところ，危機発生前の売上げを完全に回復した。

失敗例：東芝クレーマー事件（1999年に起きた，東芝の顧客クレーム処理を端緒とする事件）。1998年に福岡で東芝のビデオテープレコーダーを購入したユーザーAkkyが，製品の修理を依頼したところ勝手に改修され，たらい回しにされた挙句，東芝社員（総会屋対策を主に担う法務部渉外管理室所属）から様々な暴言（例：「お客さんみたいなのはね，お客さんじゃないんですよ。もう，クレーマーっちゅうの」等）を浴びたとして，秘密録音した会話テープを自身のウェブサイトで公開した。ネットのアクセス数が増えて東芝不買運動も始まったが，Akkyが対話に応じないのでウェブページの一部差止めを求める仮処分を東芝が申請したところ，逆に大手マスコミが報道して事件が世間に周知されてしまい，不買運動を加速させた。結局，東芝は仮処分申請を取り下げた。この事件は企業一般に大きな影響を与えた。東芝も顧客サポート体制の充実を手厚くし，今では信頼を回復している。

2　国際民事訴訟

国際取引から生じる紛争を訴訟によって解決する際，国内訴訟とは異なる様々な問題が生じる。

第一に，訴訟を提起された国の裁判所が，その事件について裁判を行う管轄権を持つか否か（**国際裁判管轄権**）についてである。一部に条約も存在する（例：モントリオール条約33条・46条）が，主に法廷地となる各国の訴訟法に委ねられている（日本法については後述）。

第二に，訴訟手続についてである。送達や証拠収集等で国際的な司法共助が必要になる場合があるほか，「手続は法廷地による」（lex fori）原則という不文の国際的な法原則に従って訴訟手続の行われる法廷地の法に従う扱いではあるものの，実体法とも密接な関係を有する手続の扱いを巡っては学説が対立（たとえば外国当事者に対する当事者能力等の扱い）している。

＊　外国においてなすべき送達や証拠調べについては，民事訴訟法108条・184条により，その国の管轄官庁または外国駐在の日本大使等に嘱託して行うが，相手国の容認や受諾が必要になるため，1965年「民事又は商事に関する裁判上及び裁判外の文書の外国における送達及び告知に関する条約」などの司法共助に関する多数国間条約に加盟し，いくつかの国と司法共助取決めを交わしている。

＊　外国人の当事者能力・訴訟能力は，法廷地法の規定によるとする学説と当該外国人の属人法である本国の訴訟法によるべきとの学説が対立している。

第三に，外国で下された判決の国内における承認・執行にいかなる効力を認めるか（**外国判決の承認・執行**）の問題が国内法の解釈に任されている（日本法については後述）。

第四に，外国裁判所で係争中の事件について，国内で重ねて訴訟が提起された場合，訴訟の競合（**国際的訴訟競合**）を認めるか否かの問題がある。これを認めると内外の判決が相互に抵触したまま未解決で終わる困難な問題を生じるため，様々な見解が出されている。本書では，様々な問題のうちとくに重要な国際裁判管轄権と外国判決の承認・執行の問題に絞って日本法の扱いを解説する。

⑴　国際裁判管轄権

国際裁判管轄権に関し，日本では長らく成文法がなく判例法理に従ってきたが，2011年通常国会で「民事訴訟法及び民事保全法の一部を改正する法律」が成立して成文規定が整えられた。

以前は，民事訴訟法の国内土地管轄規定が定める被告の裁判籍のいずれかが日本国内にある場合，条理に基づき，原則として日本に裁判管轄権を認めるとした上で日本で裁判すると当事者の公平，裁判の適正・迅速を期する理念に反してしまう「特段の事情」がある場合にはこれを認めないとする判例理論（ファミリー事件〈最判平成９年11月11日民集51巻10号4055頁〉）が定着してきた。

しかし，国内裁判の管轄原因であっても国際裁判の管轄原因としては不適切なものが存在するほか，「特段の事情」による処理が肥大化すると予見可能性を損なうとの批判があった。

このため，民事訴訟法に新たな規定を設け，①国際裁判を開始するための管轄原因として，被告の住所地（3条の2）や義務履行地・支払地・財産所在地・営業所所在地・不法行為地等（3条の3）を挙げ，②ブラッセルⅠ規則等の諸外国の立法例を参考に，消費者契約事件・労働関係事件の特則を設けた（3条の4）ほか，②国際裁判に対応した専属管轄規定を設け（3条の5），③「特段の事情」による訴えの却下規定は「**特別の事情**」と名を変えて依然存在する（3条の9）ものの，専属的管轄合意として日本の裁判所が指定されている場合には特別の事情による訴えの却下規定は適用しないことを明示的に定める（同条の括弧書）など，合理的範囲を逸脱しないための工夫が施されている。以下，民事訴訟法上の管轄原因を簡単に紹介しよう。

① **被告の住所地**（3条の2）：被告の住所地が日本にある場合に認められる。「被告住所地原則」ともいい，被告を防御して手続的公平性を図るため，国際的にも広く認められており，この条件を満たせば事件の種類に関係なく訴えが可能な「一般的裁判管轄」である。一方，以下に述べる義務履行地等は事件の種類によって訴えが可能となるもので「個別的裁判管轄」と呼ばれる。

② **義務履行地**（3条の3第1号）：契約上の債務に関する履行請求，事務管理・不当利得に係る請求，損害賠償請求等の請求を目的とする訴えは，被告の予測可能性や契約本来の趣旨に鑑み，当該債務の履行地が日本にある場合に認められている。

③ **支払地**（同2号）：手形・小切手による金銭の支払請求を目的とする訴えは，手形・小切手の支払地が日本にある場合に認められている。

④ **財産所在地**（同3号・11号）：財産権上の訴えは請求目的や差押え財産が日本国内にあれば，証拠収集の便宜や執行の容易さから日本の裁判所に提起でき，不動産の場合は不動産が日本国内にある場合に認められている。

⑤ **営業所所在地**（同4号）・設立準拠地（同7号）・営業地（同5号）：証拠収集の便宜や当事者の予測可能性の観点から，営業所の業務に関する訴えは営業所が日本国内にある場合，会社に関する訴えは設立準拠法が日本法の場合，

日本で継続取引をする外国会社に対する訴えはその会社の日本における業務に関する場合に各々認められている。

⑥　**不法行為地**（3条の3第8号）：不法行為があった場所（加害行為地だけでなく損害発生地も含まれる）が日本国内にある場合，証拠収集の便宜，被害者の保護，不法行為地国の公序との関連性に鑑みて認められている。ただし，外国で加害行為が行われ日本で結果が発生した場合で，通常は予見できない場合は除く。

⑦　**消費者契約**（3条の4第1項）と**労働関係**（同2項）：消費者や労働者の保護を図るため，消費者から事業者に対する訴えは消費者の住所が日本国内にある場合，労働者から事業主に対する訴えは労務提供地が日本国内にある場合，特例として認めている。

⑧　**専属管轄**（3条の5）：法律関係の画一処理の必要性や国家的関心の強さから，日本法を設立準拠法とする会社や日本での登記・登録等は，日本の裁判所に管轄権が専属する。

⑨　**併合請求の管轄**（3条の6）：同一被告に数個の請求をする際，そのうち一つが日本に国際裁判管轄があれば，他の請求と密接な関係があるときに限り，他の請求についても日本の裁判所が管轄権を持つ（客観的併合）。当事者が異なる複数の請求の併合（主観的併合）においても，請求間の関連性が必要で，民事訴訟法38条前段の共同訴訟の要件を満たす場合に限定されている。

⑩　**合意管轄**（3条の7）：当事者間で裁判管轄の合意がある場合，一定要件を満たせば尊重される。すなわち，外国の専属管轄に属さず（1項），書面か電磁的記録によって合意（3条の7第2項・3項）する必要がある。書面については，少なくとも当事者の一方が作成した書面に管轄合意が明示され，当事者間合意の存在と内容が明白であれば足りる（チサダネ号事件，最判昭和50年11月28日民集29巻10号1554頁）。なお，外国裁判所を専属的な管轄裁判所として指定する合意は，日本に専属管轄がある場合は無効である（3条の10）。

⑪　**応訴管轄**（3条の8）：被告が裁判管轄を争わずに弁論等に応じた場合に認められる。

⑫　その他：上記裁判籍に当てはまる場合であっても，事案の性質，応訴によ

る被告の負担の程度，証拠の所在地その他の事情を考慮して，日本で裁判することが当事者間の衡平を害し，あるいは適正かつ迅速な審理の妨げる「**特別の事情**」があると裁判所が認める場合，訴えの全部または一部を却下できる（３条の９)。ただし，当事者間に日本の裁判所を専属管轄とする合意がある場合は３条の９は不適用となる。なお，裁判所は裁判管轄に関して職権で証拠調べを行うことができる（３条の11)。

【参照条文】

〈民事訴訟法〉

第３条の２【被告の住所等による管轄権】

１　裁判所は，人に対する訴えについて，その住所が日本国内にあるとき，住所がない場合又は住所が知れない場合にはその居所が日本国内にあるとき，居所がない場合又は居所が知れない場合には訴えの提起前に日本国内に住所を有していたとき（日本国内に最後に住所を有していた後に外国に住所を有していたときを除く。）は，管轄権を有する。

２　裁判所は，大使，公使その他外国に在ってその国の裁判権からの免除を享有する日本人に対する訴えについて，前項の規定にかかわらず，管轄権を有する。

３　裁判所は，法人その他の社団又は財団に対する訴えについて，その主たる事務所又は営業所が日本国内にあるとき，事務所若しくは営業所がない場合又はその所在地が知れない場合には代表者その他の主たる業務担当者の住所が日本国内にあるときは，管轄権を有する。

第３条の３【契約上の債務に関する訴え等の管轄権】

次の各号に掲げる訴えは，それぞれ当該各号に定めるときは，日本の裁判所に提起することができる。

一　契約上の債務の履行の請求を目的とする訴え又は契約上の債務に関して行われた事務管理若しくは生じた不当利得に係る請求，契約上の債務の不履行による損害賠償の請求その他契約上の債務に関する請求を目的とする訴え　契約において定められた当該債務の履行地が日本国内にあるとき，又は契約において選択された地の法によれば当該債務の履行地が日本国内にあるとき。

二　手形又は小切手による金銭の支払の請求を目的とする訴え　手形又は小切手の支払地が日本国内にあるとき。

三　財産権上の訴え　請求の目的が日本国内にあるとき，又は当該訴えが金銭の支払を請求するものである場合には差し押さえることができる被告の財産が日本国内にあるとき（その財産の価額が著しく低いときを除く。）。

四　事務所又は営業所を有する者に対する訴えでその事務所又は営業所における業務に関するもの　当該事務所又は営業所が日本国内にあるとき。

五　日本において事業を行う者（日本において取引を継続してする外国会社（会社法（平成17年法律第86号）第２条第２号に規定する外国会社をいう。）を含む。）に対する訴え　当該訴えがその者の日本における業務に関するものであるとき。

六　船舶債権その他船舶を担保とする債権に基づく訴え　船舶が日本国内にあるとき。

七　会社その他の社団又は財団に関する訴えで次に掲げるもの　社団又は財団が法人である場合にはそれが日本の法令により設立されたものであるとき，法人でない場合にはその主たる事務所又は営業所が日本国内にあるとき。

イ　会社その他の社団からの社員若しくは社員であった者に対する訴え，社員からの社員若しくは社員であった者に対する訴え又は社員であった者からの社員に対する訴えで，社員としての資格に基づくもの

ロ　社団又は財団からの役員又は役員であった者に対する訴えで役員としての資格に基づくもの

ハ　会社からの発起人若しくは発起人であった者又は検査役若しくは検査役であった者に対する訴えで発起人又は検査役としての資格に基づくもの

ニ　会社その他の社団の債権者からの社員又は社員であった者に対する訴えで社員としての資格に基づくもの

八　不法行為に関する訴え　不法行為があった地が日本国内にあるとき（外国で行われた加害行為の結果が日本国内で発生した場合において，日本国内におけるその結果の発生が通常予見することのできないものであったときを除く。）。

九　船舶の衝突その他海上の事故に基づく損害賠償の訴え　損害を受けた船舶が最初に到達した地が日本国内にあるとき。

十　海難救助に関する訴え　海難救助があった地又は救助された船舶が最初に到達した地が日本国内にあるとき。

十一　不動産に関する訴え　不動産が日本国内にあるとき。

十二　相続権若しくは遺留分に関する訴え又は遺贈その他死亡によって効力を生ずべき行為に関する訴え　相続開始の時における被相続人の住所が日本国内にあるとき，住所がない場合又は住所が知れない場合には相続開始の時における被相続人の居所が日本国内にあるとき，居所がない場合又は居所が知れない場合には被相続人が相続開始の前に日本国内に住所を有していたとき（日本国内に最後に住所を有していた後に外国に住所を有していたときを除く。）。

十三　相続債権その他相続財産の負担に関する訴えで前号に掲げる訴えに該当しないもの　同号に定めるとき。

第３条の４【消費者契約及び労働関係に関する訴えの管轄権】

1　消費者（個人（事業として又は事業のために契約の当事者となる場合におけるものを除く。）をいう。以下同じ。）と事業者（法人その他の社団又は財団及び事業として又は事業のために契約の当事者となる場合における個人をいう。以下同じ。）との間で締結される契約（労働契約を除く。以下「消費者契約」という。）に関する消費者からの事業者に対する訴えは，訴えの提起の時又は消費者契約の締結の時における消費者の住所が日本国内にあるときは，日本の裁判所に提起することができる。

2　労働契約の存否その他の労働関係に関する事項について個々の労働者と事業主との間に生じた民事に関する紛争（以下「個別労働関係民事紛争」という。）に関する労働者からの事業主に対する訴えは，個別労働関係民事紛争に係る労働契約における労務の提供の地（その地が定まっていない場合にあっては，労働者を雇い入れた事業所の所在地）が日本国内にあるときは，日本の裁判所に提起することができる。

3　消費者契約に関する事業者からの消費者に対する訴え及び個別労働関係民事紛争に関する事業主からの労働者に対する訴えについては，前条の規定は，適用しない。

第３条の５【管轄権の専属】

1　会社法第７編第２章に規定する訴え（同章第４節及び第６節に規定するものを除く。），一般社団法人及び一般財団法人に関する法律（平成18年法律第48号）第６章第２節に規定する訴えその他これらの法令以外の日本の法令により設立された社団又は財団に関する訴えでこれらに準ずるものの管轄権は，日本の裁判所に専属する。

2　登記又は登録に関する訴えの管轄権は，登記又は登録をすべき地が日本国内にあるときは，日本の裁判所に専属する。

3　知的財産権（知的財産基本法（平成14年法律第122号）第２条第２項に規定する知的財産権をいう。）のうち設定の登録により発生するものの存否又は効力に関する訴えの管轄権は，その登録が日本においてされたものであるときは，日本の裁判所に専属する。

第３条の６【併合請求における管轄権】

一の訴えで数個の請求をする場合において，日本の裁判所が一の請求について管轄権を有し，他の請求について管轄権を有しないときは，当該一の請求と他の請求との間に密接な関連があるときに限り，日本の裁判所にその訴えを提起することができる。ただし，数人からの又は数人に対する訴えについては，第38条前段に定める場合に限る。

第３条の７【管轄権に関する合意】

1　当事者は，合意により，いずれの国の裁判所に訴えを提起することができるかについて定めることができる。

2　前項の合意は，一定の法律関係に基づく訴えに関し，かつ，書面でしなければ，その効力を生じない。

3　第１項の合意がその内容を記録した電磁的記録（電子的方式，磁気的方式その他人の知覚によっては認識することができない方式で作られる記録であって，電子計算機による情報処理の用に供されるものをいう。以下同じ。）によってされたときは，その合意は，書面によってされたものとみなして，前項の規定を適用する。

4　外国の裁判所にのみ訴えを提起することができる旨の合意は，その裁判所が法律上又は事実上裁判権を行うことができないときは，これを援用することができない。

5　将来において生ずる消費者契約に関する紛争を対象とする第１項の合意は，次に掲げる場合に限り，その効力を有する。

一　消費者契約の締結の時において消費者が住所を有していた国の裁判所に訴えを提起することができる旨の合意（その国の裁判所にのみ訴えを提起することができる旨の合意については，次号に掲げる場合を除き，その国以外の国の裁判所にも訴えを提起することを妨げない旨の合意とみなす。）であるとき。

二　消費者が当該合意に基づき合意された国の裁判所に訴えを提起したとき，又は事業者が日本若しくは外国の裁判所に訴えを提起した場合において，消費者が当該合意を援用したとき。

6　将来において生ずる個別労働関係民事紛争を対象とする第１項の合意は，次に掲げる場合に限り，その効力を有する。

一　労働契約の終了の時にされた合意であって，その時における労務の提供の地がある国の裁判所に訴えを提起することができる旨を定めたもの（その国の裁判所にのみ訴えを提起することができる旨の合意については，次号に掲げる場合を除き，その国以外の国の裁判所にも訴えを提起することを妨げない旨の合意とみなす。）であるとき。

二　労働者が当該合意に基づき合意された国の裁判所に訴えを提起したとき，又は事業主が日本若しくは外国の裁判所に訴えを提起した場合において，労働者が当該合意を援用したとき。

第３条の８【応訴による管轄権】

被告が日本の裁判所が管轄権を有しない旨の抗弁を提出しないで本案

について弁論をし，又は弁論準備手続において申述をしたときは，裁判所は，管轄権を有する。

第３条の９【特別の事情による訴えの却下】

裁判所は，訴えについて日本の裁判所が管轄権を有することとなる場合（日本の裁判所にのみ訴えを提起することができる旨の合意に基づき訴えが提起された場合を除く。）においても，事案の性質，応訴による被告の負担の程度，証拠の所在地その他の事情を考慮して，日本の裁判所が審理及び裁判をすることが当事者間の衡平を害し，又は適正かつ迅速な審理の実現を妨げることとなる特別の事情があると認めるときは，その訴えの全部又は一部を却下することができる。

第３条の10【管轄権が専属する場合の適用除外】

第３条の２から第３条の４まで及び第３条の６から前条までの規定は，訴えについて法令に日本の裁判所の管轄権の専属に関する定めがある場合には，適用しない。

一方，国際航空運送に関するモントリオール条約が適用される訴訟については，条約33条１項により，運送人の住所，主たる営業所，運送人が契約を締結した営業所または到達地のいずれかが日本にある場合に，原告は日本の裁判所に訴訟を提起することができる（モントリオール条約に改訂される前のワルソー条約時代の裁判例に，運送契約の到達地が日本であるため日本の裁判所の管轄権を認めたものがある〈東京地判昭和60年７月15日判時1211号120頁〉）。

⑵　外国判決の承認・執行

外国で得た判決は内国で当然に効力を有するわけではなく，各国の訴訟法で一定の要件の下に外国判決を承認し，その執行を許容している。外国判決の承認・執行要件が各国で異なることは私法関係の安全からみて好ましくないため，統一するために条約を作成する努力も行われてきたが，多数の加盟国を持つ条約（とくに後述する1958年のニューヨーク条約）が存在する仲裁とは対照的に，条約作成の試みは成功していない。

＊　ハーグ国際私法会議が1971年に作成した「民事及び商事に関する外国判決の承認及び執行に関する条約」の締約国は少数に止まり，2005年に採択した「管轄合意に関する条約」も批准国は5カ国のみ（2018年9月）に止まっている。ただし，地域的な条約であれば欧州のブリュッセルⅠ規則やルガーノ条約等がある。

日本では，民事訴訟法118条で外国判決の承認要件を，民事執行法24条3項で外国判決の執行要件（承認要件と同一）を規定している。一定の承認要件を満たす外国判決は，日本ではドイツ法の影響により，特別の手続を必要とせずに当然に効力を発する自動的承認制度を採用する。ただし，外国給付判決に基づいて内国で強制執行するには，民事執行法22条6号により，外国判決について執行判決を得る必要がある。外国判決が承認されると，判決国における当該判決の一切の効力が承認されると解されているが，近時異論も提起されている。

【参照条文】

〈民事訴訟法〉

第118条【外国裁判所の確定判決の効力】

外国裁判所の確定判決は，次に掲げる要件のすべてを具備する場合に限り，その効力を有する。

一　法令又は条約により外国裁判所の裁判権が認められること。

二　敗訴の被告が訴訟の開始に必要な呼出し若しくは命令の送達（公示送達その他これに類する送達を除く。）を受けたこと又はこれを受けなかったが応訴したこと。

三　判決の内容及び訴訟手続が日本における公の秩序又は善良の風俗に反しないこと。

四　相互の保証があること。

では，具体的に民事訴訟法118条の要件をみていこう。同条の下で外国判決を承認するには，条文に即して合計五つの要件を満たす必要がある。

①　外国裁判所の確定判決であること（同条柱書）

ここでいう確定判決は民事判決に限られ，判決国で通常の不服申立方法では不服申立てができなくなったものを指し（欧州では，ブリュッセル条約I規則32条など，未確定の判決についても承認・執行を認める場合がある），仮差押えや仮処分などは承認・執行の対象とはならない（通説）。

② 間接的裁判管轄権の存在（同条1号）

外国判決を承認するには，我が国から見て判決国の裁判所が当該事件に国際裁判管轄権を有していたこと（間接的裁判管轄権）が必要である。前述した我が国が裁判を行う際に問題となる国際裁判管轄権を直接的裁判管轄権（民事訴訟法3条の2以下に規定）と呼ぶが，両者は同一の基準によって判断されるとする見解と，両者は必ずしも一致する必要はないとして間接的裁判管轄権を直接的裁判管轄権よりも広く認める見解がある。この点，判例（最判平成26年4月24日民集68巻4号329頁）は，基本的に直接的裁判管轄権に関する規定に準拠しつつ，個々の事案における具体的事情に即して条理に照らして判断すべきとしており，これが訴訟上の正義に照らして妥当と考える。

問題：甲国の医療機器販売会社Yが日本における販売子会社Zの設立事務を日本の会社Xに委任し，報酬金を支払う契約を結んだが未払いの報酬金が残っており，XがYに支払を請求したところ，Yが甲国裁判所に提訴し，Yの請求を認容する判決が確定し，Xが応訴しなかったケースを想定しよう。契約準拠法として合意した甲国法によれば金銭債務の弁済地は債務者の住所地と規定されていた場合，甲国の当該判決が日本で効力を有するための間接的裁判管轄権（民事訴訟法118条1項）を基礎づける事由は存在するだろうか。上記判例に従い，直接的裁判管轄権の規定（民事訴訟法3条の3第1号）を準用すると，契約債務の履行地（債務弁済地）が甲国内にあれば甲国の間接管轄を肯定できるところ，契約準拠法である甲国法により債務弁済地はYの住所地である甲国となる。一方，間接的裁判管轄権を条理に照らして否定すべき具体的事情は特に存在しないため，当該事由は存在することになる。

（平成26年司法試験問題を簡略化）

③ 訴訟開始に必要な呼出の送達（同条2号）

被告の手続権を保障するため，敗訴の被告（日本人だけでなく外国人も含む）が訴訟開始に必要な呼出の送達を受け，または送達を受けない場合でも応訴したことを承認の要件とする。英米法諸国では，弁護士が訴状を名宛人に直接交付することが認められているが，日本では承認要件を満たす送達とは認められない（最判平成10年４月28日民集52巻３号853頁）。

④　**公序良俗に反しないこと（同条３号）**

判決の主文・理由や成立手続が我が国の公序良俗に反する場合は承認されない。アメリカの懲罰的損害賠償を命じる判決について，制裁や一般予防を目的とする損害賠償を認めることは日本の不法行為損害賠償制度の基本理念と相容れないとして公序違反を認めた裁判例（最判平成９年７月11日民集51巻６号2573頁）がある。

⑤　**相互の保証の存在（同条４号）**

判決国との間の**相互の保証**を外国判決を承認要件とするものであるが，相互主義に基づいて完全に対等な扱いを求めるものではなく，判決国における外国判決の承認条件が我が国の条件と実質的に同等であれば足りる（最判昭和58年６月７日民集37巻５号611頁）。ただし，中国の人民法院が下した判決について，相互の保証の要件を満たしていないとした判決（大阪高判平成15年４月９日判時1841号111頁）がある。

3　仲　裁

仲裁は，当事者間の仲裁合意（定義は仲裁法２条１項参照）により，訴訟に代えて第三者である仲裁人で構成する仲裁廷に紛争解決を委ね，その仲裁判断に当事者が服する裁判外の紛争処理制度である。国際取引紛争を扱う国際商事仲裁は海外を中心に広く用いられており，各国とも自国法で仲裁合意を**妨訴抗弁**（demurrer：訴訟要件が欠けていることを理由に訴えそのものの却下を求める抗弁。すなわち，仲裁合意があれば訴訟による紛争解決はできない）として認め（例：日本では仲裁法14条１項），仲裁地が日本であるか外国であるかにかかわらず，仲裁判断に確定判決と同一の効力を与えている（例：日本では仲裁法45条１項）。日本の仲裁法はドイツ法の影響下に明治時代以来，存在してきたが，2003年に改正され，UNCITRAL（国連国際商取引法委員会）の1985年国際商事仲裁モデル法を基礎とする内容になった。また，世界150カ国以上が加盟するニューヨーク条約（外国仲裁判断の承認及び執行に関する条約）をはじめとするいくつかの条約を締結している。以下，国際商事仲裁を念頭に置いて，①仲裁合意，②仲裁手続，③外国仲裁判断の承認・執行について，説明する。

【参照条文】

〈仲裁法〉

第２条【定義】

1　この法律において「仲裁合意」とは，既に生じた民事上の紛争又は将来において生ずる一定の法律関係（契約に基づくものであるかどうかを問わない。）に関する民事上の紛争の全部又は一部の解決を１人又は２人以上の仲裁人にゆだね，かつ，その判断（以下「仲裁判断」という。）に服する旨の合意をいう。

2　この法律において「仲裁廷」とは，仲裁合意に基づき，その対象となる民事上の紛争について審理し，仲裁判断を行う１人の仲裁人又は２人以上の仲裁人の合議体をいう。

3　この法律において「主張書面」とは，仲裁手続において当事者が作成して仲裁廷に提出する書面であって，当該当事者の主張が記載されているものをいう。

第14条【仲裁合意と本案訴訟】

1　仲裁合意の対象となる民事上の紛争について訴えが提起されたときは，受訴裁判所は，被告の申立てにより，訴えを却下しなければならない。ただし，次に掲げる場合はこの限りでない。

(1)　仲裁合意が無効，取消しその他の事由により効力を有しないとき。

(2)　仲裁合意に基づく仲裁手続を行うことができないとき。

(3)　当該申立てが，本案について，被告が弁論をし，又は弁論準備手続において申述をした後にされたものであるとき。

2　仲裁廷は，前項の訴えに係る訴訟が裁判所に係属する間においても，仲裁手続を開始し，又は続行し，かつ，仲裁判断をすることができる。

第45条【仲裁判断の承認】

1　仲裁判断（仲裁地が日本国内にあるかどうかを問わない。以下この章において同じ。）は，確定判決と同一の効力を有する。ただし，当該仲裁判断に基づく民事執行をするには，次条の規定による執行決定がなければならない。

(1)　仲裁合意

仲裁合意は，紛争発生後に仲裁契約として当事者間で合意する場合や，将来の紛争発生に備えて契約書にあらかじめ仲裁条項として規定する場合があり，いずれも書面による必要がある（ニューヨーク条約２条１項，仲裁法13条２項）。また，仲裁合意が主たる契約の一条項（**仲裁条項**）として規定される場合でも，契約の他の条項と仲裁条項とは各々独立の合意である（**仲裁合意の独立性**〈separability〉）と日本を含む各国で解されている。したがって，主たる契約が何らかの理由（たとえば，外為法や独禁法違反）で無効となっても，仲裁合意は当然に無効となるわけではなく，仲裁合意自体が有効要件を満たす限り，仲裁に基づいて紛争解決できる（日本では仲裁法13条６項）。一方，仲裁が対象とし得る紛争の範囲（**仲裁可能性**）については国により異なり，米国では特許や独禁法絡みの紛争も仲裁可能だが，日本では当事者が和解可能な民事上の紛争（離婚を除く）に限定されている（仲裁法13条１項）。なお，**仲裁合意の準拠法**（合意成立，内容，解釈，効力等）には**当事者自治の原則**が妥当し，当事者による準拠法指定が認められている（最判平成９年９月４日民集51巻８号3657頁，リングリング・サーカス事件）。

【参照条文】

〈仲裁法〉

第13条【仲裁合意の効力等】

1　仲裁合意は，法令に別段の定めがある場合を除き，当事者が和解をすることができる民事上の紛争（離婚又は離縁の紛争を除く。）を対象とする場合に限り，その効力を有する。

2　仲裁合意は，当事者の全部が署名した文書，当事者が交換した書簡又は電報（ファクシミリ装置その他の隔地者間の通信手段で文字による通信内容の記録が受信者に提供されるものを用いて送信されたものを含む。）その他の書面によってしなければならない。

3　書面によってされた契約において，仲裁合意を内容とする条項が記載された文書が当該契約の一部を構成するものとして引用されているときは，その仲裁合意は，書面によってされたものとする。

4　仲裁合意がその内容を記録した電磁的記録（電子的方式，磁気的方式その他人の知覚によっては認識することができない方式で作られる記録であって，電子計算機による情報処理の用に供されるものをいう。）によってされたときは，その仲裁合意は，書面によってされたものとする。

5　仲裁手続において，一方の当事者が提出した主張書面に仲裁合意の内容の記載があり，これに対して他方の当事者が提出した主張書面にこれを争う旨の記載がないときは，その仲裁合意は，書面によってされたものとみなす。

6　仲裁合意を含む一の契約において，仲裁合意以外の契約条項が無効，取消しその他の事由により効力を有しないものとされる場合においても，仲裁合意は，当然には，その効力を妨げられない。

(2)　仲裁手続

仲裁手続は，別段の合意がない場合は，当事者の一方が他方に対して仲裁手続に付する旨の通知をした日に開始する（仲裁法29条1項）が，機関仲裁の場合は該当する仲裁機関の**仲裁規則**に従って**仲裁申立書**を提出することで手続が開始されるのが通例である。

仲裁人の数や選定方法は当事者が合意により定め，当事者が2人で合意がない場合は仲裁人は3人となり（仲裁法16条2項），当事者がそれぞれ1人の仲裁人を選定し，選定された2人の仲裁人が3人目の仲裁人を選定する（仲裁法17条2項）。仲裁人に公正性や独立性に関する疑義がある場合は仲裁人を**忌避**できる（仲裁法18条1項）。

仲裁人で構成する**仲裁廷**は，仲裁管轄権の有無，すなわち自己の仲裁権限の有無について自ら判断を示すことができ（**コンペテンツ・コンペテンツの法理**），暫定措置や保全措置を命じることができるという特別の権限を有する（日本法では仲裁法23条・24条）。その他，仲裁手続の詳細については，仲裁法25条以下に規定されている。当事者の主張・立証が尽くされると審問手続が終わり，仲裁廷は**仲裁判断**を下す。国際取引に関する仲裁判断は法による場合がほとんどである（例外は「衡平と善」による仲裁〈36条3項〉）が，当事者の準拠法合意があればそれに従い（仲裁法36条１項。日本では，裁判においては国家法のみが当事者による準拠法として指定可能と解されているが，仲裁ではUNIDROIT国際商事契約原則などの非国家法も準拠法として指定できると解されている），それがない場合は当該紛争にもっとも密接に関係する国の法令による（仲裁法36条２項）。

【参照条文】

〈仲裁法〉

第16条【仲裁人の数】

1　仲裁人の数は，当事者が合意により定めるところによる。

2　当事者の数が２人である場合において，前項の合意がないときは，仲裁人の数は，３人とする。

3　当事者の数が３人以上である場合において，第１項の合意がないときは，当事者の申立てにより，裁判所が仲裁人の数を定める。

第17条【仲裁人の選任】

1　仲裁人の選任手続は，当事者が合意により定めるところによる。ただし，第５項又は第６項に規定するものについては，この限りでない。

2　当事者の数が２人であり，仲裁人の数が３人である場合において，前項の合意がないときは，当事者がそれぞれ１人の仲裁人を，当事者により選任された２人の仲裁人がその余の仲裁人を，選任する。この場合において，一方の当事者が仲裁人を選任した他方の当事者から仲裁人を選任すべき旨の催告を受けた日から30日以内にその選任をしないときは当該当事者の申立てにより，当事者により選任された２人の仲裁人がそのの選任後30日以内にその余の仲裁人を選任しないときは一方の当事者申立てにより，裁判所が仲裁人を選任する。

3　当事者の数が２人であり，仲裁人の数が１人である場合において，第１項の合意がなく，かつ，当事者間に仲裁人の選任についての合意が成立しないときは，一方の当事者の申立てにより，裁判所が仲裁人を選任する。

第18条【忌避の原因等】

1　当事者は，仲裁人に次に掲げる事由があるときは，当該仲裁人を忌避することができる。

一　当事者の合意により定められた仲裁人の要件を具備しないとき。
二　仲裁人の公正性又は独立性を疑うに足りる相当な理由があるとき。

第23条【自己の仲裁権限の有無についての判断】

1　仲裁廷は，仲裁合意の存否又は効力に関する主張についての判断その他自己の仲裁権限（仲裁手続における審理及び仲裁判断を行う権限をいう。以下この条において同じ。）の有無についての判断を示すことができる。

2　仲裁手続において，仲裁廷が仲裁権限を有しない旨の主張は，その原因となる事由が仲裁手続の進行中に生じた場合にあってはその後速やかに，その他の場合にあっては本案についての最初の主張書面の提出の時（口頭審理において口頭で最初に本案についての主張をする時を含む。）までに，しなければならない。ただし，仲裁権限を有しない旨の主張の遅延について正当な理由があると仲裁廷が認めるときは，この限りでない。

3　当事者は，仲裁人を選任し，又は仲裁人の選任について推薦その他これに類する関与をした場合であっても，前項の主張をすることができる。

4　仲裁廷は，適法な第２項の主張があったときは，次の各号に掲げる区分に応じ，それぞれ当該各号に定める決定又は仲裁判断により，当該主張に対する判断を示さなければならない。

一　自己が仲裁権限を有する旨の判断を示す場合　仲裁判断前の独立の決定又は仲裁判断
二　自己が仲裁権限を有しない旨の判断を示す場合　仲裁手続の終了決定

5　仲裁廷が仲裁判断前の独立の決定において自己が仲裁権限を有する旨の判断を示したときは，当事者は，当該決定の通知を受けた日から30日以内に，裁判所に対し，当該仲裁廷が仲裁権限を有するかどうかについての判断を求める申立てをすることができる。この場合において，当該申立てに係る事件が裁判所に係属する場合であっても，当該仲裁廷は，仲裁手続を続行し，かつ，仲裁判断をすることができる。

第24条【暫定措置又は保全措置】

1　仲裁廷は，当事者間に別段の合意がない限り，その一方の申立てにより，いずれの当事者に対しても，紛争の対象について仲裁廷が必要と認める暫定措置又は保全措置を講ずることを命ずることができる。

2　仲裁廷は，いずれの当事者に対しても，前項の暫定措置又は保全措置を講ずるについて，相当な担保を提供すべきことを命ずることができる。

第29条【仲裁手続の開始並びに時効の完成猶予及び更新】

1　仲裁手続は，当事者間に別段の合意がない限り，特定の民事上の紛争について，一方の当事者が他方の当事者に対し，これを仲裁手続に付する旨の通知をした日に開始する。

2　仲裁手続における請求は，時効の完成猶予及び更新の効力を生ずる。ただし，当該仲裁手続が仲裁判断によらずに終了したときは，この限りでない。

第36条【仲裁判断において準拠すべき法】

仲裁廷が仲裁判断において準拠すべき法は，当事者が合意により定めるところによる。この場合において，一の国の法令が定められたときは，反対の意思が明示された場合を除き，当該定めは，抵触する内外の法令の適用関係を定めるその国の法令ではなく，事案に直接適用されるその国の法令を定めたものとみなす。

2　前項の合意がないときは，仲裁廷は，仲裁手続に付された民事上の紛争に最も密接な関係がある国の法令であって事案に直接適用されるべきものを適用しなければならない。

3　仲裁廷は，当事者双方の明示された求めがあるときは，前２項の規定にかかわらず，衡平と善により判断するものとする。

4　仲裁廷は，仲裁手続に付された民事上の紛争に係る契約があるときはこれに定められたところに従って判断し，当該民事上の紛争に適用することができる慣習があるときはこれを考慮しなければならない。

(3)　外国仲裁判断の承認・執行

外国仲裁判断の承認・執行は，承認・執行を求められた国の訴訟法に従うが，日本は他の150カ国以上の国々（英米独仏等の先進国から中印越伯尼等の新興国まで様々）と共に**ニューヨーク条約**に加盟するので，加盟国で行われた仲裁判断にはニューヨーク条約が適用される（ニューヨーク条約１条，日本は同条約３項の相互主義を宣言）。一方，日本の**仲裁法**も適用される（仲裁法３条３項）が，仲裁法45条の承認要件がニューヨーク条約５条の承認要件とほぼ同じ内容の手続審査（実体審査を伴わない）であるため，当事者はニューヨーク条約と仲裁法のいずれを選択することも可能である。仲裁法45条によれば，外国仲裁判断は確定判決と同一の効力を有する（１項）が，①仲裁合意が無効の場合（２項１号・２号），②仲裁人の選任や仲裁手続で当事者が必要な通知を受けなかったり防御不可能な場合（３号・４号），③仲裁判断が仲裁付託の範囲を逸脱した場合（５号），④仲裁廷の構成や仲裁手続が仲裁地法や当事者間合意に違反した場合（６号），⑤仲裁判断が未確定または仲裁地国の裁判所で取消または効力停止された場合（７号），⑥仲裁申立てが日本法では仲裁可能性がない紛争に関する場合（８号），⑦仲裁判断の内容が日本の公序良俗に反する場合（９号）には，裁判所は承認・執行を拒絶することができる（①～⑤は当事者がその存在を証明する必要がある）。

ニューヨーク条約は，中国，インドネシア等の新興国や途上国との取引においても適用されるはずなので，国際商事仲裁において有用であるが，実際には手続審査であるはずのニューヨーク条約５条の承認・執行拒否事由に実体審査を持ち込み，承認・執行を拒否する事例も散見される（最近では少なくなったが，中国の地方法院等ではかつては数多く報告されていた）。

【参照条文】

〈仲裁法〉

第３条【適用範囲】

1　次章から第７章まで，第９章及び第10章の規定は，次項及び第８条に定めるものを除き，仲裁地が日本国内にある場合について適用する。

2　第14条第１項及び第15条の規定は，仲裁地が日本国内にある場合，仲裁地が日本国外にある場合及び仲裁地が定まっていない場合に適用する。

3　第８章の規定は，仲裁地が日本国内にある場合及び仲裁地が日本国外にある場合に適用する。

第45条【仲裁判断の承認】

1　省略（前掲）

2　前項の規定は，次に掲げる事由のいずれかがある場合（第1号から第7号までに掲げる事由にあっては，当事者のいずれかが当該事由の存在を証明した場合に限る。）には，適用しない。

一　仲裁合意が，当事者の行為能力の制限により，その効力を有しないこと。

二　仲裁合意が，当事者が合意により仲裁合意に適用すべきものとして指定した法令（当該指定がないときは，仲裁地が属する国の法令）によれば，当事者の行為能力の制限以外の事由により，その効力を有しないこと。

三　当事者が，仲裁人の選任手続又は仲裁手続において，仲裁地が属する国の法令の規定（その法令の公の秩序に関しない規定に関する事項について当事者間に合意があるときは，当該合意）により必要とされる通知を受けなかったこと。

四　当事者が，仲裁手続において防御することが不可能であったこと。

五　仲裁判断が，仲裁合意又は仲裁手続における申立ての範囲を超える事項に関する判断を含むものであること。

六　仲裁廷の構成又は仲裁手続が，仲裁地が属する国の法令の規定（その法令の公の秩序に関しない規定に関する事項について当事者間に合意があるときは，当該合意）に違反するものであったこと。

七　仲裁地が属する国（仲裁手続に適用された法令が仲裁地が属する国以外の国の法令である場合にあっては，当該国）の法令によれば，仲裁判断が確定していないこと，又は仲裁判断がその国の裁判機関により取り消され，若しくは効力を停止されたこと。

八　仲裁手続における申立てが，日本の法令によれば，仲裁合意の対象とすることができない紛争に関するものであること。

九　仲裁判断の内容が，日本における公の秩序又は善良の風俗に反すること。

3　前項第5号に掲げる事由がある場合において，当該仲裁判断から同号に規定する事項に関する部分を区分することができるときは，当該部分及び当該仲裁判断のその他の部分をそれぞれ独立した仲裁判断とみなして，同項の規定を適用する。

第46条【仲裁判断の執行決定】

1　仲裁判断に基づいて民事執行をしようとする当事者は，債務者を被申立人として，裁判所に対し，執行決定（仲裁判断に基づく民事執行を許す旨の決定をいう。以下同じ。）を求める申立てをすることができる。

7　裁判所は，次項又は第9項の規定により第1項の申立てを却下する場合を除き，執行決定をしなければならない。

〈ニューヨーク条約〉

第1条【適用範囲，留保】

1　この条約は，仲裁判断の承認及び執行が求められる国以外の国の領域内においてされ，かつ，自然人であると法人であるとを問わず，当事者の間の紛争から生じた判断の承認及び執行について適用する。この条約は，また，仲裁判断の承認及び執行が求められる国において内国判断と認められない判断についても適用する。

2「仲裁判断」とは，各事案ごとに選定された仲裁人によってされた判断のほか，当事者から付託を受けた常設仲裁機関がした判断を含むものとする。

3　いかなる国も，この条約に署名し，これを批准し，若しくはこれに加入し，又は第10条の規定に基づき適用の拡張を通告するに当たり，他の締約国の領域においてされた判断の承認及び執行についてのみこの条約を適用する旨を相互主義の原則に基づき宣言することができる。また，いかなる国も，契約に基づくものであるかどうかを問わず，その国の国内法により商事と認められる法律関係から生ずる紛争についてのみこの条約を適用する旨を宣言することができる。

第2条【仲裁合意の承認，妨訴抗弁】

1　各締約国は，契約に基づくものであるかどうかを問わず，仲裁による解決が可能である事項に関する一定の法律関係につき，当事者の間にすでに生じているか，又は生ずることのある紛争の全部又は一部を仲裁に付託することを当事者が約した書面による合意を承認するものとする。

2 「書面による合意」とは，契約中の仲裁条項又は仲裁の合意であって，当事者が署名したもの又は交換された書簡若しくは電報に載っているものを含むものとする。

3 当事者がこの条にいう合意をした事項について訴えが提起されたときは，締約国の裁判所は，その合意が無効であるか，失効しているか，又は履行不能であると認める場合を除き，当事者の一方の請求により，仲裁に付託すべきことを当事者に命じなければならない。

第３条【仲裁判断の承認及び執行】

各締約国は，次の諸条に定める条件の下に，仲裁判断を拘束力のあるものとして承認し，かつ，その判断が援用される領域の手続規則に従って執行するものとする。この条約が適用される仲裁判断の承認又は執行については，内国仲裁判断の承認又は執行について課せられるよりも実質的に厳重な条件又は高額の手数料若しくは課徴金を課してはならない。

第５条【承認及び執行の拒否事由】

1 判断の承認及び執行は，判断が不利益に援用される当事者の請求により，承認及び執行が求められた国の権限のある機関に対しその当事者が次の証拠を提出する場合に限り，拒否することができる。

(a) 第２条に掲げる合意の当事者が，その当事者に適用される法令により無能力者であったこと又は前記の合意が，当事者がその準拠法として指定した法令により若しくはその指定がなかったときは判断がされた国の法令により有効でないこと。

(b) 判断が不利益に援用される当事者が，仲裁人の選定若しくは仲裁手続について適当な通告を受けなかったこと又はその他の理由により防禦することが不可能であったこと。

(c) 判断が，仲裁付託の条項に定められていない紛争若しくはその条項の範囲内にない紛争に関するものであること又は仲裁付託の範囲をこえる事項に関する判定を含むこと。ただし，仲裁に付託された事項に関する判定が付託されなかった事項に関する判定から分離することができる場合には，仲裁に付託された事項に関する判定を含む判断の部分は，承認し，かつ，執行することができるものとする。

(d) 仲裁機関の構成又は仲裁手続が，当事者の合意に従っていなかったこと又は，そのような合意がなかったときは，仲裁が行われた国の法令に従っていなかったこと。

(e) 判断が，まだ当事者を拘束するものとなるに至っていないこと又は，その判断がされた国若しくはその判断の基礎となった法令の属する国の権限のある機関により，取り消されたか若しくは停止されたこと。

2　仲裁判断の承認及び執行は，承認及び執行が求められた国の権限のある機関が次のことを認める場合においても，拒否することができる。

(a) 紛争の対象である事項がその国の法令により仲裁による解決が不可能なものであること。

(b) 判断の承認及び執行がその国の公の秩序に反すること。

第６条【仲裁判断の取消し・停止訴訟係属中の執行延期】

判断の取消し又は停止が，第５条１(e)に掲げる権限のある機関に対し申し立てられている場合において，判断が援用されている機関は，適当と認めるときは，判断の執行についての決定を延期することができ，かつ，判断の執行を求めている当事者の申立てがあるときは，相当な保障を立てることを相手方に命ずることができる。

Ⅱ 応用編

〈国際取引の応用編〉

基礎編では国際取引のうち基本的な貿易取引を中心に扱った。プラント輸出，国際技術移転，国際投資，国際送金といった分野も概ね触れたので，応用編ではほぼすべての業種に関わりの深い国際借入を中心としたファイナンス契約について説明する。

＊　金融は他の国際取引とはやや性格が異なるほか，国際ファイナンスを成り立たせる国際金融の仕組みも国内金融のそれに比べてやや特殊なので，以下の点に気をつけて取り組むとよい。

第一に，法律分析に入る前に金融取引の仕組みを理解する必要がある。単純なローンならば理解しやすいが，シンジケート・ローン（協調融資）やデリバティブ（金融派生商品），証券化等，複雑な金融取引も多いため，初学者が最初に直面する課題はこれらの仕組みを着実に理解することである。

第二に，国内金融と国際金融はひとまず別物として学び直す必要がある。国際金融は英米の金融実務を大きく反映しており，日本の国内金融とは仕組みや準拠する法制度が異なることが多い（たとえば，担保法制）。そこで，英米の金融実務（ロンドン，ニューヨーク）や英米法（正確にはイングランド法やニューヨーク州法）に関する理解を深め，取引の必要に応じて他の知識（イスラム金融〈イスラム金融は利息禁止等のイスラム法の教義の影響を受けて，他国の金融とは異なる独自の法制度に基づいている〉等）も学んでいく必要がある。

第三に，日本法や日本の法制度の概念に引きずられないことが大切である。たとえばローンは，大陸法の伝統を受け継ぐ日本法では金銭消費貸借契約となって要物契約になっていた（債権法改正で民法587条の２が新設されたので，現在は要物性が緩和）が，英米法ではローン（loan）契約となって要物性を要求しない諾成契約に止まる。この結果，国際ローン契約で一般的に行われるコミットメント・フィー（commitment fee：銀行が貸付を約束する見返りに借り手に課す手数料）について，ローン契約を諾成契約と解する英米法では貸付の実行以前に手数料を支払うこの実務に違和感はないものの，要物契約と解する日本法の下では説明が付けられなくなり，結局，特別法の制定（1999年の特定融資枠契約に関する法律）によって解決した経緯がある。

第四に，ある程度学習が進んだ段階では，金融取引法（例：英米契約法）

だけでなく，金融取引に大きな影響を与える金融規制法（例：英米銀行法）や国際基準（例：バーゼル合意〈日本を含む主要国金融当局で構成するバーゼル銀行監督委員会が公表する国際的に活動する銀行に要求される自己資本比率規制〉），国際標準契約（例：ISDAマスター契約〈国際民間団体であるISDAが作成する店頭デリバティブ取引の基本契約書〉），国際行動規範（例：外国為替取引ガイドライン〈日本を含む主要８カ国の外為市場委員会が策定した行動規範〉），さらには規制用語を理解するため金融経済の基礎もある程度認識しておくことが望ましい。製造業や商社等とは異なり，金融業は国際規制や各国規制の占める割合が高く，たとえばバーゼル合意の基準達成が苦しい状況では銀行の融資可能額も縮小せざるを得ない点を理解することは，銀行には当然必要だが，借り手企業にとっても有用であろう。

Column　国際金融システムの法的構造

国際金融規制は，貿易に関するWTO体制のようなハードローで規律される世界とは異なり，様々なイニシアティブでいくつもの国際組織が誕生している（下の表を参照)。当初はIMFのように条約に基づく国際機関が設立されたが，1974年のバーゼル銀行監督委員会（BCBS）以降はソフトローに基づく国際組織が圧倒的に多い。これらの組織が制定する規範も概ねソフトローであるが，各国がそれを国内法化することでハードローに変化する。

〔主な組織の名称と設立根拠〕

IMF：国際通貨基金。1945年IMF協定で設立。
世界銀行：国際復興開発銀行（IBRD)。1945年IBRD協定で成立。
OECD：経済協力開発機構。1961年OECD条約で成立。
BCBS：バーゼル銀行監督委員会。1974年G10中央銀行総裁会議で設立合意。
IOSCO：証券監督者国際機構。米州証券監督者協会が全世界向けに拡大し，1986年に改名。
FATF：金融活動作業部会。1989年G７アルシュサミット経済宣言で設立合意。
IAIS：保険監督者国際機構。BCBS，IOSCOとの対応組織として1994年に成立。
G20：主要国首脳会議（サミット)。2008年に成立し，G７よりも影響力を増した。
FSB：金融安定理事会。G20により設立され，G７が設立したFSFよりも機能を拡大。

2008年に生じた世界金融危機は世界大恐慌に次ぐ景気後退をもたらし，バーゼルⅢの制定など金融監督規制に関する国際制度を大きく変えた。すなわち，2008年に新興国等を加えた20カ国・地域（日米英独仏伊加露中印伯墨豪韓土亜，EU，南アフリカ，インドネシア，サウジアラビア）でG20が新設され，その首脳宣言や行動計画が金融規制の大枠を定めるソフトローとして事実上の拘束力を発揮している。G20が2009年に設立した金融安定理事会（FSB：Financial Stability Board）は，様々な既存の国際組織を束ね，各国はこれら国際組織が定めた国際基準を導入し，その導入状況を別の国が審査し合う相互審査（peer review）やIMF・世銀が査定（FSAP：1999年に導入されたFinancial Sector Assessment Program）に付する仕組みが出来上がっている（下の図を参照）。

〔金融監督規制に関する国際組織の階層構造〕

議題設定：G20（首脳合意）⇒FSB（詳細決定）

基準策定
（職種別）BCBS（銀行監督），IOSCO（証券監督），IAIS（保険監督），Joint Forum（銀行・証券・保険の分野横断的課題に対応）
（テーマ別）FATF（資金洗浄・テロ対策），OECD（企業統治・税制等），CPMI（支払決済），IADI（預金保険），IASB（会計），IFAC（監査）

基準導入：各国当局  遵守状況評価：IMF・世界銀行，FSB，相互審査

Column　バーゼル合意

国際金融に携わる銀行の自己資本規制であるバーゼル合意は，バーゼル銀行監督委員会（BCBS）が制定し，そのメンバー国が従うべき国際基準を指す。銀行システムの健全性強化と銀行間の競争上の不平等軽減（英米による邦銀封じ込め策とも言われた）を目的に，英米主導で1988年に制定されたバーゼルⅠ（自己資本÷(信用リスク＋市場リスク）≧８%を要求）が端緒である。以降，リスク管理手法の高度化に伴って銀行保有資産のリスク度に応じてリスクウエイトを掛ける等の見直しが

進み，2004年には米国主導でバーゼルⅡが制定された（日本や欧州加豪は2007～８年に導入したが，当の米国は国内の反対で2010年末まで遅れた）。これは３本の柱で構成され，①第一の柱（最低所要自己資本比率）は自己資本÷（信用リスク＋市場リスク＋オペレーショナルリスク）≧８％を要求し，②第二の柱（金融機関の自己管理と監督上の検証）では，第一の柱で把握できないリスクを銀行が自己管理して必要な自己資本を維持し，金融当局はこれを検証して必要に応じて介入する。また，③第三の柱（市場規律）では情報開示を充実させて市場規律の実効性を高めさせた。

しかし，世界金融危機が起こると，時価会計等の市場規律向上策が金融危機の際に景気を一段と悪化させる副作用，すなわちプロシクリカリティ（景気循環増幅効果　procyclicality：景気悪化で時価会計に基づいて自己資本が減ると，銀行の貸渋りを招いて景気がさらに悪化）が問題視され，金融危機の再発防止や国際金融システムのリスク耐性強化が求められた。そこで，自己資本規制と流動性規制を強化したバーゼルⅢが2010年に合意され，2023～2028年に段階的に実施される予定である。

まず，自己資本規制強化については，①自己資本の質と量を厳格化し，②過度に借金が多い状態を規制するレバレッジ比率等を新たに要求し，③金融システムの安定に重要な大規模金融機関をG-SIFIsに認定し，CET１比率に追加的な損失吸収力（サーチャージ）を上乗せで要求している。一方，流動性規制は，①金融危機が発生しても30日間は銀行が資金ショートしないようにする流動性カバレッジ比率（LCR）と，②銀行が資金調達が不安定な社債発行等に過度に依存しないようにする安定調達比率（NSFR）の規制を導入する。

Column　金融制裁と日本

金融制裁とは，国際法規の違反国に対して課せられる金融的手段による制裁を指す。制裁手段には，資産凍結，投融資禁止，特定活動に寄与する資金移転禁止，銀行のコルレス関係や支店開設等の規制，SWIFT等の通信の遮断，制裁違反を行った外国銀行の自国金融市場からの排除等があり，その種類には，①国連安保理決議による場合（国連憲章41条），②安保理決議がない場合やこれを補完する目的で国際協調による有志連合が行う場合，③単独で行う場合がある（外為法16条１項参照）。対イラン制裁では，イランの核開発問題が2002年に発覚後，何度か国連安保理決議が出たが効果がなく，EU・米国が強固な単独制裁を行い，イランや米国の政権交代も影響した結果，2013年にようやく包括的共同行動計画（JCPOA）が成立し，制裁が解除された（ただし，米国は単独制裁を継続した後，2018年にJCPOAから離脱）。

金融制裁は日本では外為法と国際テロリスト財産凍結法で規律され，米国では米国国際緊急経済権限法（IEEPA，合衆国法典50編35章）を主な根拠法令とし，その下に法令（CISADAなど），大統領令（外国金融機関を規制するEO13622号など），連邦規則があり，主管官庁にOFACが制裁対象者（SDN：Specially Designated National）をリスト指定してSDN資産を凍結する。日本法と米国法の相違は，第一に，日本の外為法は規制要件が硬直的（居住者・非居住者の区分，船舶等の資産凍結が困難，SWIFT接続遮断の根拠規定が不在等）だが，米国はIEEPA1701条の要件が包括的（any unusual and extraordinary threat …to the national security, foreign policy, or economy of the United States）で，きめ細かな対応が可能である。第二に，域外適用に関して，外為法は日本法人の外国支店の行為の一部（米国やEUは全部）を規制する（外為法５条）が，米国はさらに非米国人の米国外での行為も規制する（二次的制裁。例えばCISADA）。第三に，罰則に関して，日本は懲役３年以下罰金100万円以下（目的物の価格の３倍が100万円超なら当該価格の３倍以下。外為法70条等）なのに対し，米国IEEPAは「民事罰で25万ドルか違反取引額の２倍の高い方が上限，刑事罰で禁錮20年以下罰金100万ドル以下」とし，OFACは業務改善命令や罰金，民事制裁金を科し，各種連邦・州当局も罰金を科すため，巨額になりやすい（例：前述の仏BNPパリバ銀行事件では89億ドル（9,000億円））。

2005年の米国による北朝鮮に対するBanco Delta Asia（BDA）事件以来，金融制裁は強固な経済制裁手段として認知されてきたが，今後は不透明である。その実効性には国際政治力学が物を言うほか，制裁される側も物々交換（例：前述のイラン・中国間のカウンタートレード）や仮想通貨（日本の法令用語では暗号資産）・ブロックチェーン・闇サイト等を利用した匿名取引など，様々な対抗手段を編み出しており，今後もいたちごっこが続くであろう。また，日本は国家として，常に米国追随でよいのか，台頭する中国・ロシアの狭間で独自外交すべきなのか，について真剣に考える時期に来ている。

第7章　国際ローン契約1：基本型

ローン（loan）とは貸付を意味する。貸付を行う金融機関は銀行に限らないが，銀行がその中心的存在なので，貸手に銀行を想定して話を進める。国際的には銀行業を「預金受入れと貸付を同時に行う営業」と定義することが一般的（ただし，日本法はこれに加えて為替業務も銀行業に含めて定義〈銀行法2条2項2号参照〉）であるため，国際ローン契約はまさに銀行の主要な国際金融業務といえる。

＊　この分野の参考文献として，長谷川俊明『法律英語と金融』レクシスネクシス・ジャパン（2010年）参照。

1　国際ローン契約の取引の仕組み

国際ローン契約の最も基本的な形として，A国の借手企業（X）とB国の貸手銀行（Y）との間で，X単体で行う事業資金をY単体で貸し付ける企業融資（**コーポレート・ファイナンス**：corporate finance）を内容とする国際ローン契約を結び，Yがユーロ市場（**ユーロマネー**〈発行国以外で取引される通貨〉を対象とした取引が行われる金融市場。一般に各国の国内規制がかからず自由に取引できるので潤沢な資金が流入する）から資金調達してXに必要な事業資金を貸し付ける場合を考える。なお，国際ローン契約の応用型としては，①貸付対象が通常の企業ではなく，石油化学工場建設のようなプロジェクトであるプロジェクト・ファイナンス（project finance），②貸手が複数で協調して融資するシンジケート・ローン（syndicated loan：協調融資）があるが，その内容は後述する。

【図1】国際ローン契約の設例

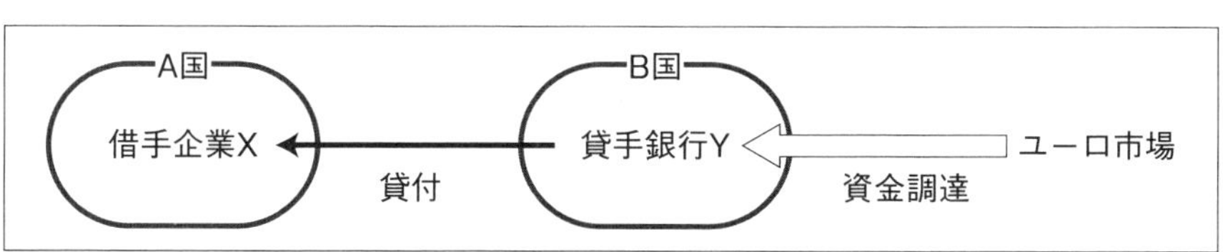

(1) 事前交渉

まず，契約成立前の事前交渉においては，契約成立により即貸付が実行されるわけではないため，予備的合意（例：LOI，MOU）はあまり用いず，XがYを含むいくつかの銀行に**RFP**（Request for Proposal：提案依頼書）を送付して見積りを取り，銀行側もRFP作成に際してXの信用情報提供を求める**RFI**（Request for Information：情報提供依頼書）を送付する場合が多い。

(2) 契約締結から貸付実行まで

つぎに，X・Y間に国際ローン契約が締結されるが，契約書の概要は以下となる（**表1**参照）。

【表1】国際ローン契約の主要条項

1．形式的内容：①前文（Recital），②定義（Definitions），③貸付内容（The Loan）
2．貸付手続：①融資の先行条件（Condition Precedent），②貸出実行（Drawdowns），③返済条件（Repayment），④金利（Interest），⑤期限前返済（Prepayment），⑥支払条件（Payments），⑦公租公課（Taxes），⑧市場混乱（Market Disruption），追加費用（Increased Cost），不法（Illegality），⑨手数料・費用等（Fees, Expenses, Stamp Duties），⑩譲渡（Assignments & Transfers）
3．貸付における重要条項：①表明保証（Representation & Warranties），②誓約（Covenants），③デフォルト事由（Events of Default：期限の利益喪失条項も含む）
4．法的な定型条項：①準拠法（Governing Law），②裁判管轄（Jurisdiction），③主権免責放棄（Waiver of Sovereign Immunity）
5．シンジケート・ローン（第8章参照）の場合はエージェント関連規定が入る。
6．雑則，添付書類（Appendix，Exhibit，Scheduleなどで示される）

契約を締結してもYが必ずXに貸すわけではなく，YはXが一定条件を満たせば貸付を行う約束（commitment：**コミットメント**）となる。この一定条件を**先行条件**（condition precedent）と呼ぶ。先行条件のうち最も重要なものは，契約書に記した表明保証（後述）の遵守やデフォルト事由（後述）に該当しないことであるが，他にもYが重要と認める確認資料（Xの取締役会議事録，当局許認可，X側の弁護士意見書等）の提出等が含まれており，日本民法上の停止条件とは異なり，契約の効力には必ずしも影響しないものも含まれている。

Xは先行条件の充足を確認した後，所定の様式に従い，Yに**借入実行通知書**（**Drawdown Notice**）を送付する。その際，借入日が借入可能期間内の銀行営業日で，借入通知を借入日の数日（通常は5営業日程度）前に実施することなど，契約の定めに従う必要がある。返済条件条項では期限一括返済か分割返済か，金利条項では返済金利が固定金利（例：年率○%とあらかじめ固定）か変動金利（例：LIBOR＋α%）か，遅延金利（Delayed Interest）はいくらか（例：LIBOR＋α＋1%）等を定めている。

＊ LIBOR（ライボーと読む）は，London Interbank Offered Rateのことで，ロンドンの銀行間市場で定まる変動金利の指標となる金利。指標金利には他にも東京市場のTIBORなどいくつかあり，どの金利を指すかを契約に書き込む必要がある。LIBORは2012年に不正操作が発覚したため，より信頼性の高い金利（例：TONA）に移行して2021年末に廃止予定のため，既存のLIBOR準拠契約の改訂が必要になる。改訂が間に合わない事態に備え，移行延期や擬似的LIBORの呈示，後継金利に自動的に振替える立法も一部で検討されている。

返済は，支払条件条項に従って指定通貨・方式で返済期限にYに送金すればよいが，期限より前にXがYに自主的に返済できる場合と義務的に返済が求められる場合があり，それを期限前返済条項が規定する。公租公課条項では，XからYへの返済は送金額が税金や反対債権・相殺等で減少することのない状態で送金すべきことを定める。また，源泉徴収税の控除が義務付けられる場合には，税負担を借手Xと貸手Yのどちらが行うかを定め，借手が負担する場合は，源泉徴収後の金額は徴収以前と同額になるように送金額の増額（**グロスアップ**：gross up）が求められる。

一方，貸付実行後に資金調達市場（本設例ではユーロ市場）に異常事態が生じて予定通りの融資が継続できない場合，XとYは協議して代替金利を定める（市場混乱条項に規定）。また，法律等の変更でYに追加費用が発生した場合には追加費用の支払をXに求め（追加費用条項に規定），法律変更や金融当局の解釈で当該貸付が違法となった場合には，YはXへの通知によりその後の貸付を行わず，Xは期限前返済が求められる（不法条項に規定）。なお，手数料・費用等条項では**コミットメント・フィー**（約定手数料）等の手数料や契約書作成費用，印紙税等をどちらが支払うか（通常はX）が規定される。さらに，借入人Xの借入債務はXへの与信判断を前提とするので第三者に譲渡はできないが，貸出人Yの貸付債権はXへの通知またはXの同意があれば第三者に譲渡することができる（譲渡条項に規定）こと等が契約書に規定されるのが一般的である。

⑶　紛争解決

さて，他の契約と同様に，将来の紛争発生に備えてあらかじめ契約書には以下のような定型条項を置くのが普通である。

①　準拠法条項

中南米等の一部を除き，各国では当事者による準拠法合意を一定範囲で尊重し（当事者自治の原則），法廷地の公序良俗や強行法規違反がなければ尊重される。このため準拠法条項を置くが，国際ローンの契約準拠法は，国際金融の中心地であり，判例蓄積や専門知識を持つ裁判官や弁護士も多いので合理的な結果が予測できるという理由で，イングランド法かニューヨーク州法が指定されることが多い。ただし，準拠法条項は契約当事者間の合意であるから，契約当事者以外の第三者（差押え債権者や倒産管財人等）に対しては当然対抗できない。したがって，たとえばX・Y間でイングランド法を契約準拠法とし，ロンドンの裁判所への提訴を合意（後述）したとしても，Xが倒産して倒産管財人Z（第三者）が就任しA国で倒産手続が開始された場合，YはA国法に従い，A国裁判所の手続に債権者として参加せざるを得なくなるといった限界はある。

②　裁判管轄条項

裁判管轄条項も他取引と同様に置かれるが，金融分野は他の分野と比べると仲裁等の裁判外紛争処理の活用例は伝統的に少なく，準拠法選択がイングランド法やニューヨーク州法になるのと同様の理由でロンドンやニューヨークの裁判所を管轄裁判所とする場合が多い。管轄裁判所は一つに絞る場合（**専属的裁判管轄**）もあるが，様々な便宜を考慮して複数にする場合（**非専属的裁判管轄**）もある（協調融資の場合はむしろこちらが普通）。

＊　たとえば，契約準拠法はイングランド法で裁判管轄はロンドン地方裁判所，Xの所属するA国は日本で，Yの所属するB国はイングランドである場合を考えてみよう。

XとYがXのポンド建て債務の支払不履行を巡って争った場合，Yはともかく，Xは裁判所からの通知を受理するためにイングランド域内に訴訟手続代理人（Process Agent）を置く必要があり，通常はロンドンの弁護士事務所等が指名される。仮にYがロンドン地方裁判所の確定給付判決を得てXの資産に執行をかける場合，その資産がイングランド域内にあれば良いが日本にしかない場合，ロンドン地方裁判所の判決を日本の裁判所が承認・執行する手続（民事訴訟法118条，民事執行法24条に規定）が必要になる。そこで，域外承認・執行の便宜を考えれば，ロンドンに加えて東京地方裁判所も管轄裁判所とする必要が出てくる。

もっとも，仮にYが東京裁判所にXを提訴してポンド建ての給付判決を受けたとしても，債務者Xの選択により円貨での代用給付が可能（民法403条）であるため，Yにとっては日本円で支払を受けることで為替差損が生じ得る。このため，借手Xが貸手Yに為替差損を補償する条項（Judgment Currency Clause）を設けることが多い。

③　主権免責放棄条項

さらに，Xが国家や国家機関の場合には，他国の裁判権（送達，管轄，裁判，判決，相殺，反訴，判決執行，差押え等）に服しないとする主権国家の特権（**主権免責**，主権免除特権）の行使を放棄する**主権免責放棄条項**が置かれることが多い。主権免責の範囲は，それが無制限に該当するとする考え方（絶対免除主義）から，商行為については該当しないとする考え方（制限免除主義）が現在は支配的となってきたが，依然不透明な部分も多い。そこで，主権免責の範囲を明確化するため，米国は1976年外国主権免除法（Foreign Sovereign Immunity Act），英国は1978年国家主権免除法（State Immunity Act），日本は2009年に外国等に対する我が国の民事裁判権に関する法律を制定し（これに先立ち，判例も最判平成18年7月21日民集60巻6号2542頁で絶対免除主義を改め，制限免除主義を採用），適用範囲の明確化を図っている。また，2004年には国連裁判権免除条約も採択されている（ただし未発効）。

しかし，それでも依然として主権免責が得られるか否かがグレーな事態も想定できる（例：国家機密に関わる物品売買）ため，特権放棄する対象を裁判だけでなく執行等も含めて幅広い範囲で明示的に合意しておく必要がある。相手国家の合意が得られない場合は，事前に物的担保を徴求したり，国家裁判所ではなく民間の仲裁機関に付託する合意を結ぶ対策も考えられる。

2　貸付における重要条項

国際ローン契約において最も重要な条項は，①表明保証，②誓約，③デフォルト事由の三つの条項である。そこで以下，各々について説明したい。

(1)　表明保証

表明保証（Representation & Warranties）とは，借手が貸手に対して借手に関する一定の事実（**表２**参照）を表明し（Representation），その事実が正しいことを保証する（Warranties）もので，表明と保証を区別せず，両者は一体化した一つの概念として用いられている。すでに述べたように，YがXに貸付を実行するための先行条件には，XからYに事前に借入通知（notice of drawing）がなされること等と並んで，表明保証された内容が契約締結時から変わっていないことが書かれる場合が多い。

表明保証される事実は，契約締結日現在だけでなく，ローンが全額返済されるまでの全契約締結期間中に適用される旨，明記されるのが原則である。

【表２】借手に関する事実として表明保証される内容の例

① 借手企業が合法的に設立され，存続していること
② 借手企業はローン契約の締結能力を有し，必要な内部手続を完了していること
③ ローン契約が法的拘束力を持ち，借手企業の定款等に違反しないこと
④ 借手は貸手以外の第三者に担保権を設定したり，保証を与えたりしていないこと
⑤ ローン契約の締結・履行に必要な当局に許認可はすべて取得していること
⑥ 借手は裁判その他の係争に巻き込まれておらず，滞納税等もないこと
⑦ 借手の財務諸表は作成時の真実公正な財務状況を示していること
⑧ 借手の提供するすべての情報は借手が知る限り正確であること。借手が知ることで，借手の財務状況その他を悪化させる事実は貸手に伝えること

表明保証された内容が事実に反することが後に判明した場合，後述するデフォルト事由（債務不履行事由）に該当し，借手は貸付を受けられず，すでに貸付を受けた額の返済について期限の利益を失い，損害賠償責任を負わされる可能性がある。ただし，借手の違反の程度が軽微で借手が訂正すれば済むものは，猶予期間中に訂正が行われれば債務不履行にはならない。また，借手としては，契約書の起草段階で，表明保証する事実について適切な限定語（例えば，as far as I knowやto the best of my knowledge）を付しておく対策が考えられる。

⑵　誓　約

誓約（コベナンツ：CovenantsまたはUndertakings）とは，国際ローンの存続期間中，貸手に対して一定の作為・不作為を約束する条項を指す。誓約の内容には，以下のようにXが財務報告や法令遵守を約束する作為誓約とXが財務制限を約束する不作為誓約がある（**表3**参照）。

【表3】借手に関する作為誓約と不作為誓約の内容例

〈作為誓約：affirmative covenant〉
① 貸手に対して定期的に財務報告書を提出し，会計記録を保持すること
② ローンに重大な影響を及ぼす事態があればただちに貸手に報告すること
③ 必要な当局許認可はすべて取得し，ローン期間中は有効であること
④ 借手の資産状態を保持し，必要に応じて保険を付すこと

〈不作為誓約：negative covenant〉
① 借手の財産を第三者に担保差入れしないこと（ネガティブ・プレッジ）
② 借手財産の処分制限や配当制限，出資比率変更の禁止等の財務制限

土地等の物的担保を徴求する有担保貸付の多い国内金融とは異なり，国際金融では物的担保を徴求しない無担保貸付が普通である。このため，無担保である代わりに，格付会社による信用格付が発達したほか，契約書に誓約条項やデフォルト条項（後述）を盛り込む金融取引慣行が発達した。

＊ 信用格付（credit rating）とは，社債や国債，証券化金融商品等の債務履行の確実性（信用リスク）を表す指標で，民間の格付会社が簡単な記号で付与するものである。国際的な大手格付会社はMoody's，S&P，Fitchの３社で，たとえばS&Pであれば，信用力が一番高い（信用リスクが低い）会社に対す

る格付はAAAで，AA，Aと続き，中程度がBBBで，以下，信用度が落ちる（信用リスクが高まる）に従い，BB，B，CCC，CC，Cとなる。投資家はこれを参考に，どの程度信用リスクを取って投資するかを判断する。近年のリーマンショックを巡って証券化金融商品に対する信用格付の不適正さが問題視され，格付される会社との利益相反等を防止する規制が主要国で導入されている。

たとえば，財務制限の典型例である**ネガティブ・プレッジ**（negative pledge）**条項**は，XがY以外の第三者に資産を担保として差し入れないことを約束するものである。ネガティブ・プレッジを合意することで，無担保債権者のYが他の有担保債権者に対してXの劣後債権者になる事態を避けることができる。しかし，Xの将来の収益についても対象に含める場合にはXの財務活動を大きく制約するため，その対象範囲・期間や内容をX・Y間の交渉で慎重に定めておく必要がある。たとえば，担保化しない資産対象を特定収益に限定せず，実質的に同じ価値の担保が提供されればよいとする**パリパス**（pari passu：**同順位**）**条項**を合意することも一つの対策である。

⑶　デフォルト条項

デフォルト条項（**債務不履行事由**：events of default）とは，そこに列挙された事由（**表４**参照）が生じた場合に，貸手が，①期限の利益を喪失させてただちに貸金の返済を求め，②未履行の貸付実行のコミットメントを失効させることができるとするものである。日本法の契約では債務不履行と期限の利益喪失を区別して条項を作るのが一般的だが，国際ローン契約では両者をとくに区別しない。

【表４】債務不履行（デフォルト）となる事由の具体例

①　支払債務不履行（元本・利息が支払期日に支払われなかった場合。通常は支払期日の猶予期間を３～10日設ける）
②　支払債務以外の債務不履行（ネガティブ・プレッジなどの誓約違反等）
③　表明保証条項違反
④　クロス・デフォルト（Cross Default：借入人が別の契約で債務不履行をした場合，本契約についても債務不履行となる旨の条項）

⑤　借入人の破産・解散等
⑥　借入人の株主の変更（貸手の許可なく株主を変更したり，借入人の会社の定款を変更した場合）
⑦　法律違反（借入が違法となった場合や許認可が取り消された場合）

貸手にとって借手の債務履行を確保する上で最も重要な条項であるが，現実にデフォルト事由が発生しても，貸手が期限の利益喪失の権利を行使して債務不履行を宣言し，即貸金の全額返済を求めることは稀である。その理由は，①貸手にとって顧客である借手との関係悪化は避けたいし，借手が何らかの方法で返済できると判断できれば協力する方が得策で，②貸手にとって軽微な契約違反ならば，借手に対する注意喚起として警告する程度にとどめた方が契約破棄よりは賢明だからと言われている。

なお，債務不履行事由のうち，**クロス・デフォルト**（cross default）とは，国際ローンでは一般的なもので，借入人が別の契約で債務不履行をした場合，本契約についても債務不履行となる旨の条項を指す。たとえば，**図２**のように，借手企業XがY以外にPやQとの間でも契約債務を負っていた場合，YやPとの関係（②・③）ではデフォルト事由はないにもかかわらず，Qとの関係（①）でデフォルト事由（例：支払債務不履行，期限の利益喪失，担保権実行）が生ずれば，YやPとの関係でもデフォルトになる。YやPにとっては将来のデフォルトに逸早く対応するためにこの条項を備えるが，Xがいくつもの債権者との間で無制限にクロス・デフォルトを結んでしまうと，一つの些細なデフォルトがたちまち他の契約にも波及する結果となり，Xは資金繰り倒産に追い込まれる

【図２】クロス・デフォルト

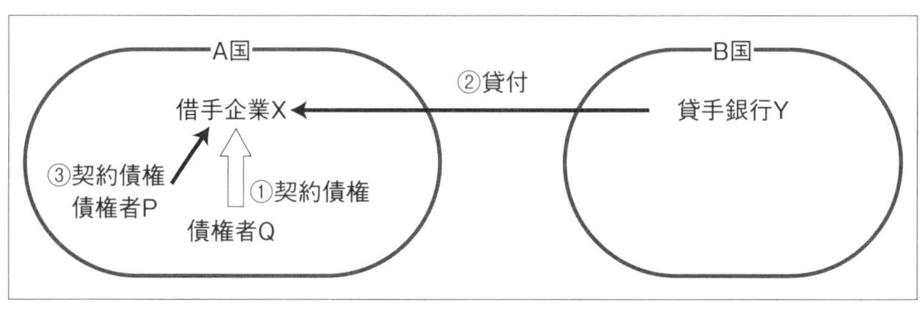

可能性が高まる。それは結局，Yら債権者にとっても不利益に繋がる。したがって，債務者の対外債務に限定したり，一定金額以上の債務に限定するなど，何らかの制限を付すことが行われているし，実際にはクロス・デフォルト条項は「伝家の宝刀」であって発動されることはあまりない。クロス・デフォルト条項の安易な発動は国際金融市場全体を破壊する可能性（システミック・リスク：systemic risk）も高いので，各国当局も監視の目を光らせてきた。

第8章　国際ローン契約2：応用型

前章では，A国の借手企業（X）とB国の貸手銀行（Y）との間で，X単体で行う事業資金をY単体で貸し付ける**企業融資（コーポレート・ファイナンス：corporate finance）**を内容とする国際ローン契約を結び，Yがユーロ市場から資金調達してXに必要な事業資金を貸し付ける契約をみてきた。つまり，①貸手が単一で，②融資対象が企業であったが，本章ではその応用型で，①貸手が複数で，②融資対象がプロジェクトの場合を扱う。すなわち，貸手が複数で協調して融資するシンジケート・ローンについて説明し，その関連でローン・パーティシペーションや社債，証券化についても言及する。その後，貸付対象が企業ではなく石油化学工場建設のようなプロジェクトであるプロジェクト・ファイナンスの説明を行う。

1　シンジケート・ローン

(1)　概　要

シンジケート・ローン（syndicated loan：**協調融資**）とは，複数の金融機関が貸手となり，単一の借手との間で締結するローン契約を指す。融資額や与信リスクが大きく，一つの貸手だけでは扱えない場合に，複数の貸手が一緒になって貸し付けることで，資金需要を賄うのである。シンジケート・ローンの特徴は，①貸し手の数だけ各々独立したローン契約（日本法でいえば金銭消費貸借契約）が存在し，各々独立したものとされる一方，②契約書の内容はまったく同じもので統一され，貸手は集団で行動する点にある。すなわち，ローン契約の法形式は個々独立であるが，その内容は取引条件を均一化し，多数決原理や按分分配原則を定めることで，貸手の統一行動を確保する内容となっている。なお，後述するローン・パーティシペーションは，機能はシンジケート・ローンとまったく同じだが，法的な貸手は単一である点が異なる。

国際プロジェクト・ファイナンスのように融資額や与信リスクの高い取引では，以前からシンジケート・ローンが組まれるのが通例であった。しかし，最近では国内市場でもシンジケート・ローンが多用され，それと共に注目度も高まってきた。先行する英米では，国内金融でシンジケート・ローンが活発に行われ（一次市場），それが国際的に転売される二次市場も活性化しており，英国のLMA（Loan Market Association）や米国のLSTA（Loan Syndications and Trading Association）による**標準契約**が幅広く国際的に用いられ，裁判例も多い。一方，日本でも遅ればせながらシンジケート・ローンの一次市場がようやく定着し（二次市場は未発達），国内取引に関しては日本ローン債権市場協会（JSLA）による標準契約が利用され，最高裁判例（後述）も出された。

では，簡単な図解を用いて説明しよう（**図１**）。まず，A国の借手企業（X）がB国の貸手銀行（Y）に100億円の融資の相談を持ちかけ，シンジケート・ローンを組むこととなったとする。Yは他の金融機関に対し，融資概要やXの財務状況を示した資料（インフォメーション・メモランダム：社債でいう目論見書）を示して融資への参加を募り（**招聘**），これに応じた銀行Pと銀行Qは，銀行Yと共に**シンジケート団**（**協調融資団**）を組成し，ユーロ市場から資金調達し，Yは40億円，Pは30億円，Qは30億円の貸付をXに対して行うこととなったとする。

【図１】国際ローン契約の応用型１：シンジケート・ローン

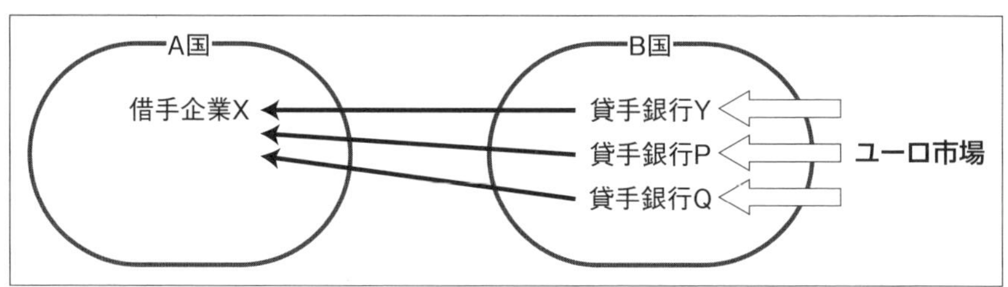

⑵　アレンジャー

その際，各々のローン契約は法的には別個に成立するが，融資条件は同一内容で統一され，貸手間の収益・債権の分配は貸付金額の割合に応じて按分し（pro rata），貸手の意見が分かれた場合には多数決に従う原則が書かれる。融資が実行されるまでの間，Yはシンジケート団の幹事として，インフォメーション・メモランダムの作成，参加金融機関の募集・割当調整，統一契約書の作成・調整等の業務（アレンジャー業務）を行うが，こうした者を**アレンジャー**

（arranger）と呼ぶ。

貸手と借手は双方とも商売のプロ同士なので「契約自由の原則」が広範に認められ，その法律関係（後述）はシンジケート・ローン契約書に基づく。では，アレンジャーとしてのYはどうか。アレンジャーYは借手Xに対しては委任（または準委任）契約関係にあるので，Yが漫然と行動したのでシンジケート団の組成が機能しなかった場合等に**善管注意義務**を負う。一方，アレンジャーYは，貸手PやQとの関係では契約関係になく，インフォメーション・メモランダムでもYの免責を明記している（アレンジャーは提供する情報の正確性・真実性に一切責任を負わず，招聘に応じたシンジケート・ローン参加銀行は独自に借手の信用力等の審査を行う必要がある点が通常明記される）のでPやQの自己責任が原則である。しかし，Yがまったく責任を負わないわけではなく，裁判例をみると，Yが借手Xの重要な信用情報をPやQに漫然と提供しなかった結果，損害を与えた場合，英米法ではfiduciary duty（信認義務）に基づき，日本法でも不法行為責任（信義則上の義務違反）に基づいて，情報提供義務違反を認めた例がある。

＊　英国（イングランド）法の裁判例であるUBAF Ltd v. European American Banking Corporation [1984] QB 713, 728（Court of Appeal）は，アレンジャーに多大な信認義務を認めた（ただし，英国内では先例性に疑問視する見解が有力）。その後，先例的価値を持つ英国（イングランド）法の判例としてIFE Fund SA v. Goldman Sachs International [2007] EWCA Civ 811が登場し，契約責任以外は負わない原則を明らかにした。この判決では例外的に，たとえばアレンジャーが招聘した金融機関に当初提供した情報はミスリーディングなものになってしまうような新たな情報を得たことを認識しながら，依然として他の貸手に情報提供しないような場合には誠実（good faith）義務違反になるとしている。また，米国（ニューヨーク州）法の判例においても契約自由の原則が尊重されており，一方当事者が他方当事者よりも圧倒的に知識を備えている状況下で，他方当事者が誤った知識に基づいて行動しているのを知った場合に情報開示義務が生じる（Bank of America NA v. Bear Sterns Asset Management〈969 F. Supp. 2d 339, SDNY 2013〉）とするが，その立証のハードルは高い。

一方，日本でも，貸手はプロ同士なので基本的には契約自由の原則が広範に適用されるものの，最判平成24年11月27日判時2175号15頁はアレンジャーの責任を認めた。すなわち，アレンジャー（地方銀行）が招聘したシンジケート・ローン参加先（信用金庫2，地方銀行1）に対し，当初提供した情報がミスリーディングになってしまうような借手の会計粉飾情報を得たにもかかわらず参加先に伝えなかった（なお，日本の大手銀行間には，こうした場合に招聘先にただちに情報提供する実務慣行が存在）ため，貸付金の回収ができずに損害を被った参加先がアレンジャーを訴えた事案において，アレンジャーに信義則上の情報提供義務違反を認め，損害賠償責任を負わせた。なお，JSLA行為規範では「アレンジャーは借入人の意向に沿って単に情報を伝達するだけの主体と位置付け」て招聘に応じた参加先に対する責任を回避しているが，本判決は本事案のような悪質な場合に限り，その規範の文言以上の責任を負わせたものであり，シンジケート・ローン市場の取引の安全を損なうことなくむしろ健全な発展に資する点で肯定的に評価できる。久保田隆「アレンジャーの情報提供責任と集団行動条項の有効性」ジュリスト1372号（2009年）162〜168頁，久保田隆「シンジケートローンのアレンジャーに信義則上の情報提供義務違反を認めた事例」平成25年度重要判例解説・ジュリスト1466号（2014年）120〜121頁参照。

(3) エージェント

その後，融資が実行されると，Yは通常はシンジケート団の代理人としてXに対するPやQの窓口となり，融資実行後のXの元利金受払等の事務やXの決算情報等の情報開示の手助けといった業務（エージェント業務）を行うが，こうした者を**エージェント**（agent）と呼ぶ。アレンジャーとエージェントは同一銀行が担うのが通例である。では，エージェントとしてのYはいかなる義務を負うか。

エージェントYは，PやQに対しては委任（または準委任）契約関係にあり，**善管注意義務**を負う。ただし，その事務内容は裁量を伴わない事務的事項が中心で，シンジケート・ローン契約に明記された範囲を超える義務を負うことは原則としてない。しかし，裁量を伴う場合には契約上明記されない部分にも責任が認められる可能性がある。たとえば，①与信管理等のモニタリング義務について，同義務を負わないことを契約書に明記していても，エージェントが自発的に引き受けた行動を取った場合にはその責務を負う可能性があるほか，②利益相反行為の回避義務についても，契約で同義務を負わない旨を明記した場合であっても，エージェントがいたずらに情報伝達を遅らせて自己の債権回収を優先させた場合に善管注意義務を問われる余地がある。一方，エージェントYは貸手の代理人なので，借手Xとの関係では契約関係になく義務を負わない。しかし，たとえば，借入人名義のシンジケート口座からの引落し業務のように，借入人の授権行為であって貸付人の代理人としては説明しにくい部分は善管注意義務や信義則上の義務を負担する可能性がある。

2 ローン・パーティシペーション

ローン・パーティシペーション（loan participation）は，基本的な国際ローン契約における単一の貸手と借手はそのままで変わらないが，融資額や与信リスクが大きく一つの貸手だけでは扱えない場合や債権譲渡禁止特約のある場合などに，貸手のローン債権に係る経済的利益とリスクを貸手からローン・パーティシペーションの参加者に移転させる契約である。シンジケート・ローンと類似の経済的機能を果たすが，法的な仕組みが違う。

たとえば，A国の借手企業（X）がB国の貸手銀行（Y）に100億円の融資で国際ローン契約を締結したとする（**図2**参照）。Yにとって Xに対する100億円の貸付は，自分だけでまかなうには融資額や与信リスクが大き過ぎる。また，このローン契約には債権譲渡禁止特約もあった（なお，ローン・パーティシペーションは譲渡禁止特約がない場合でも可能）。そこで，法的な債権債務関係はそのままにして，40億円は自己資金で融資するものの，残る60億円分については，融資概要やXの財務状況を示した資料を示して融資への参加を募り，これに応じた銀行Pと銀行Qが各々30億円を請け負うのである。シンジケート・ローンとは異なり，PやQはXに対する債権者ではない。しかし，XからYに対して元

【図2】国際ローン契約の応用型2：ローン・パーティシペーション

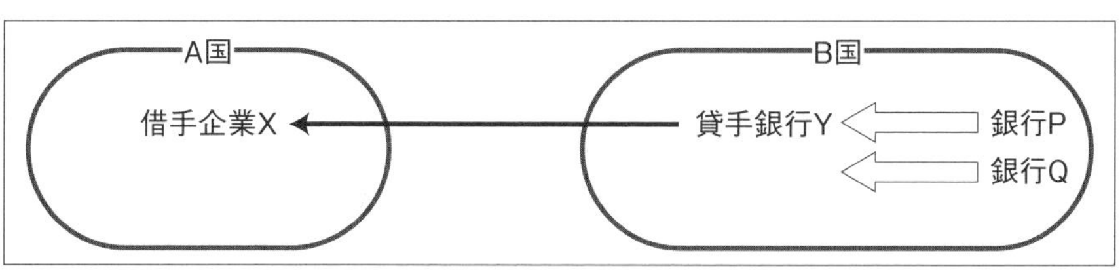

利金（元本，利子）が返済されれば，Yを通じてPやQにも融資割合に応じた元利金の返済がなされる。したがって，経済的な機能はシンジケート・ローンとよく似ているが，法的関係は異なり，第７章で扱った国際ローン契約と一緒である。

3 社債と証券化

ローン・パーティシペーションはYのXに対するローン債権を他に流通させて（流動化という），Yの信用リスクをPやQに移転する経済効果を持つが，これと同様の効果を持つものに社債や証券化がある。そこで，社債や証券化についても簡単に説明しよう。

(1) 社　債

まず，**社債**（bond）は国内市場でもよく用いられるが，ローンと同じ機能を果たした上で，貸手が複数存在し，単一の借手に資金提供する点や転々流通することで流動性が極めて高い点でローン・パーティシペーションと類似の機能を果たす。日本で**外債**（**外国債券**）といえば，債券の発行市場，発行体の国籍，利払いや償還に用いる通貨のうち，いずれか一つでも日本（日本円）以外の債券を指し，具体的には，①非居住者（外国企業・外国政府・国際機関）が日本市場で発行する円貨建て債券である**サムライ債**（samurai bond），②非居住者が日本市場で発行する外貨建て債券である**ショーグン債**（shogun bond），③非居住者・居住者に関係なく，ユーロ市場で発行する円貨建て債券である**ユーロ円債**（euro-yen bond），④非居住者が海外市場で発行する外貨建て債券（通称はとくになし）が該当する。また，世界の主要な債券市場（米国，欧州，アジア）において二つ以上の市場で同時に発行･募集される債券を**グローバル債**（global bond）と呼び，元本の払込み・利払い・償還等を単一の通貨で行わず，異なる通貨で行う債券を**デュアルカレンシー債**（dual currency bond）という。

(2) 証券化

つぎに証券化について，具体例をもとに説明しよう。**図３**のように，A国の借手企業Xに対してローン債権αを持つB国の貸手銀行Y（**原債権者**または**オリ**

ジネーター〈originator〉と呼ぶ）が，この債権αを売却して資金調達するケースを考える。まず，**特別目的会社**（SPC：Special Purpose Company）と呼ばれるペーパーカンパニーZを設置する（信託を使うことも可能。その場合を含めた表現にSPV〈Special Purpose Vehicle〉がある）。つぎにYはZにαを債権譲渡し，Zはαを見合いに有価証券（社債，株式）を発行し，それを投資家のPやQが購入する。すると，PとQがZに支払った有価証券の元本の代金はZがYに支払う債権譲渡の代わり金に充当され，借手Xの利払い分はZからPとQに対する有価証券の利払い分として支払われるので，キャッシュフローが滞りなく循環する。このように，証券化の対象となる資産（原資産）の生み出すキャッシュフローを裏付けとして有価証券を発行して債権流動化や資金調達を実現する手法を**証券化**（securitization）と呼ぶ。

【図3】国際ローン契約の応用型3：証券化

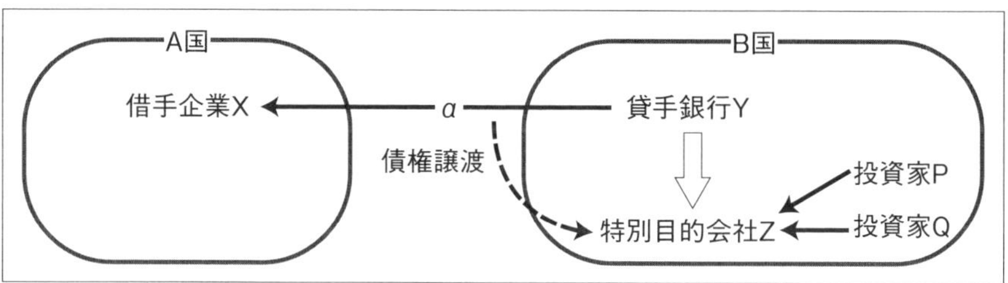

αが優良債権（貸倒れ等の信用リスクの低い債権）の場合，Zは通常の社債を発行し，それをリスク回避的な投資家が購入する。Zが発行する社債の格付（たとえばAAA）は，Yが発行した場合の格付（たとえばBB）よりも通常高くなるので，社債の年利率を低く抑えることができるメリットがある。たとえば，格付BBのYは年利３％でないと市場流通性のある社債を発行できないが，AAAのZならば年利１％で発行できるといった事態が生じ得る。一方，αが不良債権（貸倒れ等の信用リスクが高い債権）の場合，Zは株式か，信用リスクを差し引いて元本の額面を下げた社債（たとえば貸倒れの可能性が50％ある額面100の債権を額面50の社債にする）を発行し，それをリスク選好的な投資家が購入する。

証券化は原資産の信用力が維持されることを前提に機能するため，証券化を組成する際にはオリジネーター（原資産の保有者）やその他の取引関係者の倒産によって原資産が影響を受けないようにすること（**倒産隔離**〈bankruptcy remoteness〉）が最も大切である。たとえば，オリジネーターからSPCへの原資産の譲渡が**真正売買**（true sale）と認定され，倒産管財人や裁判所が譲渡資産をSPCの資産として扱い，原資産の譲渡が倒産法上の否認権等にかからないようにする対策が契約書の作成において重要である。

証券化には有利な資金調達や信用リスクの移転等のメリットがあるが，銀行がオリジネーターの場合は，信用リスク等を加味した一定以上の自己資本比率（＝自己資本÷総資産）を求める国際的な規制（**バーゼル合意**）との関係で，証券化すれば総資産を圧縮して比率向上に繋がることから盛んに行われた。住宅ローン担保証券（RMBS：Residential Mortgage-Backed Securities）や債務担保証券（CDO：Collateralized Debt Obligation）といった新種の証券化商品が発達し，社債のデフォルト（支払不能）リスクをカバーする金融派生商品である**クレジット・デフォルト・スワップ**（CDS：Credit Default Swap）取引も盛んに行われた。格付会社もこれら金融商品に実態以上に高い格付を付与した結果，投資家にとってリスクが見えにくくなり，案の定，世界金融危機を招いた原因（当然バーゼルⅡの不備も指摘された）の一つとされている。道具でしかない証券化自体に善も悪もないが，要は投資家にリスクが見えるようにすることが大切である。

Column　証券化は善か悪か

証券化を2008年の世界金融危機の主因として批判する「証券化悪玉論」が米国を中心に存在するが，その内容は概ね以下のとおりである。

すなわち，証券化やストラクチャード・ファイナンス（仕組み金融）では，組成した債権を直ちに卸売りし，原債権に係るリスクを順次移転していく（組成・転売（originate to distribute））ビジネスモデルを採用するが，これは取引参加者のモラルハザードと無責任を招きやすい。現に不十分なリスク評価に基づく過剰な貸付により原債権と証券化商品の債務不履行が多発した。また，RMBS等を再加工したCDO（ABS-CDO，CDOスクウェアード）などの複雑な二次・三次証券化商品の登場で，原資産に係るリスクの所在と程度に関する追跡可能性（トレーサビリティー）が不十分になり，投資家等の間で疑心暗鬼を招いた。また，証券化商品については，各国の投資家も十分に開示内容を吟味せずに購入したため，リスクが世界中に拡散した。さらに，金融工学的・確率的な手法に過度に依存したCDO等の格付の多くは的外れであったし，2007年半ば以降に格付機関が相次いで証券化商品の格下げを行ったことが証券化商品に対する投資家の信頼喪失につながり，世界金融危機の引き金となった。したがって，証券化商品の発行者と投資家の間の「情報の非対称性」を埋めるべく情報開示規制を強化し，格付会社の規制を導入し（従来は格付情報に瑕疵があっても格付会社の「表現の自由」に鑑みほとんど規制されなかった。しかし，格付会社に料金を払ってCDO等の格付を得る企業と格付会社との利益相反防止等が金融危機後に問題視され，欧米や日本でも規制が導入された），証券化取引を規制する動きが強まった（米国がオバマ政権からトランプ政権に代わって以降は規制緩和に向かいつつある）。

こうした批判に対しては，金融技術に過ぎない証券化自体を非難することは筋違いであり，危機を招いた責任は証券化を安易に濫用した市場関係者や不注意な投資家にあるとの反論がなされている。

【参考文献】 高橋正彦『証券化と債権譲渡ファイナンス』NTT出版（2015年）

Column　エンロン事件

2001年，米国エンロン社（Enron Corporation）による巨額の粉飾決算が発覚した。同社は，いくつもの特別目的会社（SPC）を使った簿外取引や時価会計（会計は取得原価主義を原則として実現損益のみを帳簿に認識するが，時価会計では未実現の損益をも帳簿に認識することが一部に認められている）の濫用等によって決算上の利益を水増し計上してきたが，同年12月に経営破綻した。この結果，世界の株式市場に多大な影響を与え，事件に関与した大手監査法人アーサー・アンダーセン（Arthur Andersen）は解散に追い込まれた。さらに，この事件を契機に，2002年には企業不祥事に対する厳しい罰則を盛り込んだ米国サーベンス・オクスレー法（SOX法）が制定され，日本の金融商品取引法の一部の規定（会計監査制度や内部統制等に関するもので「日本版SOX法」とも呼ぶ）に影響を与えた。エンロン事件の詳細は，2005年公開の映画『エンロン：巨大企業はいかにして崩壊したのか？(Enron：The Smartest Guys in the Room)』が分かりやすく，主犯自身の実演による粉飾の解説まであって興味深い。なお，世界金融危機の原因を扱った映画『インサイド・ジョブ：世界不況の知られざる真実（Inside Job)』も学習上有益な映画である。

---

4 プロジェクト・ファイナンス

以下では，融資対象が企業（融資対象となるプロジェクト以外にも様々なプロジェクトに従事）ではなく，いくつかの企業が事業主体（スポンサー）として出資した特定プロジェクト（典型的には事業会社で，合弁会社やパートナーシップなど）になるプロジェクト・ファイナンスについてみていこう。

＊ この分野の初歩的な参考文献として，西川永幹・大内勝樹『プロジェクト・ファイナンス入門』近代セールス社（2007年，以下，西川・大内（2007）と略記）および森下哲朗・平野温郎ほか『ケースで学ぶ国際企業法務のエッセンス』有斐閣（2017年）第6章参照。

(1) プロジェクト・ファイナンスの仕組み

プロジェクト・ファイナンス（project finance）とは，石油化学工場建設やガス採掘，発電所建設，港湾等のインフラ建設等，特定のプロジェクトに対する貸付（従来は10年までが中心であったが，近年では10年超の長期のものが主流になってきた）を指し，その返済財源は対象となるプロジェクトが生み出すキャッシュフローに限定され，担保も当該プロジェクト資産（プロジェクト実施に伴う契約上の諸権利を含む）に限定される。この結果，スポンサーは保証不要で長期借入れができ，リスクを軽減できる等のメリットがある反面，交渉や文書作成に時間や費用を要し，事業収益の分配は貸付銀行に劣後する。貸付銀行には企業金融より収益や手数料収入が高く，事業収益の優先弁済を受けるメリットがある。

＊　なお，キャッシュフローではなく，プロジェクトのスポンサーと銀行とのリスク分担に着目した定義もあり，それによれば，プロジェクト運営に係る様々なリスク（原料価格変動，経営悪化，現地政府による接収等）をスポンサーと銀行で負担し合い，仮に運営が失敗しても銀行はスポンサーにまったく遡及しない（ノンリコース・ファイナンス〈non recourse finance〉）か，限られた場合にしか遡及しない（リミテッドリコース・ファイナンス〈limited recourse finance〉）貸付として定義される。

ここで，コーポレート・ファイナンスとの相違を表にまとめると**表1**のとおりである。

【表1】二つの金融の内容比較

	プロジェクト・ファイナンス	コーポレート・ファイナンス
貸付対象	特定プロジェクト（以下SP）	企業全体（他のプロジェクトも含む）
返済財源	SPからの収益	企業全体の収益（同上）
担保・審査対象	SP資産に限定	企業活動全体に及ぶ
遡及対象	SPのキャッシュフローに限定	企業全体に対して遡及

A国に液化天然ガス（LNG）製造工場を建設するプロジェクト・ファイナンスを想定してみよう（**図4**参照）。スポンサーとして数社（P，Q，R社）が出資した合弁で事業会社Xを設立し（リスクを分散するため事業会社が複数ある場合もある），原料供給先S社と原料供給契約を，製品販売先T社と販売契約を結び，Xの求めに応じてA国政府はXに工場建設等の認可を与え，必要なインフラ（工場敷地整備，道路建設等）を整備したものとする。

工場建設のため，Xは建設会社U社と建設契約を，リスク対策に保険会社V社と保険契約を結ぶ。プロジェクト・ファイナンスでは巨額資金をまかなうためにシンジケート・ローンを組むのが通例だが，本件ではシンジケート団Y（複数の国の貸付銀行）がXに必要資金を融資し，その見返りにXはYに資産のすべてを担保に差し入れる。

また，スポンサーP・Q・Rは融資の責任を負わないのが原則だが，プロジェ

【図4】プロジェクト・ファイナンスの仕組み

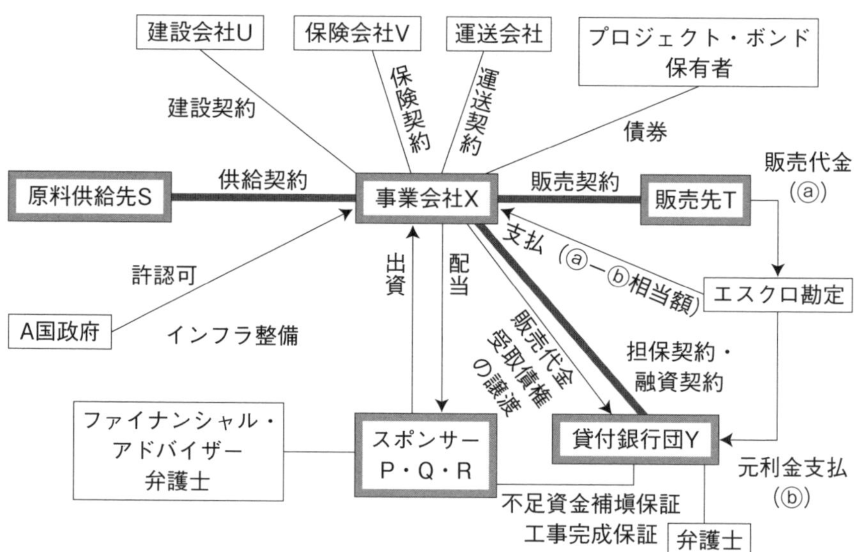

クトへの協力を取りつけるため，一定条件下に不足資金の補填保証を約束することも多い。さらに，Yは与信リスクの一連の軽減策（セキュリティー・パッケージ）として，①スポンサーP・Q・Rに**工事完成保証**（completion guarantee）を求め（Yのリスク期間を工事完成後に限定），②国際金融公社等の公的貸出・保証や保険・リースを活用する（Yのリスク量を限定）。さらに，③プロジェクトの順調な運営を監視し，Xの供給先Sと販売先Tに一定価格での長期契約を求め，Sが原料を供給できない場合にはプロジェクトの被る損失を補填させ，製品の引取保証や売主から製品の受領の有無にかかわらず買主が一定金額を支払う内容の**テイク・オア・ペイ契約**（take-or-pay contract）をT・X間で結ばせ（与信対象の監視），④Xから販売代金受取債権の譲渡を受け，TからXへの入金先を**エスクロ勘定**（信託勘定）に設定してYへの元利金支払をXへの支払（ひいてはスポンサーへの配当）に優先させるようにする。

シンジケート・ローンの銀行団Yに着目して一連の手続をみた場合，①まず幹事行が**インフォメーション・メモランダム**（ローン条件，プロジェクト概要等を記載した説明文書）を作成・配布してシンジケート団の参加銀行を募り，②

アレンジャーを選定して，**シンジケート団**を組成する会合を開催し，③対象プロジェクトのリスク調査や評価（**デューディリジェンス：due diligence**）や融資条件の交渉を経て，④契約書に調印する。その後，⑤シンジケート・ローンが実行され，⑥プロジェクトの完成（本設例では工場完成）から元利金の完済に至るまではエージェントがプロジェクトの運営を管理することになる。

一方，プロジェクト・ファイナンスと組み合わせて，償還原資をプロジェクトの収入に限定した債券である**プロジェクト・ボンド**（project bond）を事業会社Xが発行し（融資条件は銀行ローンと概ね一致），投資信託ファンド等の機関投資家に購入してもらうことも多い。同ボンドは，①銀行ローン（通常10年程度）よりも長期（30年など）の発行が可能で，②銀行ローンが誓約条項で課す財務制限等に比べて条件が緩い点で事業会社にメリットがあるが，転売可能で保有者（債権者）が頻繁に変わるので銀行団の債権保全上の影響がある。このため銀行団は，①融資条件の変更や借入人の義務免責の決定を債権者の多数決に従わせる条項（マジョリティー・ルール）を挿入させ，必要な議決権を確保し，②同ボンド保有者を代表する事務幹事を銀行団から選出して債権保全上必要な判断権限を握り，③銀行ローンの融資契約書において，(i) 事業会社が同ボンドを発行する際には，その代わり金が全額使用された後に銀行ローンが引出し可能になることや初回引出時に代わり金が約束どおり建設資金に使われた証明を提出することを義務付け，(ii) 銀行ローンの初回引出し以降に同ボンドが発行される際には，代わり金をエスクロ勘定に入金させて，事業会社が自由に引き出せないようにすることに努めている。

(2)　融資契約書の主要条項

プロジェクト・ファイナンスには様々な契約がかかわり，①融資契約，為替予約，公的保証・保険等のファイナンス契約のほか，②担保関連契約（不動産・動産担保，販売代金受領債権の譲渡，保険請求権の譲渡等），③第三者の支援に関する契約（完成保証，プロジェクト所在国の許認可等），④プロジェクト事業に関する契約（合弁契約，建設契約，原料供給契約，販売契約，運送契約，ライセンス契約，雇用契約等）があるが，紙幅の関係で最も重要な融資契約書におけるプロジェクト・ファイナンスに特有の条項（シンジケート・ローンを含む）に限って説明する。

① プロジェクト・ファイナンスに特有の条項

a．貸出実行の先行条件

通常の国際ローンの条項に加えて，①プロジェクトの事業会社がスポンサーの株主間協定によって設立され，融資契約に従って借入する能力があること，②当局の許認可が取得済みであること等の条件が付加され，それに関する証明書類の提出が要求される。

b．金利条項

「銀行調達コスト（米ドル建てならばLIBORが多い）＋貸出マージンα」で決められ，αはプロジェクトの工事完成前は工事完成保証があるので低く，完成後は高く設定されることが多い。

c．返済条件

プロジェクトは，工事完成前にはキャッシュフローを生まず，完成後も稼働して十分なキャッシュフローを生むまでに時間がかかるのが普通であるため，返済スケジュールは期間が経過するに従って返済額が増えることが多い。プロジェクトが予想以上に成功し，余剰キャッシュフローを生む場合，それを借入人にすべて返すことはせず，一部貸付金の期限前返済に充当させている。

d．キャッシュフロー

融資の返済資源はプロジェクトの生み出すキャッシュフローにほぼ限られるため，①借手にキャッシュフロー計画の作成を義務付けて定期的に提出させ，②入金管理のためにプロジェクト勘定（受託者名義の信託口座が望ましいが，借入人名義の口座に担保権を設定する場合もある）を設定し，③入金の支払順序を設ける等の細かな規定が置かれる。

e．表明保証

すでに説明した表明保証に加えて，プロジェクトに関しても，①プロジェクト関連書類が正式に作成されて法的拘束力を持つこと，②プロジェクトに必要な当局の許認可を取得済みであること，③プロジェクトのキャッシュフロー予測が注意深く作成されて最新情報を反映していること，④プロジェクトの進捗報告（プログレス・レポート）等が正確な情報に基づいて作成されていること，⑤借入人や関連当事者が債務不履行にないことを表明保証する。

f．誓約（作為誓約，不作為誓約）

第7章で説明した誓約に加えて，プロジェクトに関しても，作為誓約として，①キャッシュフロー予測表の作成，②プロジェクト施設の建設完成，③プログレス・レポートの提出，④建設費用の支払や許認可の取得・維持，⑤プロジェクトの維持・運営，⑥重大な事実の報告，⑦貸手の指定する技術者による立入検査の容認，⑧プロジェクトの運営資金は借手の責任で調達することが課され，不作為誓約として，①プロジェクトの不放棄，②関連契約の維持，③財務制限条項（借入人財産の処分制限や担保差入禁止，投資禁止，出資比率変更禁止，財務比率制限，配当制限），④他業種進出禁止が義務付けられる。

g．債務不履行条項

第7章2(3)で説明した内容に加えて，プロジェクト放棄・中断やスポンサーの義務違反や破産，表明保証違反，誓約違反やレシオ（財務比率：ratio）違反がある。よく用いられるレシオには，①DER（debt equity ratio：借入残高÷払込資本金。一定比率以上ならば貸手が借手に資本金追加払込を要求），②DSCR（debt service coverage ratio：ある期間のキャッシュフロー÷同じ期間の元利金支払額。一定比率を下回れば債務不履行），③LLCR（loan life coverage ratio：元利金返済前キャッシュフローの現在価値合計額÷貸出残高。一定比率を下回れば債務不履行）がある。

②　シンジケート・ローンに関する条項

プロジェクト・ファイナンスに含まれるシンジケート・ローン（協調融資）では，シンジケート団の代理人としてエージェント（事務幹事）が指名され，融資契約書の定めに従い，①資金の受払い（貸付金はエージェント勘定を通じて借入人口座に振り込まれ，返済金もエージェント勘定を介して各協調融資参加銀行に支払う），②金利の決定（契約規定に従い，市場の代表的な銀行数行が呈示する金利の平均値で機械的に決定），③情報の伝達（参加銀行に対し，借手が提出する証明書を伝達し，債務不履行事由に該当した場合に通知）といった裁量余地のほぼない事務処理のほか，④債務不履行時の判断といった若干の判断業務を行う。

このうち，資金の受払いに関しては，①参加銀行からの入金後，借入人への送金前の期間にエージェントが倒産した場合に備えてエージェント勘定を信託口座にしたり，信託勘定でなくても保護される法制（典型例はイングランド法）

の下にエージェントを置いたり，②参加銀行からの入金前にエージェントが借手に立替払いしたが，参加銀行からの入金が結局なかった場合に借手はエージェントに立替金を返還する**クローバック**（clawback）**条項**，③借手の返済金が不足した場合に参加銀行には融資金額の割合に応じて返済する**プロラタ**（pro rata）**条項**，④相殺等で一つの参加銀行の貸付額が減額された場合に減額分は参加各銀行の持分に応じて返済されたものとみなす**シェアリング**（sharing）**条項**を置く対策が採られている。

金利については，市場混乱時には代替金利を定める必要があるが，エージェントはシンジケート団の多数意思をもとに貸手の代理人として借手と交渉に当たる。一方，情報伝達については，借手のいかなる文書にもエージェントは責任を負わない旨の免責条項が置かれるのが通常であり，①貸付の先行条件となる許認可等の写しの真贋や各種証明書の内容チェックをエージェントは行わず参加銀行の自己責任となり，②誓約条項のレシオ違反をエージェントが見逃した場合でもエージェントは責任を負わず，レシオのチェックは参加銀行の自己責任とされると解されている（ただし，誓約条項違反は通常は債務不履行事由なので，レシオ違反に気付いた段階でエージェントに通知義務が発生する）。なお，債務不履行事由が生じた際に債務不履行宣言をするか否かは，融資契約に従ってシンジケート団の多数（または３分の２の多数）意思にエージェントは従うが，意思決定を待てない喫緊の状況下ではエージェントはシンジケート団の最大利益のために自ら判断して債務不履行宣言を決定でき，すべての参加銀行はこれに拘束される旨が契約書に規定される。この緊急事態下のエージェントの裁量が，全体利益よりも自己利益を優先させたことが立証される場合には，仮にエージェントが利益相反回避義務を負わない旨の契約条項が置かれていても善管注意義務違反を問う余地が残るであろう。

第９章　金融リスク管理

本章では，金融リスク管理の観点からデリバティブ取引を中心に簡単に解説する。

1　外国為替変動リスクとデリバティブ

国際金融は国内金融とは異なり，単一通貨で取引が完了（たとえば日本国内の銀行借入は日本円だけで行われる）せず，複数の通貨（たとえば日本円と米ドル）の交換（外国為替）を伴うことが多い。外国為替相場は変動するので国際金融取引の当事者は為替変動リスクにさらされるが，このリスクを低減（ヘッジ）する目的で，先渡し（フォワード：forward）・先物（フューチャー：future），オプション（option），スワップ（swap）等の**デリバティブ**（**派生商品：derivatives**）が発達した。なお，先物（さきもの）という場合，①直物（じきもの）に対比される先物（フォワード）と，②デリバティブで先渡し（さきわたし）（フォワード）に対比される先物（フューチャー）とは，名前は同じだが一応別物と考えていただきたい。

デリバティブの仕組みは後述するとして，その取引目的をみてみよう。デリバティブは，①**ヘッジ**（**リスク低減：hedge**）のほか，②**スペキュレーション**（**投機：speculation**，ハイリスク・ハイリターンで収益獲得）や，③**アービトラージ**（**裁定：arbitrage**，市場間の価格差を利用してリスクを取らずに収益獲得。たとえば，同じ額面100の日本国債の時価がシンガポールで99，東京で101の場合，シンガポールで購入し瞬時に東京で売却すれば差額２をリスクなしで獲得可能）にも用いられる。また，④会計粉飾の手段に悪用されるケース（下記Column参照）や顧客に十分なリスクの説明なしに売却する事態が横行したため，時価会計やディスクロージャー，説明責任等に関する規制も整備された。

Column　ベアリングス銀行事件

国際的に有名な会計粉飾事件としては，1995年のベアリングス銀行事件がある。ベアリングスの先物取引責任者ニック・リーソンは，シンガポールで日経平均と日本国債のデリバティブを用いて巨額の収益を上げていたが，架空口座88888を利用した損失隠しも行っていた。1995年１月の阪神淡路大震災で日本市場が暴落した際に巨額の損失を出して逃亡し，結局８億6,000万ポンドもの巨額損失を出して，ベアリングス銀行の倒産に至った。1998年制作の映画「マネートレーダー　銀行崩壊：Rogue Trader」は，この事件を理解するのに分かりやすくてお薦めである。

一方，外国為替は個人でも現金やクレジットカード等で行っているのでお馴染みであるが，銀行や外為ディーラー等が行う巨額の取引（大口取引）の場合は通貨ごとに異なる銀行預金口座（たとえば日本円口座，米ドル口座）を通じて資金を付け替えるのが普通である。

通貨のうち，自由に交換可能で近い将来に大きく値下がりするリスクの少ないものを**ハードカレンシー**（hard currency：米ドル，日本円，ユーロ，英ポンド等が該当），自由に交換できない通貨を**ソフトカレンシー**（soft currency）という。また，**ユーロカレンシー**（eurocurrency）とは，通貨発行国（たとえば米ドルの米国）の域外（欧州とは限らない）にある銀行の当該通貨（例：米ドル）建て銀行預金を指し，米国域外で流通する米ドル（**ユーロドル**：**euro dollar**）が中心だが，日本域外で流通する日本円（ユーロ円）や欧州域外で流通するユーロ（ユーロユーロ）もある。

ユーロドルは外国に預金してある実際の米ドルを指すのではなく，米国にある米ドル建て預金の保有者の変更を意味する（たとえば，米国企業Aが米国の銀行Bから1,000万ドルの小切手を切って外国銀行Cに渡す場合，Bは債権者がAからCに移動したものとして記帳する）ため，通貨のような政府の支払保証がなくたんなる銀行の債務に過ぎない。このため，政府の規制から一般に自由であり，急速に発達した。現在，国際金融取引の大部分はユーロドルで行われ，預金の満期は一般に短期間（６ヵ月以内）で，巨額の資金が扱われている。第７章，第８章ではユーロ市場が資金調達先として出てきたが，それがこれである。

2　総合的なリスク管理と様々な取引

一般に**リスク**とは，将来の不確実性を指す概念で，損失を被る部分を指す場合（大半がこれに該当）と損失も収益も含めて価格変動を示す場合（たとえばヘッジ。前述したヘッジは損失だけでなく収益を生む可能性をも縮減する）がある。一方，支払不能原因に着目したリスク概念として，①**信用リスク**（credit risk：倒産等で相手方が支払不能に陥るリスク），②**流動性リスク**（liquidity risk：相手方は倒産していないが，手元流動性不足の結果，弁済時に支払不能に陥るリスク），③**オペレーショナル・リスク**（operational risk：操作ミスや法務リスク，コンピュータ・トラブル等で相手方が支払不能に陥るリスク）がある。

また，個別の銀行の支払不能や，特定の金融市場（外為市場，証券市場等）や決済システム（SWIFT，Euroclear，日本の日銀ネットや全銀システムなど各国の決済システム等）の機能不全が，他の銀行や市場，または金融システム全体に波及するリスクを**システミック・リスク**（systemic risk）と呼び，各国金融当局（財務省，中央銀行）はこのリスク防止のために様々な規制や指導を行っている。さらに，外国為替に特有のリスクとして**ヘルシュタット・リスク**（Herstatt risk）があり，外国為替では交換される通貨の最終的な受渡しが決済日に通貨発行国で行われる結果，時差の分だけ受渡しに時間差が生じ，相手方の支払不能により，自分の債務である通貨の引渡しを終えたのに，交換する相手方の通貨を受け取れないという時差に伴うリスクを指し，1974年に西ドイツのヘルシュタット銀行が倒産したときに顕在化したのでこのように呼ばれ，エスクロ勘定の活用やCLS銀行の活用等で対応している。

＊　SWIFT（スウィフト）とは，1973年にブリュッセルに設立された外国送金の大半を担う通信インフラで，世界各国の銀行等に高度に安全化された金融通信メッセージ・サービスを提供する金融業界の標準化団体。正式名は国際銀行間金融通信協会（Society for Worldwide Interbank Financial Telecommunication）で，日本を含むG10諸国中央銀行と協力してベルギー中央銀行が監督している。ブリュッセル郊外のラフープに所在。詳細はhttp://japan.swift.com/参照。

＊　Euroclear（ユーロクリア）とは，ブリュッセルにある1968年設立の国際証券決済機関。国際証券決済機関は他にルクセンブルクのClearstreamがある。

＊ CLS銀行（Continuous Linked Settlement bank）とは，2002年に設立されたヘルシュタットリスク削減を目的とする特別銀行で，外国為替取引における２通貨（日本円を含む）の同時決済を連続的に実施する仕組みを実現している。

さて，総合的なリスク管理策は，①事態発生以前に行う事前策（リスク顕現化の確率を減らす対策。たとえば，**エスクロ勘定**を用いた同時決済の実現）と，②事態発生以後に行う事後策（リスクが顕現化した後に行う対策。たとえば，支払不能時の**銀行保証状**（L/G）の発行）に分かれる。事前策は，**未決済残高**（**リスク・エクスポージャー：risk exposure**）と呼ばれるリスク量（＝取扱金額×受払の時間差）を低減する対策として議論され（**図１**参照），取引金額縮減策（たとえば，ネッティングや与信金額制限）や時間差縮小策（たとえば，通貨間の同時決済（PVP：payment versus payment）やエスクロ勘定を用いた同時履行の実現）が採用されてきた。一方，事後策は損失保証や担保が中心であるが，損失保証も担保も事前にアレンジしないと事後に円滑に機能し得ないことは言うまでもない。

【図１】リスク・エクスポージャー

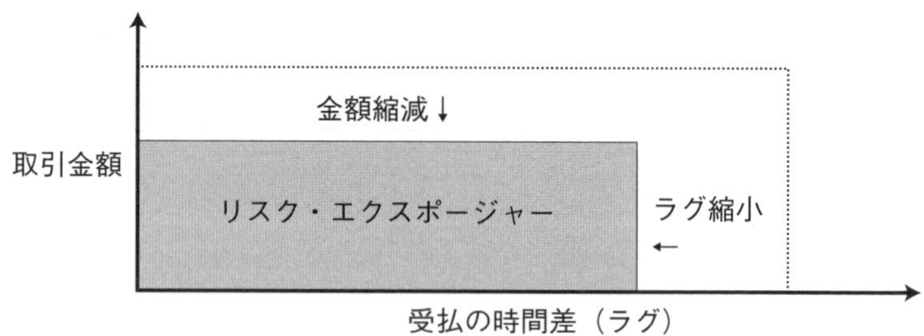

3　デリバティブの仕組み

デリバティブとは外貨や証券等の元となる資産から派生して価格が決まる金融商品である。デリバティブの原資産は通貨，金利，債券といった金融資産に限らず，米やオレンジなどの商品デリバティブ，天気のような天候デリバティブなど，無数にあるが，本章では金融デリバティブに限って説明する。

(1)　フォワード契約

フォワード（先渡し：forward）契約とは，特定の将来時点に特定の価格で資産を売買する2当事者間の合意である。たとえば，3カ月後に米国メーカーAから商品を購入して米ドルで支払う日本企業Xが，3カ月後の円安進行を懸念して，為替変動リスクをヘッジするために，3カ月後に必要な米ドル資金を購入する際の米ドル交換比率を現時点で一定比率（例：現在の円ドル相場）に定める為替予約を銀行Yとの間で結ぶ場合がこれに該当する。

仮にこの取引を行う以前のXとYは米ドルの買いの持ち高が売りの持ち高と同額の状態（**スクエア・ポジション**）にあったとすれば，この取引によって，Xは買いの持ち高が売りの持ち高を上回る状態（**ロング・ポジション**）となり，Yは売りの持ち高が買いの持ち高を上回る状態（**ショート・ポジション**）となる。このフォワード取引は銀行が介在してテイラーメイドされ，取引所では扱われず，契約条件も標準化されていない。また，満期日まで支払を伴わず，相手方が支払不能になるリスクがあるため，当事者は巨額の借入が可能な大企業や銀行等に限られる。

＊　外国為替においてスポット（直物：spot）とフォワード（先物：forward）があるが，やや異なる内容を含んで紛らわしいので相違を説明しよう。

まず，ここでいう先物は後述するデリバティブの先物とは一応別物である。つぎに，スポットとフォワードの指す内容が銀行間市場か対顧客市場かで両者は異なる。すなわち，外国為替市場には，①銀行同士で取引する銀行間市場と，②銀行と会社・個人等が取引する対顧客市場とがあり，双方でスポットとフォワードが存在する。

一般に，スポットは「通貨の売買契約をした日から原則として2営業日目（日本。北米は1営業日後）に受渡しを行う為替取引」とされ，フォワードは「通貨の売買契約をした日から3営業日目以降（日本）に受渡しを行う為替取引」とされるが，これは銀行間市場を念頭に置いた説明であり，本文のフォワードの説明とは少し異なる。

一方，対顧客市場を念頭に置けば本文と概ね整合し，スポットは銀行が依頼を受けて現時点の相場で即日実行する為替取引（例：ある企業Xが銀行Yに1,000万円相当の米ドル海外送金を依頼する場合）を指し，フォワードは現時点で将来の為替相場を合意する為替予約を指す。たとえば，1カ月後に米ドルで商品代金を受領する輸出企業Xが，目先の円高進行を懸念して１カ月後のドル売り・円買い相場をあらかじめ一定額で合意する契約（為替予約）を銀行Yと結んだ場合がフォワードである。

⑵　先物契約

フォワードに比べると，外国為替や債券売買等で用いられる**先物**（**フューチャー：future**）**契約**は，将来の確定日に特定の相場で外貨や金利を売買する点でフォワードと同じ効果を持つが，取引所に上場されて契約条件が標準化され，取引方法が全額を直接受け渡すのではなく，通常は反対売買による差金で決済する**差金決済**となり，証拠金を預託して値洗いする形（後述）をとる点が主な相違である。

先物の元祖は18世紀大阪堂島の米市場における取引（現在は廃止）にまで遡ると言われ，現在ではシカゴ商業取引所，ロンドン国際金融先物取引所など様々な取引所で数量や満期日が明示され，規則的に取引されている。いつでも調達可能な流動性の高い先物市場にするため，取引所は**清算機関**（**クリアリングハウス：Clearing House**）を設置し，契約の一方当事者が債務不履行になった場合でも他方当事者が損失を被ることのないように，取引決済の履行を保証している。また，満期日まで支払不要なフォワード契約とは異なり，先物契約では，取引の履行を確実にするためのいくつかの仕組みが採用されている。まず，取引当事者が相場変動にかかわらず履行日に必ず決済できるように担保する目的で，取引金額よりも少額の一定の金額を**証拠金**（margin）として差し入れる。つぎに，未決済の契約総数（建玉（たてぎょく））を毎日時価で評価し，取引所を通じて取引した証券会社間では評価損益に見合う金額を更新差金として毎日やり取りし（**値洗い：mark to market**），投資家と証券会社間では値洗いは行われないものの，投資家は，評価損が一定以上になると一定金額を追加の証拠金（**追い証：margin call**）として差し入れる必要がある。

なお，フォワード契約が主に外貨の獲得や為替変動リスクのヘッジを目的とするのに対し，先物契約はヘッジだけでなくスペキュレーションやアービトラージの目的でも用いられる。また，先物契約の終了時にはフォワード契約のように契約の裏付け資産である通貨を実際に配達することはほとんどなく，通常は当初の先物取引とは反対方向の先物契約を購入（**反対売買**）してポジションをゼロにすることで終了する。

(3)　オプション

オプション（option）**契約**は，契約の満期日かそれ以前に，特定の権利行使価格で特定量の金融商品を売買する権利（**オプション：option**）を創出する契約である。オプション取引の起源は，古代ギリシアの自然哲学者タレス（B.C.625～547）が行った「オリーブ搾油機を借りる権利の売買」に遡るとされる。天文学の知識を活かして翌年のオリーブ生産が豊作であることを予測したタレスは，オリーブ油の生産に不可欠な搾油機を持ち主から一定額で借りる権利をあらかじめ買っておいた。翌年，予想通り豊作になって搾油機の需要が高まった際，タレスは借入額よりも高い額で他に貸し出すことで大きな利益を得たと言われている。

さて，たとえば通貨オプションの購入者（buyer）は，売り手（writerまたはseller）に対して**オプション料**（**premium**）を支払い，裏付け資産（原資産）である通貨を特定の相場で売買する権利（買う権利を**コール・オプション**〈call option〉，売る権利を**プット・オプション**〈put option〉という）を買うが，この権利は行使してもしなくてもよい。いわば保険であり，掛け金をオプションと考えれば保険も一種のオプションである。権利行使価格は**ストライク・プライス**（strike price）と呼ばれ，その価格で権利を行使するとオプションの購入者（buyer）に利益が生じる状態を**イン・ザ・マネー**（in the money：ITM），損失が生じる状態を**アウト・オブ・ザ・マネー**（out of the money：OTM），原資産価格と権利行使価格が等しい状態を**アット・ザ・マネー**（at the money：ATM）という。

具体例で考えてみよう。３カ月後に1,000万米ドルを調達したいXは，将来の為替相場が円安ドル高に進むとの予測を持っている。一方，Yは円高ドル安に進むとの予測から，一定のオプション料をYに支払えば現時点の相場で３カ月後に円・ドル交換に応じる契約をXと結んだとする。さて，仮に円安が進み，Xにとって米ドル調達コストが増すが，オプションを行使すればXの損失はオプション料の範囲で限定され，為替変動リスクをヘッジできる。一方，仮に円高が進み，Xにとって予想外に米ドル調達コストが下がった場合，Xは円高差益からオプション料負担を減じた範囲の利益を享受できる。

【図2】通貨オプションの損益

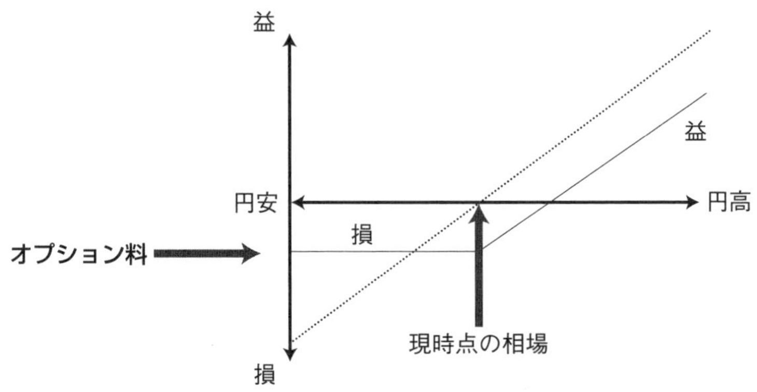

通貨オプションは，①**取引所**で取引される場合（取引の標準化，オプションの売り手に証拠金支払等，取引所の規制に従う）と，②取引所を通さずに売り手と買い手が相対で取引される場合（**店頭取引**またはOTC〈Over the Counter〉**取引**という）がある。また，オプションの種類には，①オプション失効日にのみオプションが行使できる**ヨーロピアン・スタイル**（OTCの大部分はこちら）と，②失効日までいつでもオプションが行使できる**アメリカン・スタイル**（取引所上場オプションの大部分はこちら）がある。

⑷　スワップ契約

スワップ（swap）**契約**とは，二当事者間であらかじめ定めた将来時点に特定のキャッシュフローを交換する契約を指し，一般に取引所に上場せずOTC取引となる。スワップ取引は金融実務の中から発展してきたが，その起源については分かっていない。また，スワップ契約の準拠法は，大規模なスワップディーラーがニューヨークやロンドンに多いという理由で，ニューヨーク州法やイングランド法が指定されることが多い。以下，典型的な為替スワップ，通貨スワップ（クロス・カレンシー・スワップ）と金利スワップについて簡単に説明する。

①　**為替スワップと通貨スワップ**

たとえば，日本のXは米国のPに１ドル支払う債務を持ち，米国のYは日本のQに108円支払う債務を持っているとしよう。現在の為替相場が１ドル＝108円だとすると，XとQの間で債務を交換し合い，XはQに108円支払い，YはPに１ドル支払うこととすれば，銀行に支払う送金・為替手数料を軽減でき，双方にメリットがある。このようにある通貨で支払う当事者と別の通貨で支払う当事者が債務の支払を交換し合う契約のうち，金利の交換を行わないものを為替スワップと呼ぶ。一方，金利の交換を行う場合を通貨スワップ（クロス・カレンシー・スワップ）といい，通常は，①双方の通貨建ての元本を最初に直物相場で交換し，②合意期間内にスワップする通貨の利払いを交換（または差額支払）し，③満期が来た時点で元本金額を当初の直物相場で再び交換する。金利スワップ（後述）とは異なり，通貨スワップでは契約終了時点で元本の交換が再び必要になるため，信用リスクが存在する。

たとえば，日本のX社は米国での営業資金として１億ドル借り入れる必要があり，米国のY社は日本での営業資金に同額借り入れる必要があるとする。さて，資金調達コストが最も安いやり方は，Xは日本においてLIBOR変動金利で銀行から円を借り入れてドルに転換し，Yは米国でドル建て固定金利（１％）の社債を発行してドルを借り入れて円に転換する方法であったとする。この場合，通貨スワップを用いると，各々自国通貨で資金を借り入れ，お互いに元本と金利を交換し，XはYに借り入れた円を，YはXに借り入れたドルを渡す（**図３**参照）こととなる。

【図３】通貨スワップ（クロス・カレンシー・スワップ）

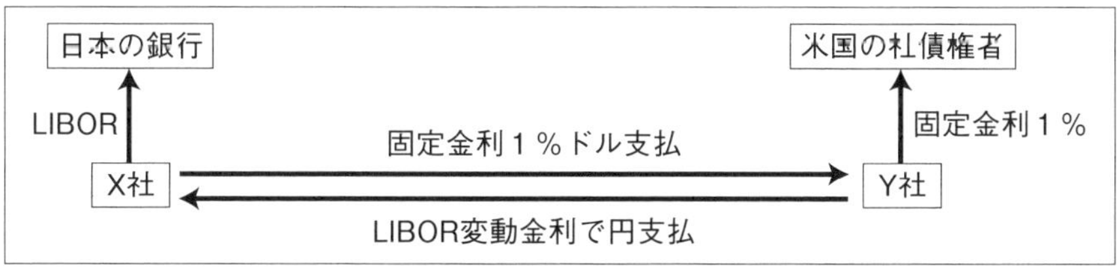

②　**金利スワップ**

通貨スワップは異なる通貨間で金利を交換する契約だが，金利スワップは同じ通貨同士で金利を交換する（一般に通貨スワップのような元本交換はしないが，想定元本を置くので信用リスクは存在する）。典型的な金利スワップ契約（**プレイン・バニラ・スワップ**）では，当事者が一定期間内の固定金利支払と変動金利支払を交換する。たとえば，X社とY社は各々元本100億円，期間５年の債務を負い，Xは変動金利 α （期間１年ごと），Yは固定金利５％で返済することになっており，市場金利が先行き上昇すると考えるXは固定金利に，低下すると考えるYは変動金利に変えたいと考えたとしよう。金利スワップは，XがYの固定金利を，YがXの変動金利を支払う形で交換する。この結果，変動金利が４％になるとYは５％の支払が４％になって得をし，変動金利が６％になるとXは６％の支払が５％に抑えられて得をすることになる。金利スワップには，プレイン・バニラ・スワップだけでなく，キャッシュフローを様々に組み替えたり，オプションと組み合わせるなど様々なバリエーションがある。

4　リスク対策に資する取引

(1)　ネッティング

ネッティング（netting）**契約**とは，外国為替のように同種の取引が相互反復して多数行われる場合に債権債務を差引計算（ネットアウト）して差額を決済する契約を指す。1998年の外為法改正で海外子会社を含めたグループ企業同士のネッティングが解禁（従来は許可制）された。ネッティングには，①２当事者間で行われる**バイラテラル・ネッティング**（bilateral netting）と３当事者以上の多数当事者間で行われる**マルチラテラル・ネッティング**（multilateral netting）があるほか，②相殺と同様に，互いの債権の弁済期が到来した時点で差額のみを決済（元の債権債務は決済直前までグロス金額で残存）する**ペイメント・ネッティング**（payment netting），弁済期を待たずに取引発生の度に同一通貨・履行期の債権債務を差引計算して新たな一つの債権債務に置き換える**オブリゲーション・ネッティング**（更改契約として各国で法的有効性を認められ，日本でも講学上の段階交互計算で有効な契約とされる），一方当事者の破産等の一定事由が生じた場合に履行期にかかわらずすべての債権債務を現在価値に引き直してネットアウトして一つの債権債務に置き換える**クローズアウト・ネッティング**（**一括清算**：倒産法との関係で疑義が残るため，一定要件下に一括清算の法的有効性を認める立法が各国で制定され，日本も1998年に**一括清算法**〈金融機関等が行う特定金融取引の一括清算に関する法律〉を制定）がある。

さて，欧米ではマルチラテラル・ネッティングの法的有効性も立法で確保しているが，日本ではそれが不十分であり，**セントラル・カウンターパーティー**（CCP）を置かないマルチラテラル・ネッティングの法的有効性が確保されていない。たとえば，X，Y，Zの３当事者間で，XはZに債権50，Yに債務30を持ち，YはXに債権30，Zに債務40，ZはYに債権40，Xに債務50を持つ場合，これをネットアウトすると，Xは20の勝ち（債権超過），Yは10の負け（債務超過），Zは10の負けとなり，XがYとZに各々債権10を持つ結果になる。しかし，これは２当事者間で相互に同種の債権を持つことを要件とする通常の相殺（民法505条）とは異なり，相殺適状を創出するための債権譲渡を行った上で相殺した形と解されるため，YかZが倒産して管財人が立った場合には，この債権譲渡部分が否認される可能性が高い。仮に，海外のCCPを置かないマルチラテラル・ネッティングに日本の会社が参加して倒産し，日本法の下で倒産手続が開始された場合には問題が生じよう。一方，各取引が発生する度に，X，Y，Zの取引相手方を必ずCCPとする取引の更改を行えば，たとえば上記のXがZに債権50を持つ取引は「CCPに債権50，CCPはZに債権50」と二つの取引に置き換わる。こうしてすべて置き換えると，CCPとの間に，Xは債権50，債務30で相殺後の債権は20，Yは債権30，債務40で相殺後の債務は10，Zは債権40，債務50で相殺後の債務は10となる。倒産前に更改が有効に行われれば，相殺は倒産法上も保護されるため，日本法の下でもCCPを置けばマルチラテラル・ネッティングは有効である（**第５章3**(7)参照）。

(2)　エスクロ

エスクロ（escrow）は，双務契約において，買主が代金を売主に直接支払うのではなく，金融機関等の信頼のおける第三者を仲介させて，買主から第三者に代金を支払い，第三者は売主の条件を満たした場合（例：売主が契約通りの商品を引渡し）にその代金を売主に支払うことで，同時履行を果たし取りはぐれリスクを避ける第三者寄託の仕組みを指し，信託や銀行口座，資金移動業者（資金決済法）等がエスクロを提供し，国際金融（プロジェクト・ファイナンス等）

やM&A，ネットオークション等，様々な取引に用いられている（図解は序章38頁の**図9**参照）。

たとえば，プロジェクト・ファイナンスでは，収入を各種費用，修繕費用，元利金支払等に確実に充当するための信託勘定であるエスクロ勘定を開設し，信託銀行を口座管理の受託者として，支払目的に応じた口座管理を行うことが多い。

Column 国際取引の中心地③英米以外

英語，法律，金融，海運等で存在感を持つ英米だが，それ以外の国々も様々な面で国際取引に力を入れている。多彩な文化で知られるアジアと欧州についてみてみよう。

まずアジアであるが，英語圏で英国法の影響の強い香港やシンガポールは経済や国際法務のハブであり，マレーシアはイスラム金融（銀行預金の利息付与を禁じるなどイスラム法の戒律に則った金融制度）のメッカである。中国の成長と共に上海の存在感も増しており，対中国ビジネスでは中国法の理解も欠かせない。2015年時点の世界のコンテナ取扱個数ランキング（国土交通省調べ）をみると１位は上海，２位はシンガポールだが，３位以降も深圳，寧波，香港と中国勢が続く（日本の最高は東京の29位。なお，1980年には神戸が４位で，日本の衰退，アジアの台頭が顕著である）。一方，社会主義独裁体制の中国の政治リスクを回避するため，中国だけでなく，「チャイナプラスワン」としてベトナムやタイ，ミャンマー，インドネシア等にも投資先を振り向ける動きもある。

つぎに欧州であるが，Brexitに伴って外国企業が欧州拠点をロンドンから欧州大陸都市に移す動きがみられる。OECD本部のあるパリと同様にロンドンとユーロスターで結ばれているブリュッセルにはEU本部や国際証券決済機関ユーロクリアがある。金融では他にもフランクフルトに欧州中央銀行（ECB）があり，バーゼルに国際決済銀行（BIS）もある。法律面では，UNCITRALのあるウィーン，UNIDROITのあるローマ，国際司法裁判所（ICJ）や国際私法会議のあるハーグなどがある。港湾都市としてはロッテルダム，ハンブルク，アントワープがある。このように欧州にも大規模な金融，法律，海運の中心地がある。

索　引

数　字

欧　字

和　文

あ行

か行

さ行

た行

な行

は行

ま行

や行

ら行

わ行

【著者紹介】

久保田　隆（くぼた・たかし）

早稲田大学大学院法務研究科教授。国際商取引学会会長。「日本法令の国際発信の推進に向けた官民戦略会議」メンバー。博士（国際公共政策，大阪大学），LL.M.（ハーバード大学），修士（法学，東京大学）。国際経済法学会理事，国際取引法学会理事，国際法協会通貨法委員会委員。

1966年東京生まれ。1990年に東京大学法学部卒業後，日本銀行に入行，派遣留学（東京大学大学院，ハーバード大大学院）を経て，1998年より名古屋大学，2004年より早稲田大学法科大学院で教鞭をとり，現在に至る。

著書：『資金決済システムの法的課題』国際書院（2003年）

編著：『ブロックチェーンをめぐる実務・政策と法』中央経済社（2018年），『Cyberlaw for Global E-Business：Finance, Payment, and Dispute Resolution』Information Science Reference（2007年），『ウィーン売買条約の実務解説〈第２版〉』中央経済社（2011年：杉浦保友と共編著）など。

国際取引法講義（第３版）

2017年10月10日　第１版第１刷発行
2019年１月10日　第２版第１刷発行
2021年３月20日　第３版第１刷発行

著者　久保田　隆
発行者　山本　継
発行所　㈱中央経済社
発売元　㈱中央経済グループパブリッシング

〒101-0051　東京都千代田区神田神保町1-31-2
電話　03（3293）3371（編集代表）
03（3293）3381（営業代表）
https://www.chuokeizai.co.jp
印刷／三英印刷㈱
製本／㈲井上製本所

＊頁の「欠落」や「順序違い」などがありましたらお取り替えいたしますので発売元までご送付ください。（送料小社負担）

ISBN978-4-502-38421-9　C3032